HANDBOEK
2017-2021

•

GESCHIEDENIS
CONSTITUTIE
BESTUUR
SACRAMENTEN EN RITUELEN

•

Copyright © 2018
Vertaling uitgeven door
de DistrictsAdviesRaad van het
Nederlands District van de Kerk van de Nazarener
Gepubliceerd op gezag van
de negenentwintigste Algemene Vergadering
gehouden in Indianapolis, Indiana, USA
25 – 29 juni 2017
Commissie Aanpassing Handboek
DEAN G. BLEVINS, STANLEY J. RODES,
TERRY S. SOWDEN, JAMES W. SPEAR,
DAVID P. WILSON
Vertaalcommissie
H. Deventer
A. Holleman
P. de Jong
ISBN 978-1-56344-874-4

Manual 2017-2021, Church of the Nazarene
Copyright © 2017
Nazarene Publishing House
DIGITAL PRINTING

(REV. 2018.02.01)

INHOUDSOPGAVE

Voorwoord van de vertalers 7
Voorwoord 9

DEEL I
HISTORISCH OVERZICHT

Historisch overzicht 12
De Kerk van de Nazarener in Nederland 18

DEEL II
KERKELIJKE CONSTITUTIE

Inleiding tot de kerkelijke constitutie 24
Geloofsartikelen 24
De Kerk 33
Artikelen van organisatie en bestuur 36
Amendementen 39

DEEL III
HET CONVENANT VAN CHRISTELIJK GEDRAG

A. Het christelijk leven 42
B. Onschendbaarheid van het menselijk leven 46
C. Menselijke seksualiteit en huwelijk 49
D. Christelijk rentmeesterschap 53
E. Kerkelijke functionarissen 55
F. Parlementaire regels 55
G. Amenderen van het Convenant van Christelijk Gedrag 55

DEEL IV
BESTUUR

Voorwoord bij het kerkbestuur 58
I. PLAATSELIJK BESTUUR
   A. Plaatselijke kerk: organisatie, naam, rechtspersoonlijkheid, eigendom, beperkingen, fusies, ontbindingen. 59
   B. Lidmaatschap plaatselijke kerk 64
   C. Evangelisatie- en Ledencommissie Plaatselijke Kerk 66
   D. Wijziging van plaatselijk lidmaatschap 67
   E. Beëindiging van plaatselijk lidmaatschap 67
   F. Plaatselijke kerkelijke vergaderingen 68
   G. Het plaatselijk kerkelijk jaar 71
   H. Het beroepen van een predikant 71
   I. De relatie plaatselijke gemeente/predikant 75
   J. Het vernieuwen van de relatie plaatselijke gemeente/predikant 75
   K. De plaatselijke kerkenraad 79
   L. De dienaren van de plaatselijke kerk 85
   M. De beheerders van de plaatselijke kerk 86

INHOUDSOPGAVE

- N. De plaatselijke Raad Christelijk Leven en Zondagsschool — 87
- O. De plaatselijke Nazarener Jeugd Internationaal (NJI) Raad — 92
- P. Nazarener scholen voor dagonderwijs van de plaatselijke kerk — 92
- Q. De Nazarene Missions International van de plaatselijke kerk — 92
- R. Verbod op verzoeken om financiële steun voor de plaatselijke kerk — 93
- S. Het gebruik van de naam van de plaatselijke kerk — 94
- T. Een door de kerk ondersteunde rechtspersoon — 94
- U. Assistenten in de plaatselijke kerk — 94

II. DISTRICTSBESTUUR

- A. Districtsgebied en -naam — 97
- B. Lidmaatschap en tijdstip van de DistrictsVergadering. — 101
- C. De taken van de DistrictsVergadering — 102
- D. De acta van de DistrictsVergadering — 108
- E. De districtssuperintendent — 108
- F. De districtssecretaris — 114
- G. De districtspenningmeester — 115
- H. De DistrictsAdviesRaad — 116
- I. De DistrictsRaad Geestelijke Stand — 120
- J. De DistrictsRaad Kerkelijke Opleidingen — 122
- K. De Districtsevangelisatieraad of de districtsleider evangelisatie — 124
- L. De DistrictsRaad Kerkelijke Goederen — 124
- M. De DistrictsVergaderingscommissie Financiën — 125
- N. De DistrictsAdviesCommissie — 125
- O. De districtsleider instellingspredikanten — 125
- P. De DistrictsRaad Christelijk Leven en Zondagsschool — 126
- Q. De District Nazarener Jeugd Internationaal — 128
- R. De District Nazarene Missions International — 129
- S. Betaalde assistenten van het district — 129
- T. Ontbinding van een district — 130

III. ALGEMEEN BESTUUR

- A. Functies en organisatie van de Algemene Vergadering — 131
- B. Lidmaatschap van de Algemene Vergadering — 131
- C. Tijd en plaats van de Algemene Vergadering — 133
- D. Speciale zittingen van de Algemene Vergadering — 133
- E. De Commissie Organisatie Algemene Vergadering — 133
- F. De taak van de Algemene Vergadering — 134
- G. De algemeen superintendenten — 135
- H. Algemeen superintendenten, emeriti en gepensioneerden — 137
- I. De Raad van Algemeen Superintendenten — 137
- J. De algemeen secretaris — 139

INHOUDSOPGAVE

K. De algemeen penningmeester 140
L. De Algemene Raad 141
M. Pensioenregelingen 148
N. Dochtersmaatschappijen van "The Church of the Nazarene, Inc." 149
O. De Raad van "Nazarene Publishing House" 150
P. De Algemene Commissie Christelijke Actie 150
Q. De Commissie voor de Behartiging van de Belangen van de door God Geroepen Evangelist 151
R. De Internationale Curriculum Adviescommissisie 152
S. De Algemene Nazarener Jeugd Internationaal 152
T. Het Algemene Bestuur van de Algemene Nazarene Missions International 153
U. Nationale raden 154
V. De regio 154

DEEL V
HOGER ONDERWIJS

I. Kerk en College/Universiteit 160
II. Het Internationaal Nazarener Onderwijs Consortium 161
III. De Internationale Onderwijsraad 161

DEEL VI
CHRISTELIJKE BEDIENINGEN

I. Roeping en kwalificaties van de geestelijke 166
II. Vormen van bedieningen 167
  A. De bediening van leken 167
  B. B. De lekenprediker 168
  C. Bedieningen van geestelijken 169
III. Invullingen van een bediening 169
IV. Opleiding voor geestelijken 177
  A. Onderwijskundige grondslagen voor een geordineerde bediening 177
  B. Culturele aanpassingen voor de onderwijskundige grondslagen voor geordineerde geestelijken 180
V. Bewijs van ordinatie en regelingen voor geestelijken 181
  A. De plaatselijke kandidaat voor ordinatie 181
  B. De districtskandidaat voor ordinatie 182
  C. De diaken 186
  D. De oudste 188
  E. Erkenning van bewijs van ordinatie 189
  F. De emeritus geestelijke 189
  G. De overschrijving van geestelijken 190
  H. Algemene regels 191
  I. Het in bewaring geven, schorsen, afstaan of intrekken van een bewijs van ordinatie 198
  J. Het in ere herstellen van leden van de geestelijkheid 201

DEEL VII
RECHTSPRAAK

I.	Onderzoek naar mogelijke misdragingen en kerkelijke tucht	211
II.	Reactie op mogelijke misdragingen	211
III.	Reactie op misdragingen door iemand in een positie van vertrouwen of gezag	213
IV.	Betwiste tucht betreffende een leek	215
V.	Betwiste tucht betreffende een lid van de geestelijkheid	216
VI.	Procedure Regels	219
VII.	District Hof van Beroep	219
VIII.	Algemeen Hof van Beroep	220
IX.	Regionale Hoven van Beroep	220
X.	Gegarandeerde rechten	221

DEEL VIII
SACRAMENTEN EN RITUELEN

I. SACRAMENTEN
- 700. Het Heilig Avondmaal — 224
- 701. De doop van gelovigen — 226
- 702. De doop van babies of jonge kinderen. — 228

II. RITUELEN
- 703. Het opdragen van babies of jonge kinderen — 229
- 704. De ontvangst van nieuwe leden — 231
- 705. Huwelijk — 234
- 706. Begrafenis — 237
- 707. De inzegening van ambtsdragers — 241
- 708. Het institueren van een plaatselijke gemeente — 244
- 709. Het inwijden van een nieuw kerkgebouw — 246

DEEL IX
STATUTEN VAN HULPORGANISATIES

Handvest Nazarener Jeugd Internationaal — 249
Constitutie Nazarener Missions International — 249
Reglement Christelijk Leven en Zondagsschool — 249

DEEL X
FORMULIEREN

251

DEEL XI
APPENDIX

I. Algemene functionarissen — 254
II. Bestuurlijke raden en onderwijsinstellingen — 255
III. Bestuursbeleid — 258
IV. Hedendaagse morele en sociale kwesties — 261
Vertalingsprincipes — 272
Standaardvertalingen — 272
Namen van raden en functionarissen — 273

VOORWOORD VAN DE VERTALERS

Hierbij wordt u deze bijgewerkte Nederlandse vertaling van het Handboek 2017-2021 van de Kerk van de Nazarener aangeboden. Dat is veel vroeger dan gebruikelijk en daar zijn we dankbaar voor! Dit komt omdat de Algemene Kerk al in november 2017 gedurende een week een groep vertalers bijeengeroepen heeft en hen alle wijzigingen heeft gegeven. Dat heeft enorm geholpen.

En dankzij de uitbreiding van de commissie is het mogelijk geweest de tekst nog eens grondig door te nemen waardoor ook fouten uit het verleden zijn gecorrigeerd.

Er waren veel wijzigingen ten opzichte van het Handboek 2013-2017, voornamelijk in het hsirotisch overzicht, een aantal geloofsartikelen, rond tucht, in de rituelen en sacramenten en in de 900-serie.

Ten opzichte van het originele Handboek mist u hier slechts de statuten van de NMI, NJI en RCL. Hopelijk kunnen we die in een later stadium alsnog toevoegen, maar in tegenstelling tot de rest van het Handboek was hiervoor geen tekst aanwezig die alle veranderingen aangaf.

Enige vertaaltechnische zaken:
1. Voor de vertaling van het woord "minister" is vooral gekozen voor de term "geestelijke", soms ook voor "predikant", "prediker" of ook "bevoegde". Omdat het Handboek zwaar leunt op het onderscheid tussen leek en geestelijke, en omdat het begrip "geestelijke" heel breed is, is voor deze vertaling gekozen. De term "minister" is nauw verwant met "ministry", wat we in het Nederlands kunnen vertalen met "bediening". Het heeft diezelfde breedte en is dus veel meer dan alleen een predikant.
2. Omwille van de compactheid is overal waar in het Engels de vrouwelijke en de mannelijke vorm vermeld was, in de vertaling bijna altijd de mannelijke vorm gebruikt, waarbij hier dus nadrukkelijk aangetekend wordt dat altijd beide bedoeld worden, ook als de vrouwelijke vorm is gebruikt!
3. Engelse namen van kerken, organisaties etc. zijn onvertaald gelaten, tenzij het bijvoorbeeld een raad betreft die ook onder de Nederlandse naam bekend is.
4. Zie verder de rubriek "Standaardvertalingen" achter in dit Handboek.

Deze vertaling poogt het origineel zo getrouw mogelijk weer te geven. Elke vertaling heeft echter haar eigen zwakheden en daarnaast is het mogelijk dat bepaalde wijzigingen over het hoofd gezien zijn, hoezeer ook geprobeerd is dat te voorkomen. Daarom wordt bij voorbaat gesteld dat slechts het meest recente originele Engelstalige Handboek, zoals uitgegeven op gezag van de Algemene Vergadering van de Kerk van de Nazarener, basis kan zijn voor juridische aanspraken of theologische interpretaties.

Dordrecht, 31 januari 2018

Wees elkaar niets schuldig, behalve liefde, want wie de ander liefheeft, heeft de gehele wet vervuld. [..] alle geboden worden samengevat in deze ene uitspraak: 'Heb uw naaste lief als uzelf.' De liefde berokkent uw naaste geen kwaad, dus de wet vindt zijn vervulling in de liefde. (Romeinen 13).

VOORWOORD

De missieverklaring van de Kerk van de Nazarener is het maken van Christusgelijkvormige discipelen onder de volken.
"De kernwaarden van de Kerk van de Nazarener omschrijven ons als: Christelijk, Heiligings- en Zendingsgericht"
"De zeven karakteristieken van de Kerk van de Nazarener zijn een betekenisvolle eredienst, theologische samenhang, hartstochtelijke evangelisatie, bewust discipelschap, ontwikkeling van kerken, transformerend leiderschap en doelgerichte barmhartigheid."
"Het primaire doel van de Kerk van de Nazarener is het verbreiden van het Koninkrijk van God door het bewaren en verkondigen van christelijke heiliging zoals beschreven in de Schriften"
"De kritische doelen van de Kerk van de Nazarener zijn 'een heilige christelijke gemeenschap, de bekering van zondaren, de volkomen heiligmaking van de gelovigen, hun groei in heiliging, en de eenvoud en de geestelijke kracht die in de eerste christelijke kerk aanwezig waren, gepaard gaande met de prediking van het evangelie aan de ganse schepping." (19)
De Kerk van de Nazarener bestaat om te dienen als een instrument voor de voortgang van het Koninkrijk van God door het verkondigen en onderwijzen van het evangelie over de gehele wereld. Onze duidelijk omschreven opdracht is het bewaren en verspreiden van christelijke heiligheid zoals beschreven in de Schriften, door de bekering van zondaren, het terugbrengen van afvalligen en de volkomen heiligmaking van gelovigen.
Ons doel is een geestelijk doel, namelijk het evangeliseren als antwoord op de Grote Opdracht van onze Heer: "Ga dus op weg en maak alle volken tot mijn leerlingen." (Mattheüs 28:19, vgl. Johannes 20:21 en Marcus 16:15). Wij geloven dat dit doel bereikt kan worden door gezamenlijk overeengekomen beleid en werkwijzen, met inbegrip van geloofsartikelen en normen op het gebied van ethiek en levensstijl die de tijd doorstaan hebben.
Deze editie 2017-2021 van het Handboek bevat een kort historisch overzicht van de kerk; de kerkelijke constitutie, die onze geloofsartikelen, ons begrip van kerk-zijn, het Convenant van Christelijk Karakter voor een heilig leven, en de grondprincipes van organisatie en bestuur bevat; het Convenant van Christelijk Gedrag, dat essentiële onderwerpen in onze hedendaagse samenleving bespreekt; en het beleid van de kerk ten

aanzien van de plaatselijke-, districts- en algemene kerkelijke organisatie.

De Algemene Vergadering is het hoogste leerstellige en wetgevende lichaam binnen de Kerk van de Nazarener. Dit Handboek bevat de besluiten en uitspraken van de afgevaardigde geestelijken en leken van de 29e Algemene Vergadering, die bijeenkwam in Indianapolis, Indiana, U.S.A., van 25 juni tot 29 juni 2017, en is daarom gezaghebbend als gids bij onze handelingen. Aangezien het de officiële verklaring van het geloof en de beleving van de kerk is, en overeenstemt met het onderwijs van de Schriften, verwachten we dat onze mensen overal de geloofsartikelen en de leiding en hulp voor een heilig leven die hierin vermeld staan zullen accepteren. Hierin tekortschieten, nadat men tevoren plechtig beloofd had aan de eisen die het lidmaatschap van de Kerk van de Nazarener stelt te voldoen, schaadt het getuigenis van de kerk, schendt haar geweten, en doet de gemeenschap van de mensen genaamd Nazareners uiteenvallen.

De bestuursvorm van de Kerk van de Nazarener onderscheidt zich duidelijk. Zij heeft een representatieve organisatiestructuur - noch zuiver episcopaals, noch volledig congregationalistisch. Omdat de leken en de geestelijken een gelijkwaardig gezag hebben in de beraadslagende en wetgevende eenheden van de kerk, is er een wenselijke en effectieve balans in bevoegdheden. Wij zien dat niet alleen als een mogelijkheid voor participatie en dienst in de kerk, maar ook als een verplichting van de kant van zowel de leken als de geestelijken.

Toewijding en heldere doelen zijn belangrijk. Maar verstandige en geïnformeerde mensen die samen overeengekomen handelwijzen en procedures volgen, bewerkstelligen sneller de voortgang van het Koninkrijk en vergroten hun getuigenis voor Christus. Daarom is het de plicht van onze leden zichzelf vertrouwd te maken met dit Handboek – de geschiedenis van de kerk en de leer en de ethische handelwijze van de ideale Nazarener. Het volgen van de aanbevelingen op deze bladzijden zal een loyaliteit tegenover God zowel als tegenover de kerk voeden en zal de effectiviteit en het rendement van onze geestelijke inspanningen vergroten.

Met de Bijbel als onze hoogste gids, verlicht door de Heilige Geest, en het Handboek als onze officiële overeengekomen verklaring van geloof, handelwijze en bestuursvorm, kijken we met vreugde en onverminderd geloof in Jezus Christus uit naar de komende vier jaar.

De Raad van Algemeen Superintendenten
EUGÉNIO R. DUARTE   GUSTAVO A. CROCKER
DAVID W. GRAVES   FILIMÃO M. CHAMBO
DAVID A. BUSIC   CARLA D. SUNBERG

DEEL I
HISTORISCH OVERZICHT

HISTORISCH OVERZICHT

De Kerk van de Nazarener heeft zichzelf vanaf het begin gezien als een tak van de "ene, heilige, algemene en apostolische" Kerk. Zij belijdt zich te identificeren met de geschiedenis van Gods volk, zoals die opgeschreven is in het Oude en Nieuwe Testament, en met Gods volk door de eeuwen heen, in alle uitingen van de Kerk van Christus. Ons kerkgenootschap erkent de oecumenische geloofsbelijdenissen van de eerste vijf eeuwen van het christendom als verwoordingen van haar eigen geloof. Wij identificeren ons met de historische Kerk in het verkondigen van het Woord, het bedienen van de sacramenten, het onderhouden van een bediening van apostolisch(e) geloof en praktijk, en het inprenten van de discipline van een Christusgelijkvormig leven en dienen. Ons kerkgenootschap geeft gehoor aan de Bijbelse opdracht tot een heilig leven en een volkomen toewijding aan God, die we verkondigen via de leer van de volkomen heiligmaking.

Ons christelijk erfgoed is ons doorgegeven via de 16e eeuwse Engelse Reformatie en de 18e eeuwse Wesleyaanse opwekking. Door de prediking van John en Charles Wesley keerden mensen in Engeland, Schotland, Ierland en Wales zich af van de zonde en werden zij bekrachtigd in het dienen van God. Deze opwekking werd gekarakteriseerd door lekenprediking, getuigenissen, discipline en groepen van vurige discipelen die bekend stonden als "societies", "classes" en "bands". De Wesleyaanse opwekking werd gekenmerkt door de volgende theologische punten: rechtvaardiging uit genade, door het geloof; heiliging ofwel christelijke volmaaktheid, evenzo uit genade, door het geloof; en het getuigenis van de Geest, die zekerheid geeft over de genade. John Wesley's specifieke bijdrage was onder andere een nadruk op volkomen heiligmaking in dit leven als zijnde Gods genadige voorziening voor de christen. Deze theologische accenten werden wereldwijd verspreid. In Noord-Amerika werd in 1784 de "Methodist Episcopal Church" opgericht om "het continent te hervormen, en Schriftuurlijke heiliging over deze landen te verspreiden".

In de midden van de 19e eeuw ontwikkelde zich een hernieuwde nadruk op heilig leven. Timothy Merritt uit Boston, USA, wakkerde de belangstelling aan als eerste redacteur van de "Guide to Christian Perfection". Phoebe Palmer uit New York City, USA, was de leidster van de "Dinsdagse Bijeenkomst voor de Bevordering van Heiliging", en werd een veelgevraagde spreekster, schrijfster en redactrice. In 1867 begonnen de

Methodistenpredikanten John A. Wood, John Inskip en anderen in Vineland, New Jersey, USA, met de eerste van een lange reeks landelijke tentbijeenkomsten die het Wesleyaanse jagen naar heiliging in heel de wereld nieuw leven inblies. De "Wesleyan Methodists", "Free Methodists", het Leger des Heils en diverse Mennonieten, "Brethern" en Quakers benadrukten allemaal de christelijke heiliging. Evangelisten brachten deze boodschap naar Duitsland, het Verenigd Koninkrijk, Scandinavië, India en Australië. Er ontstonden nieuwe heiligingskerken zoals de "Church of God" (Anderson, Indiana, USA). De Kerk van de Nazarener is geboren uit de impuls om veel van deze groepen te vereniging in één heiligingskerk.

Vereniging van heiligingsgroepen

In 1887 werd de "People's Evangelical Church" (Providence, Rhode Island, USA) opgericht door Fred. A. Hillary. De "Mission Church" (Lynn, Massachusetts, USA) volgde in 1888. In 1890 vormden zij met acht andere heiligingskerken de "Central Evangelical Holiness Association". Anna S. Hanscombe werd geordineerd in 1892, de eerste geordineerde vrouwelijke predikant in de voorlopers van de Kerk van de Nazarener. In 1894-1895 stichtte William Howard Hoople drie heiligingskerken in Brooklyn, New York, die samen de "Association of Pentecostal Churches of America" vormden. "Pentecostal" (Pinkster) was voor deze en andere Nazarener voorvaders synoniem aan "heiliging". De groepen van Hillary en Hoople fuseerden in 1896, begonnen zendingswerk in India (1899) en de Kaapverdische Eilanden (1901) en zendingsdirecteur Hiram Reynolds stichtte kerken in Canada (1902). De groep verspreidde zich van Nova Scotia, Canada tot aan Iowa, USA tegen 1907.

Robert Lee Harris stichtte de "New Testament Church of Christ" in Milan, Tennessee, USA, in 1894. Zijn weduwe, Mary Lee Cagle, zette zijn werk voort tot in het westen van Texas in 1895. C. B. Jernigan stichtte de eerste gemeente van de "Independent Holiness Church" in Van Alstyne, Texas, USA, in 1901. Deze kerken fuseerden at Rising Star, Texas, USA in 1904 en vormden de "Holiness Church of Christ". Tegen 1908 strekte deze kerk zich uit van Georgia tot New Mexico, USA, diende de verworpenen en behoeftigen, steunde wezen en ongehuwde moeders en hadden werk in India en Japan.

Phineas F. Bresee en Joseph P. Widney stichtten met ongeveer 100 anderen de Kerk van de Nazarener in Los Angeles, USA, in 1895. Zij meenden dat christenen, door geloof geheiligd, Christus' voorbeeld dienen te volgen en het evangelie aan de armen moeten verkondigen. Ze geloofden dat ze hun tijd en geld dienden te besteden aan christelijke bedieningen tot redding van mensen en ondersteuning van de behoeftigen. De Kerk van de Nazarener verspreidde zich vooral langs de westkust van de

Verenigde Staten, met een paar gemeenten ten oosten van de Rocky Mountains tot in Illinois, USA. Ze steunde een inheemse zendingspost in Calcutta, India.

In oktober 1907 kwamen de "Association of Pentecostal Churches of America" en de Kerk van de Nazarener in Chicago bijeen in een algemene vergadering om een kerkorde op te stellen die de balans bewaarde tussen de behoefte aan toezicht en de onafhankelijkheid van de plaatselijke gemeenten. Superintendenten moesten zorgdragen voor de reeds gestichte kerken en moesten nieuwe kerken institueren en het stichten ervan overal aanmoedigen, maar hun gezag mocht niet ingaan tegen de zelfstandige handelingen van een geïnstitueerde kerk. Een delegatie van de "Holiness Church of Christ" nam deel aan het werk van de vergadering. De eerste Algemene Vergadering nam de naam aan van beide kerken: "Pentecostal Church of the Nazarene". Bresee en Reynolds werden gekozen als algemeen superintendenten.

In september 1908 fuseerde de "Pennsylvania Conference of the Holiness Christian Church" onder leiding van H.G. Trumbaur met de "Pentecostal Nazarenes"

De tweede Algemene Vergadering van de Pinksterkerk van de Nazarener kwam in oktober 1908 in gezamenlijke zitting bijeen met het Algemene Bestuur van de Holiness Church of Christ in Pilot Point, Texas. Op dinsdagmorgen 13 oktober diende R.B. Mitchum, ondersteund door C.W. Ruth, de motie in: "Dat de fusie van de twee kerken nu voltrokken worde". Bresee had veel werk verzet om tot deze uitkomst te komen en om 10.40 u. werd de motie om te fuseren met groot enthousiasme unaniem aangenomen.

Onder leiding van J.O. McClurkan werd de "Pentecostal Mission" gevormd in Nashville, USA, die heiligingsmensen uit Tennessee en de aangrenzende staten bijeenbracht. Ze zonden predikanten en onderwijzers uit naar Cuba, Guatemala, Mexico en India. In 1906 werd George Sharpe, van de "Parkhead Congregational Church", Glasgow, Schotland, verbannen van zijn preekstoel wegens het preken van de Wesleyaanse leer van christelijke heiligheid. De "Parkhead Pentecostal Church" werd gesticht, evenals diverse andere gemeenten en in 1909 werd de "Pentecostal Church of Scotland" gevormd. De "Pentecostal Mission" en "Pentecostal Church of Scotland" fuseerden met de "Pentecostal Nazarenes" in 1915.

De vijfde Algemene Vergadering (1919) veranderde officieel de naam van het kerkgenootschap in "Church of the Nazarene" (Kerk van de Nazarener) vanwege de nieuwe betekenis die het woord "Pentecostal" (Pinkster) had gekregen.

HISTORISCH OVERZICHT

Een wereldwijde kerk

De kern van het karakter van de Kerk van de Nazarener is gevormd door de moederkerken die gefuseerd zijn tot aan 1915. Daarin was al een internationaal element. Het kerkgenootschap had al volledig geïnstitueerde kerken in de Verenigde Staten, India, de Kaapverdische Eilanden, Cuba, Canada, Mexico, Guatemala, Japan, Argentinië, het Verenigd Koninkrijk, Swaziland, China en Peru. Tegen 1930 had men ZuidAfrika, Syrië, Palestina, Mozambique, Barbados en Trinidad bereikt. Nationale leiders waren essentieel in dit proces, zoals districtssuperintendent V.G. Santin (Mexico), Hiroshi Kutagawa (Japan) en Samuël Bhujbal (India). Dit internationale karakter werd verder versterkt door nieuwe toevoegingen.

In 1922 leidde J.G. Morrison vele werkers van de "Layman's Holiness Association" en meer dan 1000 leden in de Dakota's, Minnesota en Montana de kerk in. Rubert Chung leidde een netwerk van Koreaanse predikanten en gemeenten naar de Kerk van de Nazarener in de jaren dertig. Kerken in Australië sloten zicht aan in 1945 onder leiding van A.A. Berg. Alfredo del Rosso leidde Italiaanse kerken naar de denominatie in 1948. Het werk van de "Hephzibah Faith Missionary Association" in Zuid Afrika en hun centrum in Tabor, Iowa, USA, verenigden zich met de Nazareners in 1950.

De "International Holiness Mission", opgericht in Londen, Engeland, door David Thomas in 1907, ontwikkelde onder leiding van David Jones een uitgebreid zendingswerk in Zuid-Afrika. In 1952 verenigden de kerken in Engeland onder J.B. MacLagan en het werk in Afrika zich met de Nazareners. Maynard James en Jack Ford stichtten de "Calvary Holiness Church" in Groot Brittannië in 1934 en fuseerden met de Nazareners in 1955. De Gospel Workers Church, gesticht door Frank Goff in Ontario, Canada in 1918, verenigde zich met de Kerk van de Nazarener in 1958. Nigerianen stichtten een eigen Kerk van de Nazarener in de jaren veertig en verenigden zich met het internationale kerkgenootschap in 1988 onder leiding van Jeremiah U. Ekaidem.

Nazareners hebben bewust een kerkmodel ontwikkeld dat anders is dan in de protestantse wereld de norm is. In 1976 is een studiecommissie ingesteld om de toekomst van de kerkvorm te bezien. Bij hun verslag in 1980 deed ze aanbevelingen voor internationalisatie op basis van twee principes. Ten eerste werd erkend dat de Nazarener kerken en districten wereldwijd een "wereldwijde gemeenschap van gelovigen vormen waarin volledige aanvaarding is binnen de specifieke culturele context". Ten tweede werd een gemeenschappelijke toewijding aan de "specifieke missie van de Kerk van de Nazarener" onderkend, namelijk om "Schriftuurlijke heiliging te verspreiden ....

[als] voornaamste element in de kern van niet-onderhandelbare zaken die de Nazarener identiteit vertegenwoordigen".

In 1980 aanvaardde de Algemene Vergadering "internationale theologische uniformiteit" betreffende de Geloofsartikelen, bevestigde het belang van theologische training voor alle geestelijken, en riep op tot adequate ondersteuning van theologische onderwijsinstellingen in elk gebied wereldwijd. Ze riep de Nazareners op tot volwassenheid als een internationale heiligingsgemeenschap op basis van één enkel verbindingskader waarin de koloniale mentaliteit, die volken en naties beoordeelt in termen van "sterk en zwak, donor en ontvanger" vervangen wordt door "een uitgaan van een heel nieuwe manier van kijken naar de wereld: een manier die de sterke punten en gelijkwaardigheid van alle partners erkent"[1].

De Kerk van de Nazarener heeft een uniek groeipatroon onder protestanten. Tegen 1988 leefde de helft van de Nazareners niet langer in de Verenigde Staten en Canada, en 41 procent van de afgevaardigden naar de Algemene Vergadering van 2001 sprak Engels als tweede taal of helemaal niet. Een Afrikaan, Eugenio Duarte uit Kaapverdië, werd gekozen als een van de algemeen superintendenten van de kerk in 2009. In 2013 werd Gustavo Crocker uit Guatemala gekozen als algemeen superintendent. In 2017 werd opnieuw een Afrikaan, Filimao Chambo, geboren in Mozambique, gekozen als algemeen superintendent, en voor het eerst bestond de Raad van Algemeen Superintendenten voor de helft uit leden die buiten Noord Amerika waren geboren en getogen.

In 2017 had de kerk 2,5 miljoen leden, verdeeld over 471 districten en meer dan 160 landen. Bijna 28 procent van de Nazareners is Afrikaan, 29 procent leeft in Latijns Amerika en het Caribisch gebied, terwijl ongeveer een kwart leeft in de Verenigde Staten en Canada. De gevestigde districten van de kerk in Europa hebben geholpen met het stichten van nieuw werk in Oost-Europa, en de kerk in Azië reikt nu tot buiten de traditionele bases in Korea, Japan en India richting Zuidoost-Azië en andere plaatsen. In 2017 waren de drie grootste Nazarener districten te vinden in Azië en Afrika, en de drie grootste kerken, gerekend naar bezoek op zondag, in Zuid-Amerika en in het Caribisch gebied.

Kernmerken van een internationale bediening

De strategische bedieningen van de Kerk van de Nazarener zijn historisch gezien steeds gericht geweest op evangelisatie, sociale zorg en onderwijs. Ze floreren door de wederzijdse samenwerking van "cross-cultural" werk en duizenden plaatselijke geestelijken en leken werkers, die de Wesleyaanse principes vorm hebben gegeven in hun eigen culturen.

HISTORISCH OVERZICHT

Evangelisatie. Hiram F. Reynolds was een strategische persoonlijkheid in het opstarten van Nazarener "cross-cultural" bedieningen. Zijn voortdurend pleiten voor zending gedurende een kwart eeuw als algemeen superintendent maakte zending tot een prioriteit van de denominatie. Sinds 1915 heeft Nazarene Missions International (oorspronkelijk het Zendingsgenootschap voor Vrouwen) geld bijeengebracht en zendingsonderwijs gepromoot in gemeenten over de hele wereld. Thuiszending was een kern onderdeel van de Noord-Amerikaanse evangelisatie, terwijl nationale zendelingen als John Diaz (Kaapverdië), Santos Elizondo (Mexico), Samuel Kriokorian (Palestina), J.I. Nagamatsu (Japan) en Robert Chung (Korea) leiders waren in pionierswerk. Halverwege de 20e eeuw bracht de "Crusade for Souls" nieuwe energie voort richting wereldevangelisatie na de Tweede Wereldoorlog. Thuiszending breidde zich uit in Noord-Amerika. Nieuwe gebieden openden zich op andere continenten. Stadsevangelisatie dwong de kerk ertoe de stad te herontdekken als voornaamste plek voor bedieningen in de jaren zeventig. Nieuwe vormen van stadsbediening werden ontwikkeld, en de kerk lanceerde met nadruk een internationale "Thrust to the Cities" in de jaren tachtig. De kerk ging Oost-Europa binnen in de jaren negentig. Nazareners namen deel aan de opwekking in Oost-Afrika en dienden in allerlei landen zoals Bangladesh, waar op 24 maart 2010 193 oudsten werden geordineerd in een enkele dienst – een opmerkelijke gebeurtenis in de geschiedenis van het christendom.

"Compassion". De eerste Nazareners gaven getuigenis van Gods genade door hulp te verlenen tijdens een hongersnood in India, weeshuizen en tehuizen voor ongehuwde moeders te stichten en door stadsbedieningen voor verslaafden en daklozen. In de jaren twintig verschoof de prioriteit naar de medische wereld en werden ziekenhuizen gebouwd in China, Swaziland en later in India en Papoea Nieuw Guinea. Nazarener medisch personeel zorgde voor de zieken, verrichte operaties, trainde verpleegkundigen, en financierde mobiele klinieken onder de armste volken in de wereld. Specialistische klinieken werden opgericht, zoals een leprozenkliniek in Afrika. De oprichting van "Nazarene Compassionate Ministries" in de jaren tachtig maakte een breder scala van sociale bedieningen mogelijk die nog steeds bestaan, zoals het KinderAdoptiePlan, het rampenfonds, voorlichting over AIDS, ondersteuning van wezen, waterprojecten en voedselverdeling.

Onderwijs. Nazarener zondagsschool en Bijbelstudies zijn altijd al een deel geweest van het gemeenteleven en spelen een belangrijke rol in het maken van Christusgelijkvormige discipelen. De kerk heeft geïnvesteerd in basisonderwijs en leesonderwijs sinds de "Hope School for Girls" werd opgericht in Calcutta in 1905. Nazarener scholen bereiden mensen voor op een vollediger deelname aan het sociale, economische en religieuze leven. De meeste vroege Nazarener onderwijsinstellingen in de Verenigde Staten omvatten ook een basisschool en een middelbare school tot aan het midden van de twintigste eeuw. De stichters van de Kerk van de Nazarener investeerden veel in hoger onderwijs omdat ze geloofden dat het essentieel was voor het trainen van predikanten en andere christelijke werkers en voor de vorming van de leken. De Internationale Onderwijsraad kent 53 instellingen voor hoger onderwijs in de wereld, inclusief 13 "liberal arts colleges" en universiteiten in Afrika, Canada, het Caribisch gebied, Korea en de Verenigde Staten, 30 bijbelscholen en –instituten, opleidingen voor verpleegkundigen in India en Papua Nieuw Guinea en seminaries in Australië, Costa Rica, Engeland, de Filippijnen en de Verenigde Staten.

De Kerk van de Nazarener heeft zich door de jaren heen ontwikkeld van een kerk die in de wereld aanwezig is, tot een wereldwijde gemeenschap van gelovigen. Gegrondvest in de Weslyaanse traditie zien Nazareners zichzelf als mensen die christelijk, heiliging en zendingsgericht-zijn als kenmerken hebben en die als hun missieverklaring hebben "Het maken van Christusgelijkvormige discipelen onder de volken".

DE KERK VAN DE NAZARENER IN NEDERLAND

De Kerk van de Nazarener is sinds 1967 in Nederland. In dat jaar begon een groep christenen met diensten in een huis aan de Zijlweg in Haarlem onder leiding van Cor en Miep Holleman. Cor werd de eerste voorganger van deze gemeente. Deze groep mensen had een jaar eerder van de Kerk van de Nazarener gehoord via dr. Jeanine van Beek. Zij was als Nederlandse naar Nieuw Zeeland geëmigreerd en had daar de Kerk van de Nazarener leren kennen, en kwam in 1966 terug naar Europa om een docentschap te aanvaarden aan de te openen Nazarener Bijbelschool in Büsingen bij Schaffhausen, Zwitserland. Jeanine bezocht haar oude vrienden en vertelde over de Kerk van de Nazarener, en wekte zo hun belangstelling.

De jaren '70. De gemeente in Haarlem kende een gestage groei. In 1970 werd grond gekocht voor een kerkgebouw. Aanvankelijk werd eerst een houten kerk gebouwd, voordat in 1973 met de eigenlijke kerkbouw werd begonnen. Deze gehele bouwonderneming werd mogelijk gemaakt door de financiële hulp van ds. Douwe Swarth, een Nazarener predikant in Amerika van Friese afkomst. Na ds. Holleman heeft de gemeente in Haarlem onder de leiding gestaan van ds. Steve Gunther (1973- 1975), ds. Johan Smink (1975-1982), ds. Jaap Overduin

HISTORISCH OVERZICHT

(1982-1990), ds. Arthur Snijders (1990-2000), ds. Jan van Otterloo (2000-2005), en ds. Jan de Haan (2006-2016). Momenteel zijn na een vacante periode van meer dan een jaar Daniel en Clementine Koper de voorgangers van de gemeente.

Nadat het houten kerkgebouw in Haarlem overbodig was geworden door nieuwbouw, werd het verplaatst naar Koog aan de Zaan, waar in 1974 een tweede gemeente werd begonnen onder leiding van ds. Jan Spijkman. In 1984 brandde dit gebouw af en werd een nieuw kerkgebouw langs de Zaan gebouwd. Van 1979 tot 2000 was ds. Jan van Otterloo predikant van deze gemeente. Na een vacante periode werden in 2002 ds. Ed van Hoof en ds. Frits Jongboom gezamenlijk beroepen. In 2005 stichtte ds. Jongboom met een groep mensen uit de gemeente een zustergemeente in Purmerend. Ds. van Hoof bleef predikant tot 2012, en vanaf september 2013 wordt de gemeente geleid door ds. Antonie en ds. Wilma Holleman. Intussen is de naam van de gemeente Kerk van de Nazarener Zaanstad.

In 1975 werd in Rotterdam-Zuid de derde gemeente geopend door ds. Cor Holleman. Als onderkomen werd een kerkgebouw van de Gereformeerde Kerk in Rotterdam-Charlois gekocht. Nadat ds. Holleman districtssuperintendent (landelijk leider) van het Nederlandse district van de Kerk van de Nazarener was geworden, heeft ds. Johan Smink de gemeente tot 1990 gediend. Daarna heeft ds. Antonie Holleman de gemeente gediend tot 1996. Na een vacante periode werd in 2000 ds. Maarten van Immerzeel als predikant beroepen. In 2008 werd hij opgevolgd door ds. Stephen Overduin en sindsdien is de gemeente doelgericht bezig om een stadskerk in en van de wijk te zijn.

Gemeentestichting in de jaren '80. In de jaren tachtig van de vorige eeuw werden vanuit persoonlijke contacten andere gemeenten gesticht. Zo begon ds. Jan Spijkman in 1980 met een nieuw werk in Nijmegen; in 2003 werd zijn taak overgenomen door ds. David van Beveren, die tot 2015 de gemeente geleid heeft. Momenteel is ds. Jaap Maris interim voorganger.

In 1981 startte ds. Jaap Overduin een nieuwe gemeente in Vlaardingen, die hij in 1982 overdroeg aan ds. Ed Meenderink. In 2013 heeft deze gemeente ds. Dennis Mohn, die eerder jeugd predikant in Koog aan de Zaan was, als co-pastor naast ds. Meenderink beroepen.

In 1984 werden twee nieuwe gemeenten gestart. Ds. Maarten van Immerzeel startte de gemeente in Dordrecht en heeft deze gemeente geleid tot 2000. Nadat Joop en Carlie Koens de gemeente korte tijd hadden geleid, werd ds. Erik Groeneveld beroepen, en na zijn vertrek werd ds. Michel Meeuws de voorganger. In 2014 startte de gemeente een zustergemeente in de nabij gelegen wijk Reeland onder leiding van Bas Breekveldt. In 2016 werd ds. Hans Deventer als tweede voorganger beroepen.

De tweede gemeente die in 1984 begon stond onder leiding van ds. Gert van Immerzeel en was in Castricum, zij is later naar Alkmaar verhuisd. Ook ds. Jaap Overduin heeft deze gemeente enkele jaren gediend. In 2002 werd het werk in Alkmaar beëindigd.

In 1989 werd door ds. Cor Holleman met hulp uit de gemeenten Rotterdam en Koog aan de Zaan een nieuw werk in Amersfoort begonnen. Na het emeritaat van ds. Holleman in 1995 diende ds. Jaap Overduin deze gemeente tot zijn emeritaat. Vanaf 2006 wordt de gemeente geleid door ds. Karel Muller, en sinds 2017 deelt hij dit leiderschap met ds. Gerrie Huizenga. In 2015 heeft de gemeente zich opgedeeld in drie gemeenschappen om verdere groei te bevorderen; sindsdien komt de gemeente bij elkaar in Amersfoort-Noord, in Amersfoort-Zuid en in de wijk Soesterkwartier.

De Emmaüs Kerk van de Nazarener in Rotterdam moet afzonderlijk vermeld worden. Dit is een Portugeessprekende gemeente, die in 1985 ontstaan is vanuit het werk van de gemeente in Rotterdam onder Nazareners van Kaapverdische afkomst, die in Rotterdam woonachtig zijn. Deze gemeente komt op zondagmiddag in het gebouw van de zustergemeente in Rotterdam-Zuid bijeen. De gemeente heeft na het vertrek van ds. Jorge Lopez in 1996 hulp gehad van ds. Evora en ds. Almeida. Van 2000 tot 2004 heeft ds. Antonio Simoes uit Portugal de gemeente geleid. In 2005 is de leiding overgenomen door ds. José Gonçalves.

De jaren '90. Na de verschillende succesvolle gemeentestichtingen in het vorige decennium ging in de jaren '90 meer aandacht uit naar consolidatie van bestaande gemeentes en doorgroei naar grotere gemeentes. Toch waren er ook in de jaren '90 verschillende kerkstichtingsinitiatieven.

In 1995 is door ds. Ruud Blom gemeentestichtend werk in Bolsward begonnen; in 2000 werd deze gemeente als een officiële Kerk van de Nazarener georganiseerd. Helaas werd dit werk in 2004 beëindigd.

In 1997 startte de gemeente Vlaardingen onder leiding van ds. Frank van de Akker een dochtergemeente in Breda; in 2000 werd deze gemeente geïnstitueerd. Na zijn vertrek is pastor Paul Brouwer in 2012 voorganger van de gemeente geworden. Andere initiatieven hebben niet geleid tot het stichten van nieuwe gemeentes.

Nieuwe impulsen in de 21ste eeuw. Het district gaf eind 2001 officieel groen licht voor een gemeentestichtend werk in de Hoekse Waard onder leiding van ds. Michel Meeuws. Deze gemeente werd in 2004 officieel georganiseerd. Momenteel is ds. Frank van den Akker de voorganger van deze gemeente.

Vanaf 2002 werd onder leiding van ds. Annemarie Snijders gemeentestichtend werk in Veenendaal begonnen, en in 2005 is

HISTORISCH OVERZICHT

ook deze gemeente officieel geïnstitueerd. Vanaf 2013 tot 2015 is de gemeente geleid door Daniël van Maaren, en vanaf 2015 door ds. Ed van Hoof.

De gemeente Zaanstad is in 2005 een dochtergemeente gestart in Purmerend. Door de grootte van de groep die vanuit Koog a/d Zaan werd uitgezonden heeft deze nieuwe gemeente zich in een korte periode kunnen ontwikkelen tot een zelfstandige gemeente. Ds. Frits Jongboom was de voorganger tot 2013. Na een jaar vacant te zijn geweest heeft ds. Erik Groeneveld de gemeente twee jaar geleid als interim predikant. Eind 2016 werd ds. Jan van den Dorpel als de nieuwe voorganger beroepen.

Het laatste gemeentestichtingsproject van het Nederlandse district is "The Living Tree" in Utrecht-Overvecht, dat onder leiding van ds. Annemarie Snijders en Gabi Markusse is opgezet.

Het Nederlandse district. Het district is een samenwerkingsverband van gemeentes in een bepaald gebied. Tot 1976 maakten de Nederlandse gemeentes deel uit van het Noordwest Europese district dat bestond uit gemeentes in Nederland en Denemarken. In 1976 werd het Nederlandse district georganiseerd onder leiding van ds. Cor Holleman als districtssuperintendent, of landelijk leider. Ds. Holleman was als eerste, pionierende districtsleider bepalend voor de eigen nadruk op heiliging als volkomen overgave in de verkondiging. Tevens waren zijn keuzes bepalend voor het stichten en ontwikkelen van gemeentes met eigen gebouwen en een goede democratische structuur. Hierdoor zijn veel gemeentes sterk en zelfstandig geworden.

Ds. Overduin heeft als tweede districtsleider van 1993 tot 2001 het Nederlandse district geleid naar financiële zelfstandigheid. De gemeentes werden gestimuleerd tot verdere groei en namen binnen de Evangelische beweging in Nederland hun eigen plaats in.

Ds. Arthur Snijders werd in 2001 gekozen tot districtssuperintendent en heeft in deze functie gediend tot 2013. Onder zijn leiding is de kerk zich opnieuw gaan zien als een missionaire beweging in Nederland, wat geleid heeft tot verschillende nieuwe kerkstichtingsinitiatieven.

In maart 2014 is ds. Antonie Holleman gekozen tot de vierde landelijke leider. Na zijn predikantschap in Rotterdam was hij van 1996 tot 2014 docent en academisch decaan aan het Europese Nazarener College, gevestigd in Büsingen, Duitsland.

[1]Journal of the Twentieth General Assembly, Church of the Nazarene, (1980); 232. Franklin Cook, The Intenational Dimension (1984):49.

DEEL II
KERKELIJKE CONSTITUTIE

GELOOFSARTIKELEN

DE KERK

ARTIKELEN OVER ORGANISATIE EN BESTUUR

AMENDEMENTEN

INLEIDING TOT DE KERKELIJKE CONSTITUTIE

Opdat wij ons door God gegeven erfgoed kunnen bewaren, het geloof dat eens overgeleverd is aan de heiligen, in het bijzonder de leer en de ervaring van volkomen heiligmaking als een tweede werk van genade, en ook opdat wij op doeltreffende wijze met anderen van de Kerk van Jezus Christus kunnen samenwerken om het koninkrijk Gods te verbreiden, stellen wij hierbij in, wij, geestelijken en leken, leden van de Kerk van de Nazarener, in overeenstemming met de grondbeginselen van de constitutionele wetgeving die bij ons is ingesteld, als constitutie of kerkorde van de Kerk van de Nazarener de hierna volgende Geloofsartikelen, het Convenant van het Christelijk Karakter, en de artikelen betreffende Organisatie en Bestuur, die wij ook aannemen en uitvaardigen, te weten:

GELOOFSARTIKELEN

I. De Drie-enige God

1. Wij geloven in één eeuwig bestaande, oneindige God, de Soevereine Schepper en Onderhouder van het heelal; dat Hij alleen God is, heilig in natuur, in eigenschappen en in doel. De God die heilige liefde en licht is, is drie-enig in diepste wezen, geopenbaard als Vader, Zoon, en Heilige Geest.

(Genesis 1; Leviticus 19:2; Deuteronomium 6:4-5; Jesaja 5:16; 6:1-7; 40:18-31; Mattheüs 3:16-17; 28:19-20; Johannes 14:6-27; 1 Corinthiërs 8:6; 2 Corinthiërs 13:14; Galaten 4:4-6; Efeziërs 2:13-18; 1 Johannes 1:5; 4:8)

II. Jezus Christus

2. Wij geloven in Jezus Christus, de Tweede Persoon van de drie-enige Godheid; dat Hij van eeuwigheid één was met de Vader; dat Hij door de Heilige Geest mens is geworden en geboren werd uit de maagd Maria, zodat twee volledige en volmaakte naturen, d.w.z. de goddelijke en de menselijke, aldus verenigd zijn in één Persoon, waarachtig God en waarachtig mens, de God-mens.

Wij geloven dat Jezus Christus voor onze zonden stierf, dat Hij waarlijk uit de doden opstond en zijn lichaam opnieuw aannam met alles wat behoort tot de volmaking van de menselijke

GELOOFSARTIKELEN

natuur, waarmede Hij ten hemel voer en daar optreedt als middelaar voor ons.

(Mattheüs 1:20-25; 16:15-16; Lucas 1:26-35; Johannes 1:1-18; Handelingen 2:22-36; Romeinen 8:3, 32-34; Galaten 4:4-5; Filippenzen 2:5-11; Kolossenzen 1:12-22; 1 Timoteüs 6:14-16; Hebreeën 1:1-5; 7:22-28; 9:24-28; 1 Johannes 1:1-3; 4:2-3, 15)

III. De Heilige Geest

3. Wij geloven in de Heilige Geest, de Derde Persoon van de Drie-enige Godheid; dat Hij voortdurend aanwezig en doeltreffend werkzaam is in en met de Kerk van Christus, die de wereld van zonde overtuigt, die mensen die zich bekeren en geloven doet wedergeboren worden, en de gelovigen heiligt en leidt in alle waarheid, zoals die in Jezus is.

(Johannes 7:39; 14:15-18, 26; 16:7-15; Handelingen 2:33; 15:8-9; Romeinen 8:1-27; Galaten 3:1-14; 4:6; Efeziërs 3:14-21; 1 Thessalonicenzen 4:7-8; 2 Thessalonicenzen 2:13; 1 Petrus 1:2; 1 Johannes 3:24; 4:13)

IV. De Heilige Schriften

4. Wij geloven in de volledige inspiratie van de Heilige Schrift, waaronder wij de 66 boeken van het Oude en Nieuwe Testament verstaan, die door goddelijke inspiratie gegeven zijn en onfeilbaar Gods wil openbaren, betreffende ons, in alles wat noodzakelijk is voor onze verlossing, zodat alles wat niet daarin besloten ligt, niet als geloofsartikel voorgeschreven kan worden.

(Lucas 24:44-47; Johannes 10:35; 1 Corinthiërs 15:3-4; 2 Timotheüs 3:15-17; 1 Petrus 1:10-12; 2 Petrus 1:20-21)

V. Zonde; erfzonde en persoonlijke zonde

5. Wij geloven dat de zonde in de wereld kwam door de ongehoorzaamheid van onze eerste ouders, en door de zonde de dood. Wij geloven dat de zonde tweeledig is: erfzonde of verdorvenheid, en daadwerkelijke of persoonlijke zonde.

5.1. Wij geloven dat de erfzonde, of verdorvenheid, die ontaarding van de natuur van alle afstammelingen van Adam is, waardoor ieder mens ver afgeweken is van de oorspronkelijke gerechtigheid of van de reine staat van onze eerste ouders ten tijde van hun schepping, van God afkerig is, geen geestelijk leven bezit en voortdurend tot het kwade geneigd is. Verder geloven wij, dat deze erfzonde naast het nieuwe leven van de wedergeboren mens blijft bestaan, totdat het hart volledig wordt gereinigd door de doop met de Heilige Geest.

5.2. Wij geloven dat de erfzonde daarin verschilt van de daadwerkelijke zonde dat ze een overgeërfde neiging tot daadwerkelijk zondigen is, waarvoor niemand verantwoordelijk gesteld wordt totdat de door God gegeven remedie veronachtzaamd of verworpen wordt.

5.3. Wij geloven dat de daadwerkelijke of persoonlijke zonde een bewuste schending van een bekende wet van God is door een moreel verantwoordelijk persoon. Ze moet daarom niet verward worden met onopzettelijke en onvermijdelijke tekortkomingen, zwakheden, fouten, vergissingen, mislukkingen of andere afwijkingen van de norm van volmaakt gedrag, die de resterende gevolgen zijn van de zondeval. Deze niet toegerekende gevolgen omvatten echter niet die gedragingen of reacties die tegengesteld zijn aan de gezindheid van Christus, die terecht zonden van de geest genoemd kunnen worden. Wij geloven dat persoonlijke zonde in de eerste plaats en ten diepste een schending van de wet der liefde is; en dat in relatie tot Christus zonde gedefinieerd kan worden als ongeloof.

(Erfzonde: Genesis 3; 6:5; Job 15:14; Psalm 51:7; Jeremia 17:9-10; Marcus 7:21-23; Romeinen 1:18-25; 5:12-14; 7:1-8:9; 1 Corinthiërs 3:1-4; Galaten 5:16-25, 1 Johannes 1:7-8

Persoonlijke zonde: Mattheüs 22:36-40 (met 1 Johannes 3:4); Johannes 8:34-36; 16:8-9; Romeinen 3:23; 6:15-23; 8:18-24; 14:23; 1 Johannes 1:9-2:4; 3:7-10)

VI. Verzoening

6. Wij geloven dat Jezus Christus, door Zijn lijden, door het vergieten van Zijn eigen bloed en door Zijn sterven aan het kruis, volledige verzoening bewerkstelligde voor alle menselijke zonde, en dat deze verzoening de enige grond van redding is, en dat deze voldoende is voor elk lid van Adams geslacht. De verzoening wordt genadiglijk van kracht tot verlossing van hen die niet toerekeningsvatbaar zijn en voor de kinderen in onschuld, maar voor al degenen die vanwege hun leeftijd verantwoordelijk gesteld kunnen worden is deze verzoening alleen doeltreffend voor zover zij zich bekeren en geloven.

(Jesaja 53:5-6, 11; Marcus 10:45; Lucas 24:46-48; Johannes 1:29; 3:14-17; Handelingen 4:10-12; Romeinen 3:21-26; 4:17-25; 5:6-21; 1 Corinthiërs 6:20; 2 Corinthiërs 5:14-21; Galaten 1:3-4; 3:13-14; Colossenzen 1:19-23; 1 Timotheüs 2:3-6; Titus 2:11-14; Hebreeën 2:9; 9:11-14; 13:12; 1 Petrus 1:18-21; 2:19-25; 1 Johannes 2:1-2)

VII. Voorafgaande genade

De Algemene Vergadering van 2017 heeft dit artikel aangepast. De Districtsvergaderingen zijn nog bezig met het ratificatieproces op het moment dat dit document wordt gepubliceerd. Nieuwe woorden zijn onderstreept en wat verwijderd is staat tussen rechte haken [ ].

7. [Maar] Wij geloven [ook] dat de genade van God door Jezus Christus aan alle mensen om niet geschonken is, zodat allen,

GELOOFSARTIKELEN

die dit begeren, in staat gesteld worden om zich van de zonde tot de gerechtigheid te keren, in Jezus Christus te geloven voor vergeving en reiniging van zonde en die goede werken na te volgen, die Hem aangenaam en welbehaaglijk zijn. Wij geloven <u>ook</u> dat de schepping van het menselijk ras naar Gods gelijkenis de mogelijkheid inhield om tussen goed en kwaad te kiezen en dat de mensen aldus moreel verantwoordelijk geschapen werden; dat zij door de val van Adam verdorven raakten, zodat zij zich thans niet door eigen natuurlijke kracht en werken kunnen omkeren en zichzelf op geloof en het aanroepen van God kunnen voorbereiden.

[Wij geloven dat alle mensen zelfs na de ervaring van wedergeboorte en volkomen heiliging, weer tot zonde kunnen vervallen en kunnen afvallen en, tenzij zij zich bekeren van hun zonde, zonder hoop voor eeuwig verloren zijn.]

(Gods beelddrager en morele verantwoordelijkheid: Genesis 1:26-27; 2:16-17; Deuteronomium 28:1-2; 30:19; Jozua 24:15; Psalm 8:4-6; Jesaja 1:8-10; Jeremia 31:29-30; Ezechiël 18:1-4; Micha 6:8; Romeinen 1:19-20; 2:1-16; 14:7-12; Galaten 6:7-8

Natuurlijk onvermogen: Job 14:4; 15:14; Psalm 14:1-4; 51:5; Johannes 3:6a; Romeinen 3:10-12; 5:12-14, 20a; 7:14-25

Vrije genade en werken des geloofs: Ezechiël 18:25-26; Johannes 1:12-13; 3:6b; Handelingen 5:31; Romeinen 5:6-8, 18; 6:15-16, 23; 10:6-8; 11:22; 1 Corinthiërs 2:9-14; 10:1-2; 2 Corinthiërs 5:18-19; Galaten 5:6; Efeziërs 2:8-10; Filippenzen 2:12-13; Colossenzen 1:21-23; 2 Timotheüs 4:10a; Titus 2:11-14; Hebreeën 2:1-3; 3:12-15; 6:4-6; 10:26-31; Jacobus 2:18-22; 2 Petrus 1:10-11; 2:20-22)

VIII. Bekering

De Algemene Vergadering van 2017 heeft dit artikel aangepast. De Districtsvergaderingen zijn nog bezig met het ratificatieproces op het moment dat dit document wordt gepubliceerd. Nieuwe woorden zijn onderstreept en wat verwijderd is staat tussen rechte haken [ ].

8. Wij geloven dat[bekering geëist wordt van allen die in daad of voornemen zondaren tegen God geworden zijn.] <u>de</u> Geest van God [geeft] aan allen die zich willen bekeren de genadige hulp van een berouwvol hart en hoop op barmhartigheid <u>geeft</u>, opdat zij mogen geloven tot vergeving en geestelijk leven. [Onder] <u>Bekering, waaronder</u> [verstaan] wij een oprechte en grondige gemoedsverandering met betrekking tot de zonde <u>verstaan</u>, die met zich meebrengt een overtuiging van persoonlijke schuld en een vrijwillig opgeven van de zonde, <u>wordt</u> geëist [wordt] van allen die in daad of voornemen zondaren tegen God geworden zijn.

(2 Kronieken 7:14; Psalm 32:5-6; 51:1-17; Jesaja 55:6-7; Jeremia 3:12-14; Ezechiël 18:30-32; 33:14-16; Marcus 1:14-15; Lu-

cas 3:1-14; 13:1-5; 18:9-14; Handelingen 2:38; 3:19; 5:31; 17:30-31; 26:16-18; Romeinen 2:4; 2 Corinthiërs 7:8-11; 1 Thessalonicenzen 1:9; 2 Petrus 3:9)

IX. Rechtvaardiging, Wedergeboorte en Aanvaarding tot kind van God

De Algemene Vergadering van 2017 heeft dit artikel aangepast. De Districtsvergaderingen zijn nog bezig met het ratificatieproces op het moment dat dit document wordt gepubliceerd. Nieuwe woorden zijn onderstreept en wat verwijderd is staat tussen rechte haken [ ].

9. Wij geloven dat de rechtvaardiging die genadige en gerechtelijke daad van God is, waarbij Hij aan allen die in Jezus Christus geloven en Hem ontvangen als Heer en Zaligmaker, volkomen vergiffenis van alle schuld en volledige kwijtschelding van de straf voor bedreven zonden schenkt en hen als rechtvaardig aanneemt.

9.1. Wij geloven dat de wedergeboorte dat genadige werk van God is, waarbij de geestelijke natuur van de boetvaardige gelovige levend wordt gemaakt en waarbij een duidelijk geestelijk leven geschonken wordt, dat in staat is om te geloven, lief te hebben en te gehoorzamen.

9.2. Wij geloven dat de aanvaarding als kind van God, die genadige daad van God is, waardoor de gerechtvaardigde en wedergeboren gelovige tot [zoon] kind van God wordt aangenomen.

9.3. Wij geloven dat de rechtvaardiging, de wedergeboorte, en de aanvaarding als kind van God, door hen die zoeken naar God gelijktijdig worden ervaren en verkregen [op voorwaarde van] door geloof, voorafgegaan door bekering, en dat de Heilige Geest getuigenis geeft van dit werk en deze staat van genade.

(Lucas 18:14; Johannes 1:12-13; 3:3-8; 5:24; Handelingen 13:39; Romeinen 1:17; 3:21-26, 28; 4:5-9, 17-25; 5:1, 16-19; 6:4; 7:6; 8:1, 15-17; 1 Corinthiërs 1:30; 6:11; 2 Corinthiërs 5:17-21; Galaten 2:16-21; 3:1-14, 26; 4:4-7; Efeziërs 1:6-7; 2:1, 4-5; Filippenzen 3:3-9; Colossenzen 2:13; Titus 3:4-7; 1 Petrus 1:23; 1 Johannes 1:9; 3:1-2, 9; 4:7; 5:1, 9-13, 18)

X. Christelijke heiligheid en volkomen heiligmaking

10. Wij geloven dat de heiligmaking dat werk van God is, waardoor de gelovigen worden hervormd naar het beeld van Christus. Het wordt bewerkt door Gods genade door de Heilige Geest in de initiële heiliging, ofwel de wedergeboorte (tegelijkertijd met de rechtvaardiging), in de volkomen heiligmaking en in het voortdurende vervolmakende werk van de Heilige Geest, dat uitmondt in de verheerlijking. In de verheerlijking worden we volledig gelijk gemaakt aan het beeld van de Zoon.

We geloven dat volkomen heiligmaking die daad van God is, volgend op de wedergeboorte, waardoor de gelovigen worden

GELOOFSARTIKELEN

bevrijd van de erfzonde of verdorvenheid. Hierdoor worden zij gebracht tot een staat van volkomen toewijding aan God en tot heilige gehoorzaamheid uit liefde, die volmaakt is geworden.

Dit wordt bewerkstelligd door de doop of vervulling met de Heilige Geest, en omvat in één ervaring de reiniging van het hart van de zonde en de blijvende inwonende tegenwoordigheid van de Heilige Geest, die de gelovige kracht geeft om te leven en te dienen.

Volkomen heiligmaking wordt bereid door het bloed van Jezus en wordt ogenblikkelijk tot stand gebracht door genade, door het geloof, voorafgegaan door volkomen overgave; en van dit werk en van deze staat van genade geeft de Heilige Geest getuigenis.

Deze ervaring is ook bekend onder verschillende andere bewoordingen, die de verschillende fasen ervan tot uitdrukking brengen, zoals "christelijke volmaaktheid", "volmaakte liefde", "reinheid van hart", "de doop of vervulling met de Heilige Geest", "de volle zegen", en "christelijke heiligheid".

10.1. Wij geloven dat er een merkbaar onderscheid is tussen een rein hart en een gerijpt karakter. Het eerste wordt in één ogenblik verkregen en is het gevolg van de volkomen heiligmaking; het laatstgenoemde is het resultaat van het groeien in genade.

Wij geloven dat de genade van de volkomen heiligmaking de goddelijke aandrang in zich heeft om te groeien in genade als een Christusgelijkvormige discipel. Deze aandrang moet echter bewust worden gevoed, en zorgvuldige aandacht moet worden geschonken aan de vereisten voor en het verloop van een geestelijke ontwikkeling en aan de bevordering van Christusgelijkvormigheid in karakter en persoonlijkheid. Zonder deze doelgerichte inspanningen kan iemands getuigenis verzwakken en de genade zelf tegengewerkt worden en uiteindelijk verloren gaan.

Door deel te nemen aan de genademiddelen, in het bijzonder de gemeenschap, discipline en sacramenten van de Kerk, groeien gelovigen in genade en ongedeelde liefde tot God en naaste.

(Jeremia 31:31-34; Ezechiël 36:25-27; Maleachi 3:2-3; Mattheüs 3:11-12; Lucas 3:16-17; Johannes 7:37-39; 14:15-23; 17:6-20; Handelingen 1:5; 2:1-4; 15:8-9; Romeinen 6:11-13,19; 8:1-4,8-14; 12:1-2; 2 Corinthiërs 6:14-7:1; Galaten 2:20; 5:16-25; Efeziërs 3:14-21; 5:17-18,25-27; Filippenzen 3:10-15; Kolossenzen 3:1-17; 1 Tessalonicenzen 5:23-24; Hebreeën 4:9-11; 10:10-17; 12:1-2; 13:12; 1 Johannes 1:7,9)

("Christelijke volmaaktheid", "volmaakte liefde": Deuteronomium 30:6; Mattheüs 5:43-48; 22:37-40; Romeinen 12:9-21; 13:8-10; 1 Corinthiërs 13; Filippenzen 3:10-15; Hebreeën 6:1; 1 Johannes 4:17-18

"Reinheid van hart": Mattheüs 5:8; Handelingen 15:8-9; 1 Petrus 1:22; 1 Johannes 3:3

"Doop met de Heilige Geest": Jeremia 31:31-34; Ezechiël 36:25-27; Maleachi 3:2-3; Mattheüs 3:11-12; Lucas 3:16-17; Handelingen 1:5; 2:1-4; 15:8-9

"De volle zegen": Romeinen 15:29

"Christelijke heiligheid": Mattheüs 5:1-7:29; Johannes 15:1-11; Romeinen 12:1-15:3; 2 Corinthiërs 7:1; Efeziërs 4:17-5:20; Filippenzen 1:9-11; 3:12-15; Kolossenzen 2:20-3:17; 1 Thessalonicenzen 3:13; 4:7-8; 5:23; 2 Timotheüs 2:19-22; Hebreeën 10:19-25; 12:14; 13:20-21; 1 Petrus 1:15-16; 2 Petrus 1:1-11; 3:18; Judas 20-21)

XI. De Kerk

11. Wij geloven in de kerk, de gemeenschap die Jezus Christus belijdt als Heer, Gods verbondsvolk, nieuw geschapen in Christus, het Lichaam van Christus, door de Heilige Geest bijeengeroepen door het Woord.

God roept de kerk om uitdrukking te geven aan haar leven in de eenheid en gemeenschap van de Geest; in de eredienst door de prediking van het Woord, het onderhouden van de sacramenten, en dienstbetoon in Zijn naam; door gehoorzaamheid aan Christus, heilig leven en wederzijdse verantwoordelijkheid.

De opdracht van de kerk in de wereld is het delen in de verlossende en verzoenende bediening van Christus in de kracht van de Geest. De kerk vervult haar missie door discipelen te maken middels evangelisatie, onderwijs, betoon van barmhartigheid, werken aan gerechtigheid, en het getuigen van het koninkrijk van God.

De kerk is een historische realiteit, die zichzelf organiseert in cultureel bepaalde vormen; zij bestaat èn als plaatselijke gemeente èn als een universeel lichaam; en ook zet zij door God geroepen mensen apart voor specifieke bedieningen. God roept de kerk om onder zijn gezag te leven, vooruitlopend op de voleinding bij de komst van onze Heer Jezus Christus.

(Exodus 19:3; Jeremia 31:33; Mattheüs 8:11; 10:7; 16:13-19, 24; 18:15-20; 28:19-20; Johannes 17:14-26; 20:21-23; Handelingen 1:7-8; 2:32-47; 6:1-2; 13:1; 14:23; Romeinen 2:28-29; 4:16; 10:9-15; 11:13-32; 12:1-8; 15:1-3; 1 Corinthiërs 3:5-9; 7:17; 11:1, 17-33; 12:3, 12-31; 14:26-40; 2 Corinthiërs 5:11-6:1; Galaten 5:6, 13-14; 6:1-5, 15; Efeziërs 4:1-17; 5:25-27; Filippenzen 2:1-16; 1 Thessalonicenzen 4:1-12; 1 Timotheüs 4:13; Hebreeën 10:19-25; 1 Petrus 1:1-2, 13; 2:4-12, 21; 4:1-2, 10-11; 1 Johannes 4:17; Judas 24; Openbaring 5:9-10)

XII. De doop

De Algemene Vergadering van 2017 heeft dit artikel aangepast. De Districtsvergaderingen zijn nog bezig met het ratificatieproces op het moment dat dit document wordt gepubliceerd. Nieuwe woorden zijn onderstreept en wat verwijderd is staat tussen rechte haken [ ].

GELOOFSARTIKELEN

12. Wij geloven dat de christelijke doop, bevolen door onze Heer, een sacrament is dat het aanvaarden van de weldaden van de verzoening [door Jezus Christus] <u>en de inlijving in het Lichaam van Christus</u> tot uitdrukking brengt. De doop is een handeling die Gods genade bemiddelt en geloof in Jezus Christus als Verlosser verkondigt. Hij moet worden gevierd door gelovigen en geeft blijk [van hun geloof in Jezus Christus als hun Zaligmaker en] van hun oprecht voornemen om [Hem] te gehoorzamen in heiligheid en gerechtigheid.

<u>Als deelgenoten van het nieuwe verbond</u> [Aangezien de doop een symbool van het nieuwe verbond is], mogen ook jonge kinderen <u>en de moreel onschuldigen</u> gedoopt worden op verzoek van hun ouders of voogden. <u>De kerk zal zorgdragen voor een christelijke opvoeding.</u>[die daarbij zullen beloven dat zij hun kind de noodzakelijke christelijke opvoeding zullen geven.]

De doop kan voltrokken worden door middel van besprenkelen, overgieten of onderdompelen[, overeenkomstig de wens van de kandidaat].

(Mattheüs 3:1-7; 28:16-20; Handelingen 2:37-41; 8:35-39; 10:44-48; 16:29-34; 19:1-6; Romeinen 6:3-4; Galaten 3:26-28; Colossenzen 2:12; 1 Petrus 3:18-22)

XIII. Het Heilig Avondmaal

De Algemene Vergadering van 2017 heeft dit artikel aangepast. De Districtsvergaderingen zijn nog bezig met het ratificatieproces op het moment dat dit document wordt gepubliceerd. Nieuwe woorden zijn onderstreept en wat verwijderd is staat tussen rechte haken [ ].

13. Wij geloven dat het Heilig Avondmaal, ingesteld door onze Heer en Verlosser Jezus Christus, [wezenlijk] een [nieuwtestamentisch] sacrament is dat zijn <u>leven, lijden,</u> offerdood, <u>opstanding en de hoop op zijn wederkomst</u> [de verdienste waardoor de gelovigen leven hebben, gered zijn, en de belofte van alle geestelijke zegeningen in Christus hebben] verkondigt. <u>Het Heilig Avondmaal is een handeling die Gods genade bemiddelt, waarin Christus aanwezig is door de Geest. Allen worden uitgenodigd om deel te nemen door geloof in Christus en vernieuwd te worden in leven, verlossing, en in eenheid als Kerk. Allen zullen komen vanuit</u> [Het is uitdrukkelijk bestemd voor diegenen, die voorbereid zijn op] een eerbiedig verstaan van zijn betekenis, en verkondigen daardoor de dood van de Heer totdat Hij komt. <u>Zij die geloven in Christus en de heiligen liefhebben worden door Christus uitgenodigd om zo vaak als mogelijk deel te nemen.</u>

[Daar het in gemeenschap wordt gevierd, dienen alleen diegenen te worden uitgenodigd om deel te nemen die geloven in Christus en de heiligen liefhebben.]

(Exodus 12:1-14; Mattheüs 26:26-29; Marcus 14:22-25; Lucas 22:17-20; Johannes 6:28-58; 1 Corinthiërs 10:14-21; 11:23-32)

XIV. Goddelijke genezing

De Algemene Vergadering van 2017 heeft dit artikel aangepast, maar de wijziging(en) hadden geen invloed op de Nederlandse vertaling.

14. Wij geloven in de Bijbelse leer van goddelijke genezing en dringen er bij onze gemeenteleden op aan in geloof te bidden voor de genezing van de zieken. Wij geloven ook dat God geneest door middel van de medische wetenschap.

(2 Koningen 5:1-19; Psalm 103:1-5; Mattheüs 4:23-24; 9:18-35; Johannes 4:46-54; Handelingen 5:12-16; 9:32-42; 14:8-15; 1 Corinthiërs 12:4-11; 2 Corinthiërs 12:7-10; Jacobus 5:13-16)

XV. De wederkomst van Christus

15. Wij geloven dat de Heer Jezus Christus zal wederkomen; en dat wij, die nog in leven zijn bij zijn komst, degenen die in Christus Jezus zijn ontslapen niet zullen voorgaan, maar dat wij, indien wij in Hem blijven, met de opgestane heiligen opgenomen zullen worden om de Heer tegemoet te gaan in de lucht, zodat wij voor altijd met de Heer zullen zijn.

(Mattheüs 25:31-46; Johannes 14:1-3; Handelingen 1:9-11; Filippenzen 3:20-21; 1 Thessalonicenzen 4:13-18; Titus 2:11-14; Hebreeën 9:26-28; 2 Petrus 3:3-15; Openbaring 1:7-8; 22:7-20)

XVI. Opstanding, Oordeel en Eeuwige Bestemming

16. Wij geloven in de wederopstanding der doden, dat zowel de lichamen van de rechtvaardigen als van de onrechtvaardigen zullen herrijzen en verenigd zullen worden met hun geest. "Wie het goede gedaan hebben, tot de opstanding ten leven, wie het kwade bedreven hebben, tot de opstanding ten oordeel".

16.1. Wij geloven in een toekomstig oordeel, waarbij iedereen voor God zal verschijnen om geoordeeld te worden naar hetgeen hij in dit leven heeft gedaan.

16.2. Wij geloven dat voor allen, die in Jezus Christus, onze Heer, geloven als hun Redder, en Hem gehoorzaam volgen, een heerlijk en eeuwig leven is verzekerd; en dat zij die volharden in hun onboetvaardigheid voor eeuwig in de hel zullen lijden.

(Genesis 18:25; 1 Samuel 2:10; Psalm 50:6; Jesaja 26:19; Daniël 12:2-3; Mattheüs 25:31-46; Marcus 9:43-48; Lucas 16:19-31; 20:27-38; Johannes 3:16-18; 5:25-29; 11:21-27; Handelingen 17:30-31; Romeinen 2:1-16; 14:7-12; 1 Corinthiërs 15:12-58; 2 Corinthiërs 5:10; 2 Thessalonicenzen 1:5-10; Openbaring 20:11-15; 22:1-5)

GELOOFSARTIKELEN

DE KERK

I. De algemene kerk

17. De Kerk van God bestaat uit alle geestelijk wedergeboren mensen, wier namen in de hemel staan opgetekend.

II. De afzonderlijke kerken

18. De kerken afzonderlijk moeten uit zodanige wedergeboren mensen bestaan, die zich onder goddelijke beschikking en door leiding van de Heilige Geest hebben verenigd tot een heilige gemeenschap en dienst.

III. De Kerk van de Nazarener

19. De Kerk van de Nazarener bestaat uit die mensen, die zich vrijwillig verenigd hebben volgens de leer en organisatie van deze kerk en die streven naar een heilige christelijke gemeenschap, de bekering van zondaren, de volkomen heiligmaking van de gelovigen, hun groei in heiliging, en de eenvoud en de geestelijke kracht die in de eerste Nieuw Testamentische kerk aanwezig was, samen met de prediking van het evangelie aan de ganse schepping.

IV. Overeengekomen geloofsbelijdenis

20. Daar wij erkennen dat het recht en het privilege van personen om lidmaat van de kerk te worden berust op het feit dat men wedergeboren is, vereisen wij alleen een belijdenis die van wezenlijk belang is voor de christelijke ervaring. Wij zijn daarom van oordeel dat het onderschrijven van de volgende korte belijdenis voldoende is. Wij geloven:

20.1. In één God - de Vader, Zoon en Heilige Geest.

20.2. Het Oude en Nieuwe Testament, door volledige inspiratie gegeven, bevatten alle noodzakelijke waarheid betreffende het geloof en de christelijke leefwijze.

20.3. De mens is geboren met een gevallen natuur en is daarom voortdurend geneigd tot alle kwaad.

20.4. Zij die volharden in hun onboetvaardigheid zijn hopeloos en voor eeuwig verloren.

20.5. De verzoening door Jezus Christus is voor het gehele menselijke geslacht; en een ieder die zich bekeert en gelooft in de Heer Jezus Christus wordt gerechtvaardigd en wedergeboren en bevrijd van de macht van de zonde.

20.6. De gelovigen moeten geheel en al geheiligd worden, volgend op de wedergeboorte, door geloof in de Heer Jezus Christus.

20.7. De Heilige Geest getuigt van de wedergeboorte en ook van de volkomen heiligmaking van de gelovigen.

20.8. Onze Heer zal wederkomen, de doden zullen opgewekt worden en het laatste oordeel zal plaatsvinden.

V. Het convenant van christelijk karakter

21. Het is het gezegende voorrecht en de heilige plicht van allen die gered zijn van hun zonden en streven naar de volkomenheid in Christus Jezus, om zich te voegen bij de zichtbare kerk. Van allen die wensen toe te treden tot de Kerk van de Nazarener om op deze wijze gemeenschap met ons te hebben, wordt verwacht dat zij blijk zullen geven van de verlossing van hun zonden door een godvruchtige levenswandel en een levend geloof; dat zij gereinigd zullen zijn van alle inwonende zonde, of hier oprecht naar verlangen. Zij zullen van hun overgave aan God blijk geven door:

21.1. TEN EERSTE. Datgene te doen waartoe het Woord van God, dat onze richtlijn is voor zowel ons geloof als ons handelen, ons aanspoort, zoals:

(1) God lief te hebben met geheel het hart, ziel, verstand en kracht en onze naaste als onszelf (Exodus 20: 3-6; Leviticus 19:17-18; Deuteronomium 5:7-10; 6:4-5; Marcus 12:28-31; Romeinen 13:8-10).

(2) De ongelovigen te confronteren met de aanspraken die het evangelie op hen maakt, hen uit te nodigen mee te gaan naar het huis van de Heer en hun redding trachten te bereiken (Mattheüs 28:19-20; Handelingen 1:8; Romeinen 1:14-16; 2 Corinthiërs 5:18-20).

(3) Vriendelijk te zijn voor alle mensen (Efeziërs 4:32; Titus 3:2; 1 Petrus 2:17; 1 Johannes 3:18).

(4) Hulpvaardig te zijn voor hen die ook tot het geloof behoren en elkander in liefde te verdragen (Romeinen 12:13; Galaten 6:2,10; Colossenzen 3:12-14).

(5) Te trachten mensen goed te doen naar lichaam en ziel; hongerigen te eten te geven, naakten te kleden, zieken en gevangenen te bezoeken, en de behoeftigen te helpen wanneer de gelegenheid en de mogelijkheid zich voordoet (Mattheüs 25: 35-36; 2 Corinthiërs 9:8-10; Galaten 2:10; Jacobus 2:15-16; 1 Johannes 3:17-18).

(6) Bij te dragen met tienden en offeranden ter ondersteuning van de geestelijken en de kerk en haar werk (Maleachi 3:10; Lucas 6:38; 1 Corinthiërs 9:14; 16:2; 2 Corinthiërs 9:6-10; Filippenzen 4:15-19).

(7) Getrouw al Gods inzettingen na te komen en de genademiddelen, waaronder begrepen de openbare eredienst (Hebreeën 10:25), de bediening van het Woord (Handelingen 2:42) en het sacrament van de maaltijd des Heren (1 Corinthiërs 11:23-30) in acht te nemen, de Schriften te onderzoeken en daarover te mediteren (Handelingen 17:11; 2 Timotheüs 2:15; 3:14-16) en

GELOOFSARTIKELEN

zowel in gezinsverband als persoonlijk te bidden (Deuteronomium 6:6-7; Mattheüs 6:6).

21.2. TEN TWEEDE. Zich van allerlei soorten kwaad te onthouden, waaronder:

(1) De naam van God ijdel gebruiken (Exodus 20:7; Leviticus 19:12; Jacobus 5:12).

(2) Het ontheiligen van de dag des Heren door deel te nemen aan niet-noodzakelijke, wereldse activiteiten, en daarbij dingen te doen die de wijding van deze dag verloochenen (Exodus 20:8-11; Jesaja 58:13-14; Marcus 2:27-28; Handelingen 20:7; Openbaring 1:10).

(3) Seksuele immoraliteit, zoals voorechtelijke, buitenechtelijke of homoseksuele relaties, perversiteiten van welke aard ook, of losbandig en onbetamelijk gedrag (Genesis 19:4-11; Exodus 20:14; Leviticus 18:22, 20:13; Mattheüs 5:27-32; Romeinen 1:26-27; 1 Corinthiërs 6:9-11; Galaten 15:19; 1 Thessalonicenzen 4:3-7; 1 Timotheüs 1:10).

(4) Gewoonten of praktijken waarvan bekend is dat ze verwoestend werken voor het fysieke en geestelijke welzijn. Christenen moeten zichzelf beschouwen als tempels van de Heilige Geest (Spreuken 20:1; 23:1-3; 1 Corinthiërs 6:17-20; 2 Corinthiërs 7:1; Efeziërs 5:18).

(5) Twisten, kwaad met kwaad vergelden, roddelen, lasteren, geruchten verspreiden die de goede naam van anderen schade berokkenen (2 Corinthiërs 12:20; Galaten 5:15; Efeziërs 4:30-32; Jacobus 3:5-18; 1 Petrus 3:9-10).

(6) Oneerlijkheid, bedriegen bij kopen en verkopen, een vals getuigenis geven, en gelijksoortige werken van de duisternis (Leviticus 19:10-11; Romeinen 12:17; 1 Corinthiërs 6:7-10).

(7) Zich in kleding of gedrag hoogmoedig te betonen. Onze leden dienen zich met een zodanige christelijke eenvoud en ingetogenheid te kleden die past bij een heilige levenswandel (Spreuken 29:23; 1 Timotheüs 2:8-10; Jacobus 4:6; 1 Petrus 3:3-4; 1 Johannes 2:15-17).

(8) Muziek, literatuur en amusement die God onteren (1 Corinthiërs 10:31; 2 Corinthiërs 6:14-17; Jacobus 4:4).

21.3. TEN DERDE. In hartelijke gemeenschap met de kerk te blijven en niet tegen haar leer en gebruiken in te gaan, maar zich daar oprecht mee één te maken en actief betrokken te blijven bij haar onafgebroken getuigenis en dienstbetoon naar buiten (Efeziërs 2:18-22; 4:1-3, 11-16; Filippenzen 2:1-8; 1 Petrus 2:9-10).

ARTIKELEN VAN ORGANISATIE EN BESTUUR

Artikel I. Bestuursvorm

22. De Kerk van de Nazarener heeft een representatieve bestuursvorm.

22.1. Wij zijn overeengekomen dat er drie wetgevende eenheden zijn in de structuur van de Kerk van de Nazarener: plaatselijk, district, algemeen. De regio's dienen als bestuurlijke eenheden ten behoeve van zendingsstrategie en -implementatie.

22.2. Wij zijn het eens over de noodzaak van het houden van toezicht door superintendenten die de plaatselijke kerk zullen aanvullen en assisteren bij de vervulling van haar zending en het bereiken van haar doelen. De superintendenten zullen het moreel opbouwen, zorgen voor motivatie, hulp bieden op het gebied van bestuur en methodes, en initiatieven nemen tot en het aanmoedigen van het stichten van nieuwe kerken en ander christelijk werk.

22.3. We zijn overeengekomen dat het gezag dat aan de superintendenten gegeven is, niet zal ingaan tegen het onafhankelijke besluit van een officieel georganiseerde kerk. Iedere kerk zal het recht genieten om zijn eigen predikant te kiezen, daarbij slechts afhankelijk van de goedkeuring welke door de Algemene Vergadering is ingesteld. Iedere kerk zal ook afgevaardigden naar de verschillende vergaderingen kiezen, haar eigen financiën beheren en zorg dragen voor alle andere zaken die te maken hebben met het leven en werken van die plaatselijke kerk.

Artikel II. Plaatselijke kerken

23. Het ledenbestand van een plaatselijke kerk zal bestaan uit allen die als een kerk georganiseerd zijn door hen die daartoe gemachtigd zijn, en allen die in het openbaar als lid zijn aangenomen door de daartoe gerechtigde personen, nadat ze getuigd hebben van hun ervaring van verlossing, hun geloof in onze leerstellingen en hun bereidheid om zich te onderwerpen aan ons bestuurssysteem (100-107).

Artikel III. DistrictsVergaderingen

De Algemene Vergadering van 2017 heeft dit artikel aangepast. De Districtsvergaderingen zijn nog bezig met het ratificatieproces op het moment dat dit document wordt gepubliceerd. Nieuwe woorden zijn onderstreept en wat verwijderd is staat tussen rechte haken [ ].

24. De Algemene Vergadering zal het lidmaatschap van de kerk indelen in Districtsvergaderingen, en daarin een zodanige

GELOOFSARTIKELEN 37

vertegenwoordiging door leken en geestelijken bepalen als de Algemene Vergadering billijk en rechtvaardig lijkt. Zij zal de vereisten bepalen waaraan deze afgevaardigden dienen te voldoen, met dien verstande dat alle in functie zijnde geordineerde geestelijken lid zullen zijn van de Districtsvergadering. [De Algemene Commissie Grenzen zal de grenzen van de districten bepalen.] De Algemene Vergadering zal de bevoegdheden en plichten van de Districtsvergaderingen vaststellen. (200-207.6)

IV. Algemene Vergadering

> De Algemene Vergadering van 2017 heeft dit artikel aangepast. De Districtsvergaderingen zijn nog bezig met het ratificatieproces op het moment dat dit document wordt gepubliceerd. Nieuwe woorden zijn onderstreept en wat verwijderd is staat tussen rechte haken [ ].

25. Hoe samengesteld. De Algemene Vergadering zal gevormd worden door gelijke aantallen geestelijken en leken die als afgevaardigden zijn gekozen door de Districtsvergaderingen van de Kerk van de Nazarener; door ex-officio leden zoals de Algemene Vergadering van tijd tot tijd zal bepalen; en door [de] afgevaardigden [van districten onder verantwoordelijkheid van de Commissie Wereldzending van de Kerk van de Nazarener,] zoals door de Algemene Vergadering zal worden bepaald

25.1. Verkiezing van de afgevaardigden. Tijdens een DistrictsVergadering, welke gehouden zal worden binnen 16 maanden vóór het bijeenkomen van de Algemene Vergadering, of binnen 24 maanden in gebieden waar visa of andere ongebruikelijke voorbereidingen nodig zijn, zal een gelijk aantal geestelijken en leken, met relatieve meerderheid van stemmen als afgevaardigden naar de Algemene Vergadering gekozen worden, mits de afgevaardigde geestelijken in functie zijnde geordineerde geestelijken van de Kerk van de Nazarener zijn. Elk fase 3 district zal het recht hebben op tenminste één geestelijke en één leek als afgevaardigden en zoveel aanvullende afgevaardigden als het lidmaatschap rechtvaardigt op grond van de door de Algemene Vergadering bepaalde vertegenwoordiging. Ieder district zal plaatsvervangende afgevaardigden kiezen, niet meer dan tweemaal het aantal toegestane afgevaardigden. In situaties waar het verkrijgen van visa een probleem is, mag de DistrictsVergadering de DistrictsAdviesRaad machtigen om extra reserve afgevaardigden te kiezen. (205.23, 301-301.1)

25.2. Geloofsbrieven. De secretaris van iedere Districts-Vergadering zal bewijzen van verkiezing uitdelen aan de afgevaardigden en plaatsvervangers, die afzonderlijk voor de Algemene Vergadering gekozen zijn, en hij zal ook de bewijzen van deze verkiezingen zenden aan de algemeen secretaris van de Kerk van de Nazarener, direct na de beëindiging van de DistrictsVergadering.

25.3. Quorum. Het quorum van elke bijeenkomst van de Algemene Vergadering zal bestaan uit de meerderheid van de stemmende afgevaardigden die ter plaatse geregistreerd zijn door de Commissie Geloofsbrieven Algemene Vergadering. [Wanneer de Algemene Vergadering bijeen is, zal een meerderheid van het totaal der afgevaardigden die daartoe gekozen zijn, een quorum vormen voor het behandelen van de lopende zaken.] Indien er eenmaal een quorum is bereikt, kan een kleiner aantal de nog niet goedgekeurde notulen goedkeuren en verdagen.

25.4. Algemene superintendenten. De Algemene Vergadering zal via stembiljetten zes [zoveel] algemene superintendenten uit de oudsten van de Kerk van de Nazarener kiezen [als nodig worden geacht], die de Raad van Algemene Superintendenten zullen vormen. Bij een vacature in de functie van een algemene superintendent in de tijd tussen de Algemene Vergaderingen zal deze vervuld worden door tweederde van de stemmen van de Algemene Raad van de Kerk van de Nazarener. (305.2, 316)

25.5. Voorzitters. Een algemeen superintendent, die daartoe is aangesteld door de Raad van Algemeen Superintendenten, zal de dagelijkse vergaderingen van de Algemene Vergadering voorzitten. Maar als er geen algemeen superintendent is aangewezen of niet aanwezig is zal de Algemene Vergadering één van haar leden als tijdelijk voorzitter kiezen. (300.1)

25.6. Regels van orde. De Algemene Vergadering zal regels van orde aannemen die de wijze van organisatie, procedure, commissies en alle andere zaken, die tot een ordelijke gang van zaken behoren, regelen. De Algemene Vergadering zelf zal de verkiezing van en de vereisten voor haar eigen leden beoordelen. (300.2-300.3)

25.7. Algemeen Hof van Beroep. De Algemene Vergadering zal uit de leden van de Kerk van de Nazarener een Algemeen Hof van Beroep kiezen en zal zijn jurisdictie en bevoegdheden bepalen. (305.7)

25.8. Bevoegdheden en beperkingen.

(1) De Algemene Vergadering zal gemachtigd zijn om de wetgeving voor de Kerk van de Nazarener op te stellen, en om regels en voorschriften op te stellen voor alle afdelingen die in enig opzicht met haar verbonden zijn, echter niet wanneer dit in strijd is met deze constitutie. (300, 305-305.8)

(2) Geen plaatselijke kerk zal het recht ontnomen worden om zijn eigen predikant te kiezen, in overeenstemming met die goedkeuring die de Algemene Vergadering juist zal vinden om toe te passen. (115)

(3) Alle plaatselijke kerken, functionarissen, geestelijken en leken zullen altijd het recht hebben op een eerlijk en ordelijk onderzoek en het recht op beroep.

# GELOOFSARTIKELEN

AMENDEMENTEN

De Algemene Vergadering van 2017 heeft dit artikel aangepast. De Districtsvergaderingen zijn nog bezig met het ratificatieproces op het moment dat dit document wordt gepubliceerd. Nieuwe woorden zijn onderstreept en wat verwijderd is staat tussen rechte haken [ ].

26. De bepalingen van deze Constitutie kunnen worden herroepen of gewijzigd wanneer tweederde van de aanwezige en stemmende leden van de Algemene Vergadering daarmee instemmen en wanneer niet minder dan tweederde van alle fase 3 en fase 2 Districtsvergaderingen van de Kerk van de Nazarener ze geratificeerd hebben. Bij elk amendement op de Constitutie is een <u>tweederde</u> [absolute] meerderheid vereist van een fase 3 of fase 2 Districtsvergadering. Zowel de Algemene Vergadering als een fase 3 of fase 2 district mag het initiatief nemen tot het maken van voorstellen tot zulke wijzigingen of amendementen. Zodra deze wijzigingen of amendementen zijn aangenomen zoals hier is voorgeschreven, zal de uitslag van de stemming bekend worden gemaakt door de Raad van Algemene Superintendenten, waarna deze wijzigingen of amendementen volledig van kracht zullen zijn.

27. Amendementen op de Geloofsartikelen (par. 1-16.2) zullen door de Algemene Vergadering worden doorverwezen naar de Raad van Algemene Superintendenten ter beoordeling door een studiecommissie, waarin ook theologen en geordineerde geestelijken zitting hebben, aangesteld door de Raad van Algemene Superintendenten, die een afspiegeling is van het wereldwijde karakter van onze Kerk. De commissie zal rapporteren met aanbevelingen of resoluties aan de <u>Raad van Algemene Superintendenten, die vervolgens zal rapporteren aan de</u> eerstvolgende Algemene Vergadering.

DEEL III

HET CONVENANT VAN CHRISTELIJK GEDRAG

HET CHRISTELIJK LEVEN

ONSCHENDBAARHEID VAN

HET MENSELIJK LEVEN

MENSELIJKE SEKSUALITEIT EN HUWELIJK

CHRISTELIJK RENTMEESTERSCHAP

KERKELIJKE FUNCTIONARISSEN

PARLEMENTAIRE REGELS

AMENDEREN VAN HET CONVENANT

VAN CHRISTELIJK GEDRAG

A. Het christelijk leven

28. De kerk verkondigt met vreugde het goede nieuws dat wij verlost kunnen worden van alle zonde tot een nieuw leven in Christus. Door de genade van God moeten wij, christenen, "de oude mens afleggen" – de oude gedragspatronen evenals de oude vleselijke gezindheid – en "de nieuwe mens aandoen" - een nieuwe en heilige manier van leven, alsmede de gezindheid van Christus.

(Efeziërs 4:17-24)

28.1. De Kerk van de Nazarener beoogt tijdloze Bijbelse principes te betrekken op de hedendaagse maatschappij op zodanige wijze dat de leerstellingen en convenanten van de kerk begrepen en verstaan kunnen worden in vele landen en binnen een verscheidenheid van culturen. Wij zijn van oordeel dat de Tien Geboden, zoals in het Nieuwe Testament opnieuw bevestigd in het onderwijs van Jezus Christus, het meest volledig en beknopt getoond in het grote gebod en de Bergrede, de grondslag vormen voor de christelijke ethiek

28.2. Verder wordt erkend dat het concept van het collectieve christelijke geweten, dat verlicht en geleid wordt door de Heilige Geest, geldigheid bezit. De Kerk van de Nazarener, als een internationale uitdrukking van het Lichaam van Christus, erkent haar verantwoordelijkheid om naar wegen te zoeken om het christelijke leven zo nauwkeurig mogelijk te duiden zodat dit leidt tot een heiligingsethiek. De historische ethische normen van de kerk worden ten dele tot uitdrukking gebracht in de volgende punten. Zij dienen zorgvuldig te worden gevolgd als richtlijnen en hulpmiddelen voor een heilig leven. Zij, die tegen het geweten van de kerk ingaan, doen dat tot hun eigen schade, en schaden het getuigenis van de kerk. Aanpassingen die door de cultuur vereist worden zullen ter goedkeuring worden voorgelegd aan de Raad van Algemeen Superintendenten.

28.3. De Kerk van de Nazarener gelooft dat deze nieuwe en heilige manier van leven praktijken omvat die moeten worden vermenden als verlossende handelingen om uit te voeren ten behoeve van ziel, verstand en lichaam van onze naasten. Een van die gebieden waarin deze verlossende liefde gestalte krijgt is de speciale relatie die Jezus had en Hij zijn discipelen gebood te hebben, met de armen van deze wereld; dat Zijn Kerk zich ten eerste eenvoudig en vrij van een nadruk op weelde en extravagantie diende te houden, en ten tweede zichzelf zou geven aan het zorgen voor, het voeden, kleden en onderdak bieden aan de armen en gemarginaliseerden. Door de hele bijbel heen en in het leven en voorbeeld van Jezus, identificeert God zich met de armen, de onderdrukten, en diegenen in de maatschappij die niet voor zichzelf kunnen opkomen, en helpt hen. Op gelijke wijze worden wij opgeroepen ons te identificeren en solidair

HET CONVENANT VAN CHRISTELIJK GEDRAG 43

te worden met de armen. We zijn van mening dat "compassionate ministry" aan de armen zowel liefdadigheid als de strijd voor mogelijkheden, gelijkheid en gerechtigheid voor de armen omvat. We geloven verder dat de verantwoordelijkheid van de christen ten opzichte van de armen een essentieel aspect van het leven van elke gelovige is, die een geloof zoekt dat werkt door liefde. We geloven dat Christelijke heiligheid niet te scheiden is van een bediening voor de armen omdat het de christen voorbij zijn eigen individuele heiligheid drijft naar de vorming van een meer rechtvaardige en onpartijdige maatschappij en wereld. Heiliging, in plaats van gelovigen op afstand houden van de wanhopige economische behoeften van mensen in deze wereld, motiveert ons om onze middelen in te zetten om zulke behoeften te verlichten en onze eigen verlangens aan te passen aan de behoeften van anderen.

(Exodus 23:11; Deuteronomium 15:7; Psalm 41:1; 82:3; Spreuken 19:17; 21:13; 22:9; Jeremia 22:16; Mattheüs 19:21; Lucas 12:33, Handelingen 20:35; 2 Corinthiërs 9:6, Galaten 2:10)

28.4. In het opsommen van praktijken, die vermeden dienen te worden, erkennen wij dat geen enkele lijst, hoe omvangrijk ook, aanspraak kan maken op volledigheid met betrekking tot alle vormen van kwaad die in deze wereld bestaan. Daarom is het voor onze mensen een dwingende noodzaak dat ze ernstig de hulp van de Geest zoeken in het aankweken van een gevoeligheid voor het kwaad die de zuivere letter van de wet te boven gaat; zich de vermaning herinnerend: "Onderzoek alles, behoud het goede en vermijd elk kwaad, in welke vorm het zich ook voordoet."

(1 Thessalonicenzen 5:21-2)

28.5. Van onze leiders en predikanten wordt verwacht dat zij in onze periodieke publicatie en vanaf de preekstoel sterke nadruk zullen leggen op zulke fundamentele Bijbelse waarheden, die het vermogen zullen ontwikkelen om te onderscheiden tussen het kwade en het goede.

28.6. Onderwijs is van het hoogste belang voor het sociale en geestelijke welzijn van de maatschappij. Van Nazarener onderwijsorganisaties en -instellingen, zoals zondagsscholen, reguliere scholen, kinderdagverblijven, dagopvang voor ouderen, colleges en seminaries, wordt verwacht dat zij de kinderen, jongeren en volwassenen de Bijbelse principes en ethische normen op zodanige wijze leren dat onze leerstellingen bij hen bekend mogen worden. Dit kan gebeuren in plaats van of in aanvulling het onderwijs op openbare scholen. Verder dient het algemene onderwijs aangevuld te worden met heiligingsonderwijs thuis. Christenen dienen ook aangemoedigd te worden om te werken in en samen te werken met openbare instellingen om daar te getuigen en deze instellingen te beïnvloeden ten gunste van Gods koninkrijk. (Mattheüs 5:13-14)

29. Wij zijn specifiek van oordeel dat de volgende praktijken vermeden dienen te worden:

29.1. Vermaak dat de christelijke ethiek ondermijnt.
Onze mensen, zowel christenen individueel en als in christelijke gezinnen, dienen zichzelf te laten leiden door drie principes. Eén is het christelijk rentmeesterschap over onze vrije tijd. Een tweede principe is de erkenning van de christelijke plicht om de hoogste morele normen toe te passen in het leven als christen. Aangezien we in een tijd leven van grote zedelijke verwarring, waarin we geconfronteerd worden met het binnendringen van het kwaad in het gewijde gebied van onze huizen via allerlei kanalen, zoals literatuur, radio, televisie, computers en het internet, is het van essentieel belang dat de meest stringente voorzorgsmaatregelen worden genomen om te voorkomen dat onze huizen geseculariseerd en verwereldlijkt raken. We zijn echter van mening dat ontspanning die een heilig leven onderschrijft en propageert en Bijbelse normen bevestigt, en die de heiligheid van de huwelijksbelofte en de exclusiviteit van het huwelijksverbond ondersteunt, aangemoedigd en ondersteund dient te worden. We moedigen in het bijzonder onze jongeren aan om hun talenten in de media en de kunsten te gebruiken om dit alles doordringende onderdeel van onze cultuur te beïnvloeden. Het derde principe is de verplichting om tegen alles wat God omlaaghaalt of lastert te getuigen, evenals tegen maatschappelijk kwaad als geweld, zinnelijkheid, pornografie, godslastering en het occulte, zoals wordt uitgebeeld door de commerciële amusementsindustrie in haar vele vormen, en het pogen de ontmanteling teweeg te brengen van ondernemingen die bekend staan als de leveranciers van dit soort vermaak. Dit omvat het mijden van alle soorten vermaak en mediaproducties die het gewelddadige, het zinnelijke, het pornografische, het godslasterlijke of het occulte produceren, promoten of tonen of die de wereldse filosofie van secularisatie, sensualiliteit en materialisme bevatten of idealiseren en die op deze wijze Gods norm voor een heilig hart en leven ondermijnen.

Dit maakt het onderwijzen en verkondigen van deze morele normen voor het christelijk leven aan onze mensen noodzakelijk, net als het leren gebruiken van biddend onderscheidingsvermogen in het voortdurend kiezen voor de "smalle weg" van het heilige leven. We roepen daarom onze leiders en geestelijken op om sterke nadruk te leggen in publicaties en vanaf de kansel op de fundamentele waarheden die het onderscheidingsvermogen tussen het kwade en het goede, zoals dat in deze media wordt gevonden, zullen ontwikkelen.

We stellen voor dat het advies dat aan John Wesley door zijn moeder werd gegeven de basis voor dit onderwijs in

HET CONVENANT VAN CHRISTELIJK GEDRAG 45

onderscheidingsvermogen zal vormen, namelijk: "Alles wat je beoordelingsvermogen verzwakt, je gevoeligheid van je geweten aantast, je gevoel voor God verduistert, of wat je afhoudt van het genieten van geestelijke dingen, alles wat de macht van je lichaam over je geest doet toenemen, dat is voor jou zonde." (28.2-28.4, 926-931)

(Romeinen 14:7-13; 1 Corinthiërs 10:31-33; Efeziërs 5:1-18; Filippenzen 4:8-9; 1 Petrus 1:13-17; 2 Petrus 1:3-11)

29.2. Loterijen en andere vormen van gokken, legaal of illegaal. De kerk is van oordeel dat het uiteindelijke gevolg van deze praktijken schadelijk is, zowel voor het individu als voor de maatschappij.

(Mattheüs 6:24-34; 2 Thessalonicenzen 3:6-13; 1 Timotheüs 6:6-11; Hebreeën 13:5-6; 1 Johannes 2:15-17)

29.3. Het lidmaatschap van geheime, door eed gebonden orden of genootschappen, zoals (maar niet alleen zij) de Vrijmetselaars. Het zogenaamde religieuze karakter van zulke genootschappen verzwakt de christelijke toewijding, en hun geheimzinnigheid druist in tegen het open christelijke getuigenis. Dit punt moet worden overwogen samen met artikel 112.1 betreffende het lidmaatschap van de kerk.

(1 Corinthiërs 1:26-31; 2 Corinthiërs 6:14-7:1; Efeziërs 5:11-16; Jacobus 4:4; 1 Johannes 2:15-17)

29.4. Alle vormen van dansen die afbreuk doen aan geestelijke groei en de noodzakelijke morele remmingen en voorzichtigheid doen wegvallen.

(Mattheüs 22:36-39; Romeinen 12:1-2; 1 Corinthiërs 10:31-33; Filippenzen 1:9-11; Colossenzen 3:1-17)

29.5. Het gebruik van alcoholhoudende drank als genotmiddel, of het verhandelen ervan; het laten gelden van invloed of het stemmen voor de verlening van een drankvergunning; het gebruik van verboden drugs of het verhandelen ervan; het gebruik van tabak in welke vorm dan ook, of het verhandelen ervan.

In het licht van de Heilige Schrift en de menselijke ervaring betreffende de te gronde richtende consequenties van het gebruik van alcoholhoudende dranken als genotmiddel, en in het licht van de bevindingen van de medische wetenschap betreffende het nadelige effect van alcohol en tabak op het lichaam en de geest, is ons standpunt als geloofsgemeenschap die toegewijd is aan het najagen van een heilig leven, geheelonthouding, geen matiging. De Heilige Schrift leert ons dat ons lichaam de tempel is van de Heilige Geest. Vanuit een liefdevol respect voor onszelf en anderen roepen we onze mensen op zich volkomen te onthouden van alle bedwelmende dranken.

Verder roept onze sociale verantwoordelijkheid als christenen ons op om elk legitiem en wettelijk middel te gebruiken om de verkrijgbaarheid van alcoholische dranken en tabak te minimaliseren. Het wijd verbreide misbruik van alcohol in onze wereld vereist dat we een standpunt innemen dat een getuigenis is voor anderen. (929-931)

(Spreuken 20:1; 23:29-24:2; Hosea 4:10-11; Habakuk 2:5; Romeinen 13:8; 14:15-21; 15:1-2; 1 Corinthiërs 3:16-17; 6:9-12, 19-20; 10:31-33; Galaten 5:13-14, 21; Efeziërs 5:18)

(Alleen ongegiste wijn dient bij het sacrament van het Heilig Avondmaal te worden gebruikt.) (515.4, 532.7, 533.2, 534.1, 700)

29.6 Het gebruik van drugs los van goede medisch(e) zorg en toezicht.

In het licht van medisch bewijs omtrent het gevaar van dergelijk middelen, en van de Bijbelse vermaningen om lichaam en geest te beheersen, kiezen we ervoor om af te zien van het gebruik van drugs zonder goede medisch(e) zorg en toezicht, los van de vraag in hoeverre een en ander legaal en beschikbaar is.

(Mattheüs 22:37-39; 27:34; Romeinen 12:1 2; 1 Corinthiërs 6:19-20; 9:24-27)

B. Onschendbaarheid van het menselijk leven

30. De Kerk van de Nazarener gelooft in de onschendbaarheid van het menselijk leven en streeft naar bescherming tegen abortus, stamcel onderzoek, euthanasie en het onthouden van redelijke medische zorg aan gehandicapten en ouderen.

30.1. Abortus provocatus. De Kerk van de Nazarener bevestigt de onschendbaarheid van het menselijk leven zoals dat door God de Schepper is vastgesteld en gelooft dat deze onschendbaarheid zich uitstrekt tot het ongeboren kind. Het leven is een gave van God. Al het menselijk leven, inclusief leven dat groeit in de baarmoeder, is door God geschapen naar Zijn beeld en moet daarom gekoesterd, ondersteund en beschermd worden. Vanaf het moment van conceptie is een kind een menselijk wezen met alle zich ontwikkelende kenmerken van het menselijk leven, en dat leven is afhankelijk van de moeder voor haar voortdurende ontwikkeling. Daarom geloven we dat het menselijk leven gerespecteerd en beschermd moet worden vanaf het moment van conceptie. We stellen ons te weer tegen abortus provocatus, op welke wijze ook, als die gebruikt wordt voor persoonlijk gemak of geboortebeperking. We zijn tegen wetten die abortus provocatus mogelijk maken. We beseffen dat er zeldzame maar reële medische situaties zijn waarin de moeder of het ongeboren kind, of beiden, de zwangerschap niet kunnen overleven. Een beslissing om dan de zwangerschap te beëindigen dient slechts gemaakt te worden op basis van goede medische en christelijke raadgeving.

Een verantwoorde opstelling tegen abortus vereist onze toewijding aan het opzetten en ondersteunen van programma's die

HET CONVENANT VAN CHRISTELIJK GEDRAG 47

bedoeld zijn om zorg te bieden voor moeder en kind. De crisis van een ongewenste zwangerschap roept de gemeenschap van gelovigen op (alleen vertegenwoordigd door hen voor wie de kennis van de crisis gepast is) om een kader van liefde, gebed en raad te creëren. In zulke gevallen kan de ondersteuning de vorm aannemen van adviescentra, huizen voor aanstaande moeders en het creëren of gebruiken van een christelijke adoptievereniging.

De Kerk van de Nazarener erkent dat het overwegen van abortus als middel om een ongewenste zwangerschap te beëindigen vaak het gevolg is van een veronachtzamen van de christelijke normen van seksuele verantwoordelijkheid. Daarom roept de kerk mensen op de ethiek van het Nieuwe Testament inzake de menselijke seksualiteit in praktijk te brengen, en om te gaan met het probleem van abortus door het te plaatsen binnen het grotere kader van de Bijbelse principes die richting geven bij het nemen van morele beslissingen.

(Genesis 2:7, 9:6; Exodus 20:13, 21:12-16, 22-25; Leviticus 18:21; Job 31:15; Psalm 22:9, 139:3-16, Jesaja 44:2, 24, 49:5; Jeremia 1:5; Lucas 1:15, 23-25, 36-45; Handelingen 17:25; Romeinen 12:1-2; 1 Corinthiërs 6:16, 7:1 ev.; 1 Tessalonicenzen 4:3-6)

De Kerk van de Nazarener herkent ook dat velen geconfronteerd zijn met de tragedie van een abortus. Op elke plaatselijke gemeente en elke individuele gelovige wordt aangedrongen de boodschap van vergeving door God aan te bieden voor een ieder die een abortus heeft ervaren. Onze plaatselijke gemeenten moeten centra van verlossing en hoop zijn voor allen die lijden aan fysieke, emotionele en geestelijke pijn als gevolg van een bewuste beëindiging van een zwangerschap.

(Romeinen 3:22-24; Galaten 6:1)

30.2. Genetische manipulatie en gentherapie. De Kerk van de Nazarener ondersteunt het gebruik van genetische manipulatie om tot gentherapie te komen. We erkennen dat gentherapie kan leiden tot het voorkomen en genezen van ziekten, en het voorkomen en genezen van anatomische en geestelijke aandoeningen. We zijn tegen elk gebruik van genetische manipulatie die sociaal onrecht stimuleert, de waardigheid van mensen ontkent, of die poogt raciale, intellectuele of sociale superioriteit ten opzichte van anderen te bereiken (Eugenetica). We zijn eveneens tegen DNA studies waarvan het resultaat abortus zou kunnen aanmoedigen of promoten als alternatief voor een voldragen zwangerschap. In alle situaties dient nederigheid, een respect voor de onschendbare waardigheid van het menselijk leven, de gelijkheid van de mens voor God en een toewijding aan genade en rechtvaardigheid de genetische manipulatie en gentherapie te kenmerken.

30.3. Stamcelonderzoek en andere medische/wetenschappelijke onderzoeken die menselijk leven na de conceptie vernietigen.

De Kerk van de Nazarener moedigt ten sterkste de wetenschap aan om krachtig voort te gaan in het stamcel onderzoek, verkregen vanuit bronnen als volwassen menselijk weefsel, placenta, navelstrengbloed, dierlijke bronnen en andere niet-menselijke embryonale bronnen. Dit heeft het rechtvaardige doel te proberen velen te genezen, zonder de heiligheid van het menselijk leven te schenden. Ons standpunt ten aanzien van menselijk embryonaal stamcel onderzoek is gebaseerd op onze overtuiging dat een menselijke embryo een persoon is die naar Gods beeld is geschapen. Dus zijn we tegen het gebruik van stamcellen die geproduceerd zijn van menselijke embryo's voor onderzoek, therapie of andere doelen.

Als in de toekomst de wetenschap nieuwe technologie mogelijk maakt, ondersteunen we dat onderzoek volledig zolang de heiligheid van het menselijk leven of andere Bijbelse regels niet geschonden worden. Maar we zijn tegen de vernietiging van menselijke embryo's voor welk doel of onderzoek ook, die in feite het leven neemt van een mens na de conceptie. In overeenstemming met deze zienswijze zijn we tegen het gebruik voor welk doel ook van weefsel dat van geaborteerde menselijke foetussen afkomstig is.

30.4. Klonen van mensen.

We zijn tegen het klonen van een individuele mens. De mensheid is van waarde voor God, die ons naar Zijn beeld geschapen heeft. Het klonen van een individuele mens maakt ons tot dingen en ontkent de persoonlijke waarde en waardigheid die we van onze Schepper hebben gekregen.

30.5. Euthanasie (inclusief zelfdoding met hulp van een arts).

We geloven dat euthanasie (het bewust beëindigen van het leven van een terminale patiënt, of van iemand die een verzwakkende en ongeneselijke ziekte heeft die niet direct levensbedreigend is, met als doel het lijden te beëindigen) niet in overeenstemming is met het christelijk geloof. Dit is zowel van toepassing als euthanasie wordt aangevraagd of er in wordt toegestemd door de terminale patiënt (vrijwillige euthanasie) als in het geval dat de terminale patiënt niet in staat is toestemming te geven (onvrijwillige euthanasie). We geloven dat de historische verwerping van euthanasie door de christelijke kerk bekrachtigd wordt door christelijke overtuigingen die aan de bijbel ontleend zijn en in het centrum staan van de geloofsbelijdenis van de Kerk dat Jezus Christus Heer is. Euthanasie schendt het christelijk vertrouwen in God als de soevereine Heer van het leven door je die soevereiniteit zelf toe te eigenen; het schendt onze rol als rentmeesters van God; het draagt bij aan een erosie van de waarde die de bijbel geeft aan het menselijk leven en de gemeenschap; het geeft teveel waarde aan het beëindigen van lijden; en het getuigt van een menselijke

HET CONVENANT VAN CHRISTELIJK GEDRAG 49

arrogantie tegenover een genadige en soevereine God. We dringen er bij onze mensen op aan zich tegen pogingen om euthanasie te legaliseren te weer te stellen.

30.6. Toestaan te sterven. Als de dood nabij is, geloven we dat het stoppen met of niet beginnen aan kunstmatig levensondersteunende systemen toegestaan is binnen het gebied van het christelijk geloof en praxis. Dit standpunt is van toepassing op personen die in een voortdurende vegetatieve staat zijn en op hen voor wie het toepassen van bijzondere middelen om het leven te verlengen geen redelijke hoop op genezing zou opleveren. We geloven dat als de dood nabij is, niets in het christelijk geloof vereist dat dit proces kunstmatig uitgesteld moet worden. Als christenen geloven we in Gods trouw en hebben we de hoop op het eeuwige leven. Dat maakt het voor christenen mogelijk de dood te aanvaarden als een uitdrukking van geloof in Christus die voor ons de dood overwonnen heeft en van zijn overwinning heeft beroofd.

C. Menselijke seksualiteit en huwelijk

31. De Kerk van de Nazarener ziet de menselijke seksualiteit als een uitdrukking van de heiligheid en schoonheid die God de Schepper bedoelde. Omdat alle mensen geschapen zijn naar het beeld van God, zijn zij van onschatbare waarde. Daarom geloven we dat de menselijke seksualiteit bedoeld is om meer te omvatten dan de sensuele ervaring, en een gave van God is, bedoeld om het geheel van ons fysiek en relationeel schepsel zijn te weerspiegelen.

Als heiligingskerk bevestigt de Kerk van de Nazarener dat het lichaam van belang is voor God. Christenen worden zowel opgeroepen als in staat gesteld door het transformerende en heiligende werk van de Heilige Geest om God in en door ons lichaam te verheerlijken. Onze zintuigen, onze seksuele begeerte, ons vermogen om genoegen te ervaren, en ons verlangen naar verbinding met de ander worden gevormd vanuit Gods eigen karakter. Onze lichamen zijn goed, zeer goed.

We bevestigen geloof in een God wiens schepping een daad van liefde is. Omdat we God ervaren hebben als heilige liefde, zien we de Drie-eenheid als een eenheid van liefde tussen Vader, Zoon en Heilige Geest. Daarom zijn we geschapen met een diep verlangen naar verbinding met anderen in de kern van ons wezen. Dat verlangen wordt uiteindelijk vervuld als we in een verbondsrelatie leven met God, de schepping en in het liefhebben van onze naaste als onszelf. Geschapen zijn als sociale wezens is zowel goed als mooi. Wij weerspiegelen het beeld van God in ons vermogen om relaties aan te gaan en ons verlangen om dat te doen.

Het volk van God wordt tot één in Christus gevormd, een rijke gemeenschap van liefde en genade.

Binnen deze gemeenschap worden de gelovigen opgeroepen om te leven als trouwe leden van het lichaam van Christus. Alleenstaanden onder het volk van God moeten gewaardeerd en gedragen worden door de rijke gemeenschap van de kerk en de onderlinge gemeenschap van de heiligen. Het leven als alleenstaande, zoals Jezus dat leefde, is het leven in de intimiteit van de gemeenschap, omringd door vrienden, verwelkomend en welkom geheten aan tafels, levend als een trouwe getuige.

We bevestigen dat sommigen in deze gemeenschap geroepen worden tot het huwelijk. Zoals gedefinieerd in Genesis: "Zo komt het dat een man zich losmaakt van zijn vader en moeder en zich hecht aan zijn vrouw, met wie hij één van lichaam wordt." (NBV). Het verbond van het huwelijk, een weerspiegeling van het verbond tussen God en Gods volk, is er een van exclusieve seksuele trouw, onzelfzuchtige dienstbaarheid en een sociaal getuigenis. Een man en een vrouw wijden zich publiekelijk aan elkaar als getuigenis van de wijze waarop God liefheeft. De huwelijkse intimiteit is bedoeld om de eenheid van Christus en de Kerk te weerspiegelen, een mysterie van genade. Het is ook Gods bedoeling dat in deze sacramentele vereniging man en vrouw de vreugde en het plezier van de seksuele intimiteit mogen ervaren, en dat uit deze daad van intieme liefde nieuw leven in de wereld mag komen in een verbondsgemeenschap van zorg. Een huis waar Christus centraal staat zou de primaire plaats moeten zijn waar geestelijke vorming plaatsvindt. De kerk moet zeer bewust zorg dragen voor goede huwelijksvoorbereidingsgesprekken en een onderwijs dat het heilige karakter van het huwelijk benadrukt.

Het Bijbelse verhaal bevat echter ook het trieste hoofdstuk van het gebroken menselijke verlangen in de zondeval, met als gevolg een gedrag dat zichzelf op de troon zet, de ander objectiveert en beschadigt en het pad van het menselijk verlangen verduistert. Als gevallen wezens hebben we dit kwaad op elk niveau ervaren - persoonlijk en gemeenschappelijk. De heersers en machthebbers van een gevallen wereld hebben ons doordrenkt met leugens over onze seksualiteit. Onze verlangens zijn verwrongen geraakt door de zonde en we zijn in onszelf gekeerd geraakt. We hebben eveneens bijgedragen aan de gebrokenheid van de schepping door onze bewuste keuze Gods liefde te schenden en op eigen voorwaarden zonder God te gaan leven.

Onze gebrokenheid op seksueel gebied neemt vele vormen aan, soms als gevolg van eigen keuzes, soms als gevolg van de gebroken wereld waarin we leven. Maar, Gods genade is genoeg in onze zwakheid, genoeg om overtuiging, transformatie en heiliging in ons leven te bewerkstelligen. Daarom, om tegenstand te bieden aan het toevoegen aan de gebrokenheid van de zonde en om in staat te zijn om te getuigen van de schoonheid en de uniekheid van Gods heilige doel voor ons lichaam, geloven we

HET CONVENANT VAN CHRISTELIJK GEDRAG 51

dat leden van het lichaam van Christus, in staat gesteld door de Heilige Geest, kunnen en dienen zich te onthouden van:

- **Seksuele gemeenschap buiten het huwelijk en andere vormen van ongepaste seksuele verbintenissen.** Omdat we geloven dat het Gods intentie is om onze seksualiteit te beleven in de verbondsrelatie tussen één man en één vrouw, geloven we dat deze praktijken vaak leiden tot het objectiveren van de ander in een relatie. In alle vormen schaadt het in potentie ook ons vermogen om met ons hele wezen de schoonheid en heiligheid van het Christelijk huwelijk in te gaan.
- **Seksuele activiteiten tussen mensen van hetzelfde geslacht.** Omdat we geloven dat het Gods bedoeling is dat de seksualiteit wordt beleefd in de verbondsrelatie tussen één man en één vrouw, geloven we dat seksuele intimiteit tussen mensen van hetzelfde geslacht tegen Gods wil voor de menselijke seksualiteit in gaat. Hoewel de homoseksuele of biseksuele gerichtheid complexe en verschillende achtergronden kan hebben, en de implicaties van deze oproep tot seksuele reinheid veel kost, geloven we dat de genade van God voldoende is voor zo'n roeping. We erkennen de gedeelde verantwoordelijkheid van het lichaam van Christus om een verwelkomende, vergevende en liefhebbende gemeenschap te zijn waarin gastvrijheid, bemoediging, transformatie en verantwoording afleggen beschikbaar zijn voor allen.
- **Buitenhuwelijkse seksuele relaties.** Omdat we geloven dat dit gedrag een schending is van de beloften die we voor God en in het lichaam van Christus hebben gemaakt, is overspel een zelfzuchtige daad, een gezinsvernietigende keuze en een belediging van de God die ons zuiver en toegewijd liefheeft.
- **Echtscheiding.** Omdat het huwelijk bedoeld is om een levenslange toewijding te zijn, is het verbreken van het huwelijksverbond, of dat nu persoonlijk in gang is gezet of door de keuze van de echtgeno(o)t(e), een te kort schieten ten opzichte van Gods beste bedoelingen. De kerk moet er aan werken dat het huwelijksverbond in stand blijft waar dat wijs en mogelijk is, en advies en genade geven aan degenen die door echtscheiding verwond zijn geraakt.
- **Praktijken als polygamie en polyandrie.** Omdat we geloven dat de verbondstrouw van God wordt weerspiegeld in de monogame toewijding van echtgenoot en echtgenote, doen deze praktijken tekort aan de unieke en exclusieve trouw die bedoeld is voor het huwelijk.

Seksuele zonde en gebrokenheid is niet enkel persoonlijk maar doordrenkt de systemen en structuren van de wereld. Omdat we als kerk getuigen zijn van de realiteit van de schoonheid en uniekheid van Gods heilige bedoelingen geloven we dat we als kerk ons ook dienen te onthouden van en te strijden tegen:

- **Pornografie in al haar vormen, wat in feite vervormd verlangen is.** Het is de objectivering van mensen omwille van zelfzuchtige seksuele bevrediging. Deze gewoonte vernietigt ons vermogen tot onzelfzuchtig liefhebben.
- **Seksueel geweld in elke vorm, inclusief verkrachting, aanranding, seksuele vernedering, verbale vernedering, misbruik binnen het huwelijk, incest, sekshandel, gedwongen huwelijken, verminking van vrouwelijke geslachtsdelen, bestialiteit, seksuele pesterij, en het misbruiken van minderjarigen en andere kwetsbare groepen.** Elk mens die en elk systeem dat seksueel geweld bedrijft, overtreedt het gebod om onze naaste lief te hebben en te beschermen. Het lichaam van Christus dient altijd een plaats van gerechtigheid, bescherming en heling te zijn voor degenen die (nog steeds) lijden of geleden hebben onder seksueel geweld.

Daarom bevestigen wij dat:

- **Waar de zonde toeneemt, wordt ook de genade steeds overvloediger.** Hoewel de gevolgen van de zonde universeel en holistisch zijn, is de uitwerking van de genade ook universeel en holistisch. In Christus, door de Heilige Geest, worden we vernieuwd naar het beeld van God. Het oude is voorbij en het nieuwe is gekomen. Hoewel de vorming van ons leven als nieuwe schepping een geleidelijk proces kan zijn, is Gods genezing effectief in het omgaan met de gebrokenheid van de mensheid op het terrein van de seksualiteit.
- **Het menselijk lichaam is de tempel van de Heilige Geest.** We bevestigen de noodzaak dat onze seksualiteit wordt geconformeerd aan de wil van God. Onze lichamen zijn niet van ons maar zijn gekocht en betaald. Daarom zijn we geroepen om God te verheerlijken in onze lichamen door een leven van overgave en gehoorzaamheid.
- **Het volk van God wordt gekenmerkt door heilige liefde.** We bevestigen dat meer dan met alle andere deugden, Gods volk zich zou moeten bekleden met liefde. Gods volk heeft altijd gebroken mensen verwelkomd in hun midden. Deze christelijke gastvrijheid is noch een excuseren van individuele ongehoorzaamheid noch een weigeren op verlossende wijze de wortels van gebrokenheid te onderscheiden. Het herstellen van mensen naar de gelijkenis van Jezus vereist belijden, vergeving, het ontwikkelen van vormende gewoonten, heiliging en godvruchtige raad - maar bovenal, het omvat de verwelkomende liefde

die de gebroken persoon nodigt tot de kring van genade, de kerk. Als we nalaten zonde en gebrokenheid eerlijk te confronteren, hebben we niet lief. Als we niet liefhebben, kunnen we geen deel uitmaken van Gods genezing van gebrokenheid.

Het getrouw uitwerken van deze principes als wereldwijde kerk in plaatselijke gemeenten ten aanzien van de mensen van deze wereld is complex en moet zorgvuldig, nederig, moedig en met onderscheiding worden gedaan.

D. Christelijk rentmeesterschap

32. De betekenis van rentmeesterschap. De Schrift leert dat God de eigenaar is van alle mensen en alle dingen. Daarom zijn wij Zijn rentmeesters, zowel van leven als van bezit. Gods eigendomsrecht en ons rentmeesterschap zou erkend moeten worde, want wij zullen persoonlijk verantwoordelijk gesteld worden door God voor het uitoefenen van ons rentmeesterschap. God, als een God van systeem en orde in al zijn handelen, heeft een systeem van geven ingesteld dat Zijn eigendomsrecht van alle menselijke middelen en relaties erkent. Met dit doel voor ogen dienen al Zijn kinderen trouw hun tienden en giften te geven voor de verbreiding van het evangelie. (140)

(Maleachi 3:8-12; Mattheüs 6:24-34; 25:31-46; Marcus 10:17-31; Lucas 12:13-24; 19:11-27; Johannes 15:1-17; Romeinen 12:1-13; 1 Corinthiërs 9:7-14; 2 Corinthiërs 8:1-15; 9:6-15; 1 Timotheüs 6:6-19; Hebreeën 7:8; Jacobus 1:27; 1 Johannes 3:16-18)

32.1. Tienden brengen naar de voorraadkamer. Het brengen van tienden naar de voorraadkamer is een Bijbelse en praktische daad van het trouw en regelmatig bijeenbrengen van de tienden in de kerk waar men lid is. Daarom zal de financiering van de kerk gebaseerd worden op het plan van het brengen van tienden naar de voorraadkamer, en de plaatselijke Kerk van de Nazarener zal door al haar leden worden beschouwd als de voorraadkamer. Allen die deel uitmaken van de Kerk van de Nazarener worden aangespoord om trouw een tiende van al hun inkomsten bij te dragen als een minimale financiële verplichting tegenover de Heer en vrijwillige giften daarboven voor de ondersteuning van de hele kerk, op plaatselijk, districts-, onderwijs, en algemeen niveau. De tiende die aan de plaatselijke Kerk van de Nazarener wordt gegeven als steun voor de hele kerk, zal worden gezien als prioriteit boven alle andere goede doelen die God op het hart van zijn trouwe rentmeesters kan leggen.

32.2. Geldinzameling en uitgaven. In het licht van de Bijbelse leer betreffende het geven van tienden en giften voor de verkondiging van het evangelie en voor de bouw van kerken, dient geen enkele Nazarener kerk betrokken te raken bij manieren die afbreuk doen aan deze principes, een verhindering vormen voor het evangelie, de kerk een slechte naam bezorgen, de armen discrimineren, of de mensen afleiden bij hun pogingen om het evangelie te verkondigen.

Wat betreft de uitbetaling van de vastgestelde bedragen voor de plaatselijke, districts-, onderwijs, en algemene programma's van de Kerk van de Nazarener, wordt er bij de plaatselijke kerken op aangedrongen om een begroting aan te nemen en uit te voeren, en de termijnen voor de algemene, onderwijs-, en districtsfondsen maandelijks te betalen. (130, 153, 154-154.2, 516.13)

32.3. Ondersteuning van de geestelijken. "Voor hen die het evangelie bekend maken geldt hetzelfde: de Heer heeft bepaald dat zij door te verkondigen in hun levensonderhoud mogen voorzien." (1 Corinthiërs 9:14). De kerk heeft zich verplicht om haar predikanten, die door God geroepen zijn, en die zich onder de leiding van de kerk geheel aan die taak hebben gegeven, financieel te ondersteunen. Wij dringen er daarom op aan, dat de leden van de kerk zichzelf vrijwillig toewijden aan de taak van het ondersteunen van de predikanten, door wekelijks geld in te zamelen voor deze heilige taak en het predikantstraktement regelmatig elke week uit te betalen. (115.4, 115.6, 129.8)

32.4. Testamenten, beschikkingen en legaten. Het is belangrijk bij het uitvoeren van christelijk rentmeesterschap om na te denken over wat er gedaan moet worden met iemands inkomen en bezittingen waarover de Heer de christen als rentmeester gedurende dit leven heeft aangesteld. De Kerk van de Nazarener heeft, met erkenning van de noodzaak een getrouwe rentmeester in dit leven te zijn en van de door God gegeven visie om een erfenis voor de toekomst na te laten, de "Church of the Nazarene Foundation" opgericht om het christelijke rentmeesterschap via testamenten en legaten te vermeerderen. Burgerlijke wetten zorgen meestal niet dat bezit aangewend kan worden tot Gods eer. Iedere Christen dient zorgvuldig aandacht te schenken aan het wettig opstellen van een laatste wil of testament, en de Kerk van de Nazarener met haar vele arbeid en afdelingen, zoals zending, evangelisatie, onderwijs, en ondersteuningsfondsen - op plaatselijk, districts-, onderwijs en algemeen niveau - wordt ter overweging aanbevolen.

32.5. Gedeelde verantwoordelijkheid voor de missie van de denominatie. Het bestuur van de Kerk van de Nazarener is representatief. Elke plaatselijke gemeente ondersteunt de wereldwijde zending van de kerk, zoals bepaald door de Algemene Vergadering, en uitgevoerd onder het leiderschap van de Raad van Algemeen Superintendenten, in wereldevangelisatie, ondersteuning van predikanten en districtsprogramma's.

De Raad van Algemeen Superintendenten en de Algemene Raad zijn bevoegd een systeem te ontwikkelen, aan te passen en te onderhouden voor het bijeenbrengen van gelden voor het

HET CONVENANT VAN CHRISTELIJK GEDRAG 55

Wereldevangelisatiefonds en fondswervingsdoelen en -verantwoordelijkheden vast te stellen voor plaatselijke kerken via de districten.

Overeenkomstig het bepaalde in artikel 337.1 zijn de Nationale Raden en/of Regionale Adviesraden gemachtigd om pensioenvoorzieningen te regelen voor predikanten in hun regio. Van deze voorzieningen zal verslag worden gedaan zoals geregeld in artikel 337.2. De regelingen van artikel 32.5 zullen niet van toepassing zijn op de "Raad Pensioenen en Uitkeringen USA".

Nationale Raden en/of Regionale Adviesraden zijn eveneens gemachtigd om de steun voor instellingen voor hoger onderwijs in hun regio te regelen.

Elk district is gemachtigd fondswervingsdoelen en -verantwoordelijkheden voor plaatselijke kerken vast te stellen ten behoeve van het werk van het district, via de DistrictsvergaderingsCommissie Financiën. (238.1, 317.10, 345, 346.3)

E. Kerkelijke functionarissen

33. Wij schrijven onze plaatselijke kerken actieve leden van de plaatselijke kerk als kerkelijke functionarissen te kiezen, die van de ervaring van volkomen heiligmaking getuigen en van wie hun levens duidelijk getuigen van de genade van God die ons tot een heilig leven roept; die instemmen met de leer, de bestuursvorm en de handelwijze van de Kerk van de Nazarener; en die de plaatselijke kerk trouw ondersteunen door hun aanwezigheid, actieve dienst en met tienden en gaven. Kerkelijke functionarissen dienen volledig betrokken te zijn in het "maken van Christusgelijkvormige discipelen onder de volken". (113.11, 127, 145-147)

F. Parlementaire regels

34. Behoudens de plaatselijke wetten, de statuten en de regels van het *Handboek*, zullen de bijeenkomsten en handelingen van de leden van de Kerk van de Nazarener op plaatselijk, district en algemeen niveau, en van de commissies van de rechtspersoon geregeld en beheerst worden door de parlementaire procedures van *Robert's Rules of Order Newly Revised*[1], laatste uitgave. (113, 205, 300.3)

G. Amenderen van het Convenant van Christelijk Gedrag

35. De bepalingen van het Convenant van Christelijk Gedrag kunnen worden herroepen of geamendeerd wanneer dit de instemming heeft van een tweederde meerderheid van de aanwezige stemmende leden van een bepaalde Algemene Vergadering.

[1] Dit is in de Angelsaksische wereld een standaardwerk inzake parlementaire procedures. Een verkorte weergave hiervan door een voormalige algemeen secretaris, "Een beknopte vergaderhulp", is verkrijgbaar via de website van ons district (vertaler)

DEEL IV
BESTUUR

KERKBESTUUR

PLAATSELIJK BESTUUR

DISTRICTSBESTUUR

ALGEMEEN BESTUUR

VOORWOORD BIJ HET KERKBESTUUR

Het is de taak van de Kerk van de Nazarener om aan alle volken de transformerende genade van God door de vergeving van zonde en reiniging van hart in Jezus Christus bekend te maken. Onze eerste en belangrijkste missie is "maakt ... discipelen", om gelovigen te betrekken in gemeenschap en lidmaatschap (gemeenten) en allen die in geloof reageren toe te rusten (onderwijzen) voor een bediening. Het uiteindelijke doel van de geloofsgemeenschap is "om iedereen tot volmaaktheid in Christus te brengen" (Colossenzen 1:28) op de laatste dag.

Het is in de plaatselijke kerk waar dat verlossen, vervolmaken, onderwijzen en aanstellen plaatsvindt. De plaatselijke kerk, het Lichaam van Christus, is de vertegenwoordiging van ons geloof en onze missie. Deze kerken zijn bestuurlijk gegroepeerd in districten en regio's.

De basis voor eenheid in de Kerk van de Nazarener zijn de geloofsovertuigingen, de kerkelijke structuur, de definities en procedures zoals verwoord in het *Handboek* van de Kerk van de Nazarener.

Het hart van deze eenheid is verwoord in de Geloofsartikelen van het *Handboek*. Wij moedigen de kerk in alle regio's en talen aan om deze overtuigingen uit onze constitutie te vertalen, overal te verspreiden en te onderwijzen. Dit is de gouden draad die door alles wat wij zijn en doen als Nazareners heen geweven is.

Een zichtbare weerspiegeling van deze eenheid is de Algemene Vergadering, de "hoogste leerstellige, wetgevende en kiezende autoriteit van de Kerk van de Nazarener".

Een tweede weerspiegeling is de internationale Algemene Raad, die de gehele kerk vertegenwoordigt.

Een derde weerspiegeling is de Raad van Algemeen Superintendenten, die het *Handboek* mag interpreteren, culturele aanpassingen goedkeuren en predikanten ordineren.

Het bestuur van de Kerk van de Nazarener heeft een representatieve bestuursvorm en vermijdt op deze wijze de uitersten van een episcopale bestuursvorm enerzijds en van een onbeperkt congregationalisme anderzijds.

In die delen van de wereld waar de kerk aanwezig is en waar culturele en politieke verschillen dat noodzakelijk maken, kunnen lokale, districts-, en regionale bestuursprocedures zoals vermeld in Deel IV, Hoofdstukken I, II en III (secties 100, 200 en 300) aangepast worden. Al dit soort aanpassingen moeten schriftelijk voorgelegd worden aan de Raad van Algemeen Superintendenten en behoeven hun goedkeuring. (300)

I. PLAATSELIJK BESTUUR

A. Plaatselijke kerk: organisatie, naam, rechtspersoonlijkheid, eigendom, beperkingen, fusies, ontbindingen.

100. Organisatie. Plaatselijke kerken kunnen worden georganiseerd door de districtssuperintendent of door de verantwoordelijke algemeen superintendent of door een oudste die door een van hen gemachtigd is. Officiële rapporten over nieuwe kerken zullen worden gestuurd naar de algemeen secretaris, via de respectievelijke verantwoordelijke kantoren. (23, 107, 211.1, 538.15)

100.1. Kerk in wording. Nieuw werk dat nog niet officieel is georganiseerd volgens artikel 100, kan door de algemeen secretaris worden geregistreerd als "kerk in wording", met de toestemming van de districtssuperintendent in wiens district het nieuwe werk is gevestigd. Een lid van de geestelijkheid die zo'n kerk in wording dient als predikant of assistent zal worden beschouwd als geestelijke in functie, mits goedgekeurd door de districtssuperintendent. Een gemeente in wording kan rechtspersoonlijkheid verkrijgen conform artikel 102 en leden ontvangen en rapporteren . (100.2, 107.2, 138.1, 159, 211.6)

100.2. Meerdere gemeenten binnen één kerk. Georganiseerde plaatselijke kerken kunnen hun bediening vergroten door Bijbelstudiegroepen voor anderstaligen op te zetten, met gebruik van de faciliteiten van deze kerken. Deze Bijbelstudiegroepen kunnen uitgroeien tot gemeenten in wording of georganiseerde kerken. Als gevolg hiervan kan er meer dan één gemeente onder eenzelfde kerknaam bestaan, met toestemming van de districtssuperintendent. In dit soort kerken met meerdere gemeenten, waarin niet elke gemeente afzonderlijk georganiseerd is, kan de DistrictsAdviesRaad, met toestemming van de districtssuperintendent en de verantwoordelijke algemeen superintendent, deze gemeenten de rechten en privileges verlenen van een georganiseerde plaatselijke kerk, mits voldaan wordt aan de volgende voorwaarden:

1. Zulke gemeenten mogen geen rechtspersoonlijkheid verkrijgen, los van de georganiseerde plaatselijke kerk.
2. Zulke gemeenten hebben niet het recht eigendom te bezitten, buiten de georganiseerde plaatselijke kerk om.
3. Zulke gemeenten zullen geen schulden op zich nemen zonder de goedkeuring van de districtssuperintendent, de kerkenraad van de georganiseerde plaatselijke kerk, en de DistrictsAdviesRaad.
4. Zulke gemeenten mogen zich niet als gemeenschap terugtrekken uit de georganiseerde plaatselijke kerk of op

enige wijze hun relatie ermee verbreken zonder de uitdrukkelijke toestemming van de districtssuperintendent, na overleg van hem met de predikant van de plaatselijke kerk. (100-100.1)

101. Naam. De naam van een nieuw opgerichte kerk zal bepaald worden door die plaatselijke kerk in overleg met de districtssuperintendent en met de goedkeuring van de DistrictsAdviesRaad. (102.4)

101.1. Naamswijziging. Een plaatselijke Kerk van de Nazarener kan zijn naam wijzigen via het volgende proces:
1. De plaatselijke kerkenraad legt de voorgestelde wijziging voor aan de districtssuperintendent, die de schriftelijke toestemming van de DistrictsAdviesRaad dient te verkrijgen;
2. een schriftelijke stemming in een jaarvergadering of bijzondere ledenvergadering, een absolute meerderheid van de leden is vereist;
3. de DistrictsAdviesRaad deelt de naamswijziging mee aan de DistrictsVergadering, en de DistrictsVergadering stemt over het goedkeuren hiervan. (102.4)

102. Rechtspersoonlijkheid. In alle plaatsen waar de statuten dat toestaan zullen de beheerders voor de plaatselijke kerk rechtspersoonlijkheid aanvragen, en genoemde beheerders en hun opvolgers zullen de beheerders van de genoemde rechtspersoon zijn. Waar dit niet strijdig is met de burgerlijke wet, zullen de statuten van de rechtspersoon de bevoegdheden van die rechtspersoon beschrijven en bepalen dat de rechtspersoon zich schikt onder het bestuur van de Kerk van de Nazarener, zoals regelmatig bekrachtigd en verklaard wordt door de Algemene Vergadering van genoemde kerk in haar *Handboek*. Alle eigendommen van deze rechtspersoon zullen worden bestuurd en beheerd door de beheerders, onderworpen aan de goedkeuring van de plaatselijke kerk.

102.1. Wanneer door de DistrictsAdviesRaad eigendom is aangekocht of is gebouwd voor een plaatselijke kerk, of wanneer een nieuwe kerk is gevormd, is het aan te bevelen dat de DistrictsAdviesRaad het eigendomsrecht laat overschrijven op naam van die plaatselijke kerk, na terugbetaling door de plaatselijke kerk van al het geld dat door de DistrictsAdviesRaad is geïnvesteerd.

102.2. Als een plaatselijke kerk rechtspersoonlijkheid heeft verkregen, zullen alle verkregen eigendommen zodra dit mogelijk is direct bij akte worden overgedragen aan deze rechtspersoon. (102.6)

102.3. De predikant en de secretaris van de kerkenraad zullen voorzitter en secretaris van de kerk zijn, ongeacht of deze al dan niet rechtspersoonlijkheid heeft verkregen. Zij zullen alle overdrachten van onroerende goederen, hypotheken,

PLAATSELIJK BESTUUR

aflossingen van hypotheken, contracten en andere wettelijke documenten van de kerk, voor zover niet op andere wijze is geregeld door het *Handboek*, uitvoeren en tekenen, onderworpen aan de beperkingen zoals bepaald in artikelen 104-104.3.

102.4 De statuten van elke plaatselijke kerk zullen de volgende bepalingen bevatten:
1. In de naam van de rechtspersoon zullen ook de woorden "Kerk van de Nazarener" voorkomen.
2. Het huishoudelijk reglement van de rechtspersoon zal het *Handboek* van de Kerk van de Nazarener zijn.
3. De statuten zullen geen bepaling mogen bevatten die het de kerk onmogelijk maakt aanspraak te maken op fiscale voorrechten, zoals die door andere kerken in hetzelfde gebied genoten worden.
4. Bij ontbinding zullen de activa van de rechtspersoon ter hand gesteld worden aan de DistrictsAdviesRaad.

De statuten mogen toegevoegde bepalingen bevatten wanneer dat gebruikelijk is onder de plaatselijke wet. Geen enkele bepaling zal echter opgenomen worden die het mogelijk maakt dat het eigendom van de plaatselijke kerk onttrokken wordt aan de Kerk van de Nazarener. (101-101.1, 104.3, 106.1-106.3)

102.5. In kerken met meerdere gemeentes waar meer dan één georganiseerde kerk dezelfde faciliteiten deelt, kan gezamenlijke rechtspersoonlijkheid aangevraagd worden, zo de plaatselijke wetten dat toestaan.

102.6. In plaatsen waar het verkrijgen van rechtspersoonlijkheid niet mogelijk is, zal de naam van de kerk de woorden "Kerk van de Nazarener" omvatten op alle wettelijke documenten inclusief, maar niet beperkt tot, eigendomsbewijzen en statuten. (102.2)

103. Eigendom. De plaatselijke kerk die van plan is om onroerend goed te kopen of te verkopen, een kerkgebouw of daaraan verbonden gebouwen te bouwen, of een grote verbouwing van één van beide uit te voeren, moet dit voorstel eerst ter overweging, advies en goedkeuring voorleggen aan de districtssuperintendent en de DistrictsRaad Kerkelijke Goederen. Geen schulden, hetzij hypotheken of andere, zullen worden gemaakt bij de aankoop van onroerend goed of de bouw van gebouwen of bij grote verbouwingen, zonder de schriftelijke goedkeuring van de districtssuperintendent en de DistrictsRaad Kerkelijke Goederen. De plaatselijke kerk zal gedurende de bouw elk kwartaal een financieel- en een voortgangsverslag indienen bij deze raad. (236-237.5)

103.1. In het geval dat er geen overeenstemming bereikt kan worden tussen de kerkenraad en de districtssuperintendent en de DistrictsRaad Kerkelijke Goederen, kan de zaak worden voorgelegd aan de verantwoordelijke algemeen superintendent om hierin te besluiten. Zowel de kerk als de districtssuperintendent kunnen tegen diens beslissing in beroep gaan bij de Raad van Algemeen Superintendenten die de uiteindelijke beslissing zal nemen. Al dit soort beroepen, weerleggingen daarvan, of argumenten die daarbij behoren, bestemd voor de verantwoordelijke algemeen superintendent of de Raad van Algemeen Superintendenten, zullen schriftelijk ingediend worden. Een kopie van alle beroepen, weerleggingen daarvan, of argumenten die daarbij behoren, van de kerkenraad of de districtssuperintendent zullen aan de andere betrokken partij gezonden worden. Het verslag van het kerkenraadsbesluit tot beroep zal de formulering van het beroep bevatten, de argumenten die het ondersteunen, en het verslag van de stemming in deze.

104. Beperkingen. De plaatselijke kerk mag alleen onroerend goeder kopen, leasen of verkopen, hypotheken sluiten (inclusief herfinancieringen waarbij de schuld toeneemt) of onroerende goederen ruilen, of op andere wijze onroerende goederen belasten of er over beschikken met een tweederde meerderheid van stemmen van de aanwezige leden op een jaarvergadering of op een speciale, voor dat doel uitgeschreven vergadering. Wanneer de kerk een bestaande schuld herfinanciert en de herfinanciering niet als gevolg heeft dat de schuld van de kerk toeneemt en niet verder het onroerend goed van de kerk belast, kan een besluit hiertoe genomen worden met een tweederde meerderheid van de kerkenraad, zonder dat de gemeente hierover hoeft te stemmen. De kerkenraad kan besluiten met een tweederde meerderheid van de aanwezige en stemmende leden om eigendommen te ontvangen met de nadrukkelijke bedoeling om de plaatselijke kerk financieel te steunen. Alle bovengenoemde zaken vereisen de schriftelijke toestemming van de districtssuperintendent en de DistrictsRaad Kerkelijke Goederen. (113.3-113.4, 113.7-113.8, 237.3-237.4)

104.1. Op de onroerend goed van de plaatselijke kerk mogen geen hypotheken worden afgesloten om lopende uitgaven te dekken.

104.2. Een plaatselijke kerk die een hypotheek opneemt of onroerend goed verkoopt, of een verzekeringsuitkering daarop ontvangt, zal deze inkomsten alleen gebruiken voor de aankoop of substantiële verbetering van onroerend goed, het stichten van een nieuwe gemeente of ter aflossing van schulden inzake onroerend goed. Alleen met goedkeuring van de districtssuperintendent en de DistrictsAdviesRaad zullen inkomsten voor andere doelen gebruikt mogen worden.

104.3. Beheerders en/of een plaatselijke kerk mogen geen eigendom onttrekken aan het gebruik door de Kerk van de Nazarener. (113-113.1)

104.4. Onttrekkingen van kerken. Geen plaatselijke kerk mag zich als gemeenschap losmaken van de Kerk van de Nazarener of zich op enige wijze ervan afscheiden dan bij bepaling van de Algemene Vergadering en na overeengekomen voorwaarden en procedures. (106.2-106.3)

105. Fusies. Twee of meer plaatselijke kerken kunnen samengaan nadat twee derde van de aanwezige en stemmende leden van de betrokken kerken op een speciaal daarvoor bijeengeroepen vergadering schriftelijk ermee ingestemd hebben, mits voldaan is aan de volgende voorwaarden: De fusie moet worden aanbevolen door een meerderheid van alle leden van de respectievelijke kerkenraden middels een schriftelijke stemming, en de fusie moet schriftelijk zijn goedgekeurd door de districtssuperintendent, de DistrictsAdviesRaad en de verantwoordelijke algemeen superintendent.

De fusie zal zijn beslag krijgen in een speciale vergadering van de nieuwe gemeente met het doel om nieuwe bestuurders te kiezen en regelingen te treffen met betrekking tot de predikant. De districtssuperintendent, of een door de superintendent aangewezen oudste, zal de vergadering voorzitten.

De aldus ontstane organisatie zal het totale ledenbestand van de voormalige kerken omvatten plus de leden van alle afdelingen van deze kerken, en kan de activa en passiva van deze kerken geheel of gedeeltelijk samenvoegen, onderworpen aan de goedkeuring van de districtssuperintendent, de DistrictsAdviesRaad en de verantwoordelijke algemeen superintendent. De fusie zal ook de toegewezen algemene-, onderwijs- en districtsbudgetten samenvoegen.

Na mededeling door de districtssuperintendent is de algemeen secretaris van de Kerk van de Nazarener gemachtigd de namen van de inactieve kerken af te voeren van de lijst van kerken.

106. Kerken inactief/ontbonden verklaren. Kerken kunnen gedurende een overgangsperiode de inactieve status verkrijgen door een besluit van de DistrictsAdviesRaad, voordat ze officieel worden ontbonden, tot nieuw leven gebracht of opnieuw worden georganiseerd.

106.1. Een plaatselijke kerk kan als volgt worden opgeheven:
1. op aanbeveling van de districtssuperintendent;
2. met een positieve respons van de verantwoordelijke algemeen superintendent; en
3. met een tweederde meerderheid van stemmen in de DistrictsAdviesRaad.

106.2. In het geval dat een plaatselijke kerk inactief of opgeheven wordt, of in het geval van een zich terugtrekken uit de Kerk van de Nazarener of een poging daartoe (naar het oordeel van de DistrictsAdviesRaad) mogen de eventuele kerkelijke eigendommen in geen geval voor andere doeleinden worden aangewend, maar zal het eigendomsbewijs overgaan in handen van de DistrictsAdviesRaad, die optreedt als vertegenwoordiger van het betreffende district waar zij als rechtspersoon was ingeschreven, of van andere gemachtigden, om gebruikt te worden voor de Kerk van de Nazarener in het algemeen, zoals de DistrictsVergadering zal bepalen. Beheerders van de plaatselijke kerk die eigendommen beheren van de inactieve of opgeheven kerk zullen deze uitsluitend verkopen of erover beschikken in opdracht en op aanwijzing van de DistrictsAdviesRaad of een andere benoemde vertegenwoordiger van de DistrictsVergadering, met de schriftelijke goedkeuring van de verantwoordelijke algemeen superintendent. Iedere overdracht van eigendommen of overhandiging van de opbrengsten van de verkoop wordt bepaald door de DistrictsVergadering of de DistrictsAdviesRaad. (104.4, 106, 225.23)

106.3. Geen beheerder of beheerders van een inactieve of opgeheven kerk, of een kerk die zich probeert terug te trekken uit de Kerk van de Nazarener, mag of mogen eigendommen onttrekken aan het gebruik van de Kerk van de Nazarener. (104.4, 141-144, 225.23)

106.4. Alleen officieel opgeheven kerken mogen worden afgevoerd van de statistieken en lijsten van de algemeen secretaris.

106.5. Als een plaatselijke kerk inactief is verklaard moeten de tekeningsbevoegden alle kerkelijke gelden en/of spaargelden overdragen aan de DistrictsAdviesRaad. Weigering om hiermee in te stemmen machtigt de DistrictsAdviesRaad automatisch om alle rekeningen te sluiten en alle activa in eigendom te nemen voor zover de wet dat toelaat.

B. Lidmaatschap plaatselijke kerk

107. Volwaardig lidmaatschap. Het volwaardige ledenbestand van de plaatselijke kerk zal bestaan uit al diegenen die zich georganiseerd hebben in een plaatselijke kerk door hen die daartoe gerechtigd zijn, en allen die in het openbaar door de predikant, de districtssuperintendent of door de algemeen superintendent ontvangen zijn, nadat zij van hun ervaring van redding getuigd hebben en hun geloof in de leerstellingen van de Kerk van de Nazarener uitgesproken hebben, en te kennen hebben gegeven dat zij bereid zijn om haar leiding te aanvaarden. Het leiderschap van de plaatselijke kerk zal er naar streven elk lid in een bediening en een kring van zorg en steun te plaatsen. (23, 107.2, 111, 113.1, 516.1, 520, 532.8, 538.8-538.9)

107.1. Wanneer mensen verlangen zich bij de kerk aan te sluiten, zal de predikant hen de voorrechten en verantwoordelijkheden van het lidmaatschap, de Geloofsartikelen, de vereisten van het Convenant van Christelijk Karakter, het Convenant van Christelijk Gedrag en het doel en de opdracht van de Kerk van de Nazarener uitleggen. Na overleg met de Evangelisatie- en Ledencommissie zal de predikant geschikte kandidaten in een openbare dienst als leden ontvangen, waarbij hij het

PLAATSELIJK BESTUUR

goedgekeurde formulier voor het ontvangen van leden gebruikt. (21, 28-33, 110-110.4, 228, 704)

107.2. Leden van gemeenten in wording. Daar waar de organisatie van een plaatselijke kerk nog niet officieel plaatsgevonden heeft, zal een zendingspost leden ontvangen en in de jaarlijkse statistieken rapporteren volgens artikelen 107 en 107.1.

107.3. Stemmen en een functie uitoefenen. Alleen zij die volledige en actieve leden van de plaatselijke gemeente zijn, en hun 15e verjaardag hebben bereikt, mogen een functie vervullen in de kerk, mits de plaatselijke wetten dat toestaan, stemmen tijdens de jaarlijkse of speciale ledenvergaderingen, of de kerk vertegenwoordigen als afgevaardigden naar de DistrictsVergadering.

108. Gastlidmaatschap. Waar een district dat mogelijk maakt, kan een plaatselijke kerk gastleden hebben die alle rechten van de leden van de kerk hebben, met uitzondering van het recht om te stemmen en om een officiële functie uit te oefenen. (205.24)

108.1. Gastleden kunnen naar goedvinden van de predikant en de Evangelisatie- en Ledencommissie te allen tijde als volwaardige leden ontvangen worden of van de lijst worden geschrapt.

109. Inactief lidmaatschap. Een plaatselijke kerk mag personen aanduiden als "inactieve leden" op basis van de redenen genoemd in artikelen 109.1 en 109.2. (112.3, 133)

109.1. Een lid van een plaatselijke kerk dat verhuisd is naar een andere plaats en niet langer actief is in de kerk waar hij lid is, dient ernstig gevraagd te worden de plaatselijke Kerk van de Nazarener aldaar te bezoeken en een overschrijving van lidmaatschap naar die kerk aan te vragen.

109.2. Wanneer een lid van de kerk voor een periode van 6 opeenvolgende maanden afwezig is geweest bij alle erediensten van de kerk zonder een reden die de kerkenraad aanvaardbaar acht, en er pogingen gedaan zijn om hem aan te moedigen zo mogelijk weer actief te worden, kan het lidmaatschap van die persoon inactief verklaard worden op aanbeveling van de Evangelisatie- en Ledencommissie en bij besluit van de kerkenraad. Deze persoon zal hierover, binnen 7 dagen na het besluit van de kerkenraad, geïnformeerd worden door een brief van de predikant die zal pogen hem terug te winnen. Nadat de kerkenraad daartoe besloten heeft, zal de predikant de ledenlijst van de plaatselijke kerk bijwerken met: "Op de lijst van inactieve leden geplaatst door de kerkenraad (datum)".

109.3. Inactieve leden zullen samen met de actieve leden het totale lidmaatschap van een plaatselijke kerk vormen. Het totale lidmaatschap zal in twee categorieën aan de

DistrictsVergadering gerapporteerd worden, namelijk (1) actieve en (2) inactieve leden.

109.4. Inactieve leden zijn niet gerechtigd hun stem uit te brengen tijdens jaarlijkse of speciale kerkelijke vergaderingen en zijn ook niet verkiesbaar.

109.5. Een inactief lid mag de kerkenraad schriftelijk verzoeken zijn naam terug de plaatsen op de lijst van actieve leden van de kerk. Zo'n verzoek moet een herbevestiging van de beloften bij het lid worden bevatten, en een hernieuwde deelname aan de eredienst activiteiten van de plaatselijke kerk. De kerkenraad zal binnen 60 dagen antwoord geven op het verzoek. Het volledig lidmaatschap kan door de kerkenraad aan zo'n persoon worden teruggegeven op voordracht van de Evangelisatie- en Ledencommissie.

C. Evangelisatie- en Ledencommissie Plaatselijke Kerk

110. De kerkenraad zal voorzien in een evangelisatie- en ledencommissie van niet minder dan 3 personen, met als taak om op te treden als adviescommissie van de predikant, die voorzitter zal zijn (138.3). Haar taken zullen zijn:

110.1. Het bevorderen van evangelisatie in de plaatselijke kerk en het trachten de vruchten van de evangelisatie te behouden. (107-107.1, 129.24)

110.2. Het bestuderen en aanbevelen aan de kerkenraad en de afdelingen van de wijze waarop evangelisatie in het totale leven van de kerk benadrukt kan worden.

110.3. Het dienen als plaatselijke commissie om zowel de algemene als de districtsprogramma's voor evangelisatie van ons kerkgenootschap uit te voeren.

110.4. Het aansporen van pas bekeerden om zich voor te bereiden op het lidmaatschap van de kerk door een volhardend geestelijk leven, bestudering van de Bijbel en het *Handboek*, individueel en/of in een oriëntatieklas die de predikant voor kandidaatleden houdt, eraan denkende dat lidmaatschap volgend op de belijdenis van het geloof helpt de vruchten van evangelisatie te behouden. (20-21)

110.5. Het pogen nieuwe leden in de volle gemeenschap en dienst van de kerk te brengen.

110.6. Het in samenwerking met de predikant werken aan de ontwikkeling van een voortgezet programma voor geestelijke begeleiding van nieuwe leden.

110.7. Het aan de kerkenraad aanbevelen van evangelisten voor plaatselijke campagnes, op voordracht van de predikant. Het verdient aanbeveling minstens eenmaal per jaar een campagne te houden met een ervaren, gemachtigd of geregistreerd evangelist.

110.8. Niemand zal als volwaardig lid van de plaatselijke kerk ontvangen worden zonder dat de predikant eerst overlegd

PLAATSELIJK BESTUUR

heeft met de Evangelisatie- en Ledencommissie betreffende de ontvangst van deze persoon. (107.1)

D. Wijziging van plaatselijk lidmaatschap

111. Attestatie. De predikant kan op verzoek van een lid een overschrijving van het lidmaatschap van de kerk verlenen (zie formulier in artikel 813.5) naar iedere gewenste plaatselijke Kerk van de Nazarener. Deze overschrijving is slechts voor 3 maanden geldig. Wanneer de ontvangst van de overschrijving door de ontvangende kerk bevestigd is, zal het lidmaatschap in de eerstgenoemde plaatselijke kerk vervallen. (818)

111.1. Aanbeveling. De predikant kan op verzoek van een lid een certificaat van aanbeveling (zie formulier in 813.3) verstrekken voor iedere gewenste evangelische kerk, waarna het lidmaatschap van die persoon in de plaatselijke kerk die het certificaat verstrekt onmiddellijk beëindigd wordt. (112.2, 539.5, 815)

E. Beëindiging van plaatselijk lidmaatschap

112. Geestelijken. Wanneer een districtskandidaat voor ordinatie of een geordineerde geestelijke lid is geworden van een andere kerk dan de Kerk van de Nazarener of zich verbonden heeft aan de bediening van die kerk, zal de predikant van de plaatselijke kerk waar de geestelijke lid is direct de DistrictsRaad Geestelijke Stand of de DistrictsRaad Bedieningen op de hoogte brengen van dit feit. De Raad Geestelijke Stand zal onderzoek doen en de status van het lid van de geestelijkheid bevestigen. Als de DistrictsRaad Geestelijke Stand of de DistrictsRaad Bedieningen bepaalt dat het lid van de geestelijkheid van de lijst van geestelijken afgevoerd zal worden, zal de predikant van de plaatselijke kerk eveneens de naam van deze persoon van de ledenlijst van de kerk verwijderen en de ledenlijst bijwerken met: "Uitgeschreven wegens aansluiting bij een andere kerk, kerkgenootschap of bediening". (532.9, 538.10, 538.13-538.14)

112.1. Leken. Wanneer een lid van een plaatselijke kerk lid is geworden van of een preekbevoegdheid of ordinatie heeft verkregen van enig andere religieuze organisatie, of zich bezig houdt met onafhankelijk kerkelijk- of zendingswerk, zal zijn lidmaatschap van de plaatselijke kerk vanwege dit feit onmiddellijk beëindigd worden, behalve wanneer deze persoon de jaarlijkse goedkeuring van de kerkenraad van de plaatselijke kerk waar hij lid is heeft verkregen, plus de jaarlijkse goedkeuring van de DistrictsAdviesRaad van het district waarin die kerk is gelegen.

112.2. Uitschrijving. De predikant kan op verzoek van een lid een bericht van uitschrijving verlenen (zie formulier in artikel 816), waardoor het lidmaatschap van die persoon onmiddellijk beëindigd wordt. (111.1, 112)

112.3. Twee jaar na de datum waarop iemands lidmaatschap inactief is verklaard, kan zijn naam verwijderd worden van de ledenlijst op besluit van de kerkenraad. Na een dergelijk besluit van de kerkenraad, zal de predikant de ledenlijst bijwerken met: "Uitgeschreven door de kerkenraad (datum)". (109, 133)

F. Plaatselijke kerkelijke vergaderingen

113. Een vergadering van de leden van een plaatselijke kerk om te beraadslagen en om welke zakelijke handelingen ook te verrichten, zal een kerkelijke vergadering worden genoemd. Behoudens de plaatselijke wetten, de statuten en regels van het *Handboek*, zullen de bijeenkomsten en handelingen van de leden van de Kerk van de Nazarener op plaatselijk, districts en algemeen niveau, en van de commissies van de rechtspersoon geregeld en beheerst worden door de parlementaire procedures van *Robert's Rules of Order Newly Revised*, laatste uitgave. (34, 104, 113.7-113.8, 115, 518)

113.1. Alleen die personen die volwaardige en actieve leden zijn en de leeftijd van 15 jaar hebben bereikt, zullen het recht hebben om in kerkelijke vergaderingen te stemmen. (107.3, 109-109.4)

113.2. Er is geen regeling voor stemmen bij afwezigheid in een kerkelijke vergadering.

113.3. Zakelijke handelingen. Alle zaken, met inbegrip van verkiezingen, kunnen op een kerkelijke vergadering behandeld worden, mits in overeenstemming met de geest en orde van de kerk en voor zover hierin niet op andere wijze speciaal is voorzien.

113.4. Voldoen aan de burgerlijke wet. In alle gevallen waarin de burgerlijke wet een specifieke gang van zaken voorschrijft voor het bijeenroepen en houden van kerkelijke vergaderingen, dient deze gedragslijn strikt te worden aangehouden. (142)

113.5. Voorzitter. De predikant, die ex-officio voorzitter zal zijn van de plaatselijke kerk, of de districtssuperintendent, of de verantwoordelijke algemeen superintendent, of iemand die is aangewezen door de districtssuperintendent of de algemeen superintendent, zal de jaarlijkse of bijzondere kerkelijke vergaderingen voorzitten. (213.1, 307.10, 516.15)

113.6. De secretaris. De secretaris van de kerkenraad zal secretaris zijn van alle kerkelijke vergaderingen; bij zijn afwezigheid zal een tijdelijk secretaris worden gekozen. (135.4)

113.7. Jaarvergadering. Er zal een jaarvergadering worden gehouden binnen een periode van 90 dagen voorafgaande aan het bijeenkomen van de DistrictsVergadering, en de openbare afkondiging daarvan zal altijd ten minste twee zondagen

PLAATSELIJK BESTUUR

daaraan voorafgaande vanaf de preekstoel moeten worden gedaan. Deze jaarvergadering mag met goedkeuring van de kerkenraad op meerdere dagen of in meer dan één dienst worden gehouden.

113.8. Bijzondere kerkelijke vergaderingen. Bijzondere kerkelijke vergaderingen kunnen te allen tijde bijeengeroepen worden door de predikant, of door de kerkenraad na toestemming van de predikant of de districtssuperintendent of de verantwoordelijke algemeen superintendent. In ten minste twee voorafgaande normale diensten zal vanaf de preekstoel openbare aankondiging moeten worden gedaan van bijzondere kerkelijke vergaderingen, of op een wijze die voldoet aan de eisen van de burgerlijke wet. (104, 113.1, 115-115.1, 123-123.7, 137, 139, 142.1, 144)

113.9. Verslagen. Op de jaarvergadering zal verslag worden uitgebracht door de predikant, de voorzitter Raad Christelijk Leven en Zondagsschool, de voorzitter van de Nazarener Jeugd Internationaal, de voorzitter van de NMI, de diaconessen, de plaatselijke kandidaten voor ordinatie, de secretaris en de penningmeester van de kerkenraad. (135.2, 136.5, 146.6, 152.2, 508, 516.7, 531.1)

113.10. Nominatiecommissie. Er zal een nominatiecommissie gebruikt worden voor het nomineren van functionarissen, raden en afgevaardigden naar de DistrictsVergadering, in de nominaties waarvan niet elders wordt voorzien. De Nominatiecommissie zal bestaan uit niet minder dan 3 en niet meer dan 7 leden van de kerk, inclusief de predikant. De nominatiecommissie zal worden benoemd door de predikant, en jaarlijks worden goedgekeurd door de kerkenraad. De predikant zal voorzitter van de commissie zijn. Alle personen die door deze commissie genomineerd zijn, zullen bevestigen dat zij voldoen aan de eisen die in artikel 33 gesteld worden aan kerkelijke functionarissen.

113.11. Verkiezingen. Op de jaarvergadering zullen schriftelijke verkiezingen worden gehouden voor de dienaren, de beheerders, de voorzitter Raad Christelijk Leven en Zondagsschool, en de leden van de Raad Christelijk Leven en Zondagsschool, om gedurende het volgende kerkelijke jaar te dienen en totdat hun opvolgers gekozen en in functie gesteld zijn. Waar de wetten dat toestaan en het is goedgekeurd door een meerderheid van de aanwezige kerkleden, mogen allen die zijn gekozen voor een termijn van twee jaar dienen. Al degenen die gekozen worden als kerkelijke functionarissen zullen actieve leden van diezelfde plaatselijke Kerk van de Nazarener zijn. Wij schrijven onze plaatselijke kerken voor actieve leden van de plaatselijke kerk als kerkelijke functionarissen te kiezen, die van de ervaring van volkomen heiligmaking getuigen en van wie hun levens duidelijk getuigen van de genade van God die ons tot een heilig leven roept; die instemmen met de leer, de bestuursvorm en de handelwijze van de Kerk van de Nazarener; en die de plaatselijke kerk trouw ondersteunen door hun aanwezigheid, actieve dienst en met tienden en gaven. Kerkelijke functionarissen dienen volledig betrokken te zijn in "het maken van Christusgelijkvormige discipelen onder de volken". (33, 127, 137, 141, 142.1,145-147)

113.12. Waar de wetten dat toestaan, en in kerken waar zo'n procedure en het aantal te kiezen functionarissen door de meerderheid van de aanwezige kerkleden goedgekeurd worden, kan de kerkenraad gekozen worden in overeenstemming met artikelen 137 en 141, waarop dan een passend aantal leden als dienaren en beheerders benoemd wordt. Als een kerkenraad op die manier gekozen wordt, zal de raad zichzelf verdelen in commissies om de toegewezen verantwoordelijkheden uit te voeren. Als een kerk een Commissie Onderwijs gekozen heeft als deel van haar raad in overeenstemming met artikel 145, zal die commissie de Commissie Onderwijs van de kerkenraad vormen. In het zich organiseren voor haar bedieningen en missionair handelen kan een plaatselijke kerk een alternatieve structuur voor de raden en commissies gebruiken, mits deze alternatieven schriftelijk zijn goedgekeurd door de districtssuperintendent en de DistrictsAdviesRaad, en zo'n structuur overeenkomt met de burgerlijke wetten. (145-145.10)

113.13. Waar de wetten dat toestaan, en in kerken waar zo'n procedure door een meerderheid van stemmen van de aanwezige leden op een op juiste wijze bijeengeroepen vergadering goedgekeurd is, en schriftelijke toestemming is verkregen van de districtssuperintendent, kan een kerk de helft van haar kerkenraadsleden voor twee jaar kiezen, of een derde van haar kerkenraadsleden voor drie jaar, in beide gevallen zodanig dat jaarlijks een gelijk aantal gekozen wordt. Wanneer de kerkenraad op deze wijze gekozen wordt, moet het aantal dienaren en beheerders overeenkomen met het bepaalde in artikelen 137 en 141.

113.14. Op de jaarvergadering zal een schriftelijke verkiezing worden gehouden voor de lekenafgevaardigden naar de DistrictsVergadering. Als alternatief, indien goedgekeurd door een meerderheid van stemmen van de kerkleden op een jaarlijkse ledenvergadering, kunnen de afgevaardigden worden voorgedragen door de predikant en goedgekeurd door de plaatselijke kerkenraad, eveneens op basis van de vertegenwoordiging zoals vastgesteld door de Algemene Vergadering in artikelen 201-201.2. Al degenen die worden gekozen als afgevaardigden zullen actieve leden zijn van diezelfde plaatselijke Kerk van de Nazarener. (107.3, 113.11)

113.15. Afgevaardigden naar de DistrictsVergadering van een kerk in wording (CTM) mogen worden benoemd door de predikant op basis van de criteria zoals vermeld in artikelen 33, 201.1 en 201.2. Afgevaardigden naar de districtsconventies in zo'n gemeente mogen ook door de CTM-predikant benoemd worden, op basis van het NJI charter, de constitutie van de NMI en het huishoudelijk reglement van de RCL/Zondagsschool)

G. Het plaatselijk kerkelijk jaar

114. Het bestuurlijk jaar zal gelijk lopen met het statistisch jaar van de plaatselijke kerk en zal aangeduid worden als het kerkelijk jaar.

114.1. Het statistisch jaar zal sluiten binnen een periode van 90 dagen voorafgaande aan de opening van de DistrictsVergadering; en het nieuwe statistische jaar zal beginnen op de dag die volgt op die sluiting. De juiste datum van het begin en van het einde van het statistische jaar zal binnen deze grenzen worden bepaald door de DistrictsAdviesRaad. (225.1)

H. Het beroepen van een predikant

115. Een geordineerde oudste of districtskandidaat voor ordinatie (tot oudste) kan tot predikant van een plaatselijke kerk worden beroepen door een tweederde meerderheid van de schriftelijk uitgebrachte stemmen door de aanwezige stemgerechtigde en stemmende leden van de kerk, op een op de juiste wijze bijeengeroepen jaarlijkse of speciale vergadering van de kerk, mits

1. deze voordracht is goedgekeurd door de districtssuperintendent;
2. deze voordracht zal zijn goedgekeurd door de DistrictsAdviesRaad als de voorgedragen kandidaat lid is van dezelfde plaatstelijke kerk, of in dienst is als betaalde of onbetaalde assistent bij die plaatselijke kerk; en
3. deze persoon door de kerkenraad aan de plaatselijke kerk zal zijn voorgedragen met een tweederde meerderheid van de schriftelijke stemmen van al haar leden.

Dit beroep zal onderworpen zijn aan herziening en voortzetting zoals hierna bepaald. (119, 122-125.5, 129.2, 159.8, 211.10, 225.16, 514, 532, 533.4, 534.3)

115.1. De beroepen predikant zal zijn aanvaarding van dat beroep binnen 15 dagen na de datum van de kerkelijke vergadering waarop de stemming voor het beroep geweest is kenbaar maken.

115.2. De kerkenraad en de predikant dienen elkaar schriftelijk en op heldere wijze hun doelen en verwachtingen uiteen te zetten. (122, 129.3-129.4)

115.3. Zo snel als praktisch haalbaar is nadat een predikant met zijn taak is begonnen, zullen de predikant en de gemeente deelnemen in een intrede- of verbintenisdienst. Het doel van de dienst dient het vieren van de eenheid in de richting die God met de gemeente wil gaan te zijn. Waar mogelijk, zal de districtssuperintendent voorgaan.

115.4. Bij het uitbrengen van een beroep, zal de plaatselijke kerk de voorgestelde bezoldiging specificeren. Het bedrag van deze bezoldiging zal door de kerkenraad bepaald worden. Wanneer er overeenstemming bereikt is tussen de kerk of de kerkenraad en de predikant, zal het betalen van het volledige salaris van de predikant als een morele verplichting van de kerk worden beschouwd. Indien echter de kerk niet meer in staat is om het overeengekomen salaris nog langer uit te betalen, zal dit onvermogen en in gebreke blijven niet beschouwd worden als voldoende grond voor een civiele procedure van de predikant tegen de kerk; en in geen geval zal de kerk of de DistrictsAdviesRaad wettelijk aansprakelijk zijn voor meer dan de gelden die bijeengebracht zijn gedurende de werkelijke ambtsperiode van de predikant en die niet anders bestemd waren. Wanneer een civiele procedure wordt gestart tegen de kerk of de DistrictsAdviesRaad door de huidige of een voormalige predikant, mag een district stappen ondernemen om het bewijs van ordinatie terug te krijgen en vervolgens de naam van deze geestelijke schrappen uit de lijst van geestelijken.

De plaatselijke kerk dient ook voorzieningen te treffen voor reis- en verhuiskosten van de predikant. (32-32.3, 129.8-129.9)

115.5. De bezoldiging van de predikant zal beginnen op de maandag voorafgaande aan de eerste zondag waarop de predikant officieel zijn werk in de plaatselijke kerk begint.

115.6. Plaatselijke kerken kunnen alternatieve plannen overwegen ter invulling van de (financiële) ondersteuning van de predikant in samenwerking met hun respectievelijke districten.

116. Omdat we de waarde van het gezin bevestigen, evenals het belang van predikanten als rolmodel van een vredig en geïntegreerd leven, dienen plaatselijke kerken te voorzien in een zwangerschaps-/ouderschapsverlof voor de predikant en assistenten. Districtssuperintendenten dienen de plaatselijke kerken aan te moedigen een dergelijke regeling te treffen en verder te ontwikkelen. Dergelijke regelingen kunnen de volgende onderdelen bevatten:

1. De tijd en duur van het zwangerschaps- of ouderschapsverlof dienen te worden bepaald door onderlinge overeenstemming tussen predikant en kerkenraad, voorafgaande aan de geboorte of adoptie.
2. Zwangerschaps- of ouderschapsverlof dient gezien te worden als aanvulling op en afzonderlijk van de vakantiedagen.
3. De plaatselijke kerk dient te overleggen met de predikant en de districtssuperintendent betreffende een interim

PLAATSELIJK BESTUUR 73

predikant gedurende het zwangerschaps- of ouderschapsverlof.
4. Gedurende het zwangerschaps- of ouderschapsverlof gaan het volledige salaris en de overige regelingen gewoon door. Elke andere regeling zal op schrift worden gesteld en worden getekend door de predikant, de secretaris van de kerkenraad en de districtssuperintendent.
117. In een kerk die minder dan 5 jaar geleden werd georganiseerd, of minder dan 35 stemmende leden had ten tijde van de laatste jaarlijkse ledenvergadering, of regelmatig financiële ondersteuning van het district ontvangt, kan de predikant benoemd of herbenoemd worden door de districtssuperintendent, met instemming van de DistrictsAdviesRaad. (211.17)
117.1. Wanneer een kerk meer dan 35 stemmende leden heeft of meer dan 5 jaar geleden is geïnstitueerd, en hun predikant al minstens twee jaar heeft gediend als aangesteld predikant, kan er een proces in gang gezet worden om uit die "aangestelde" status te komen. Zo'n proces moet de volgende onderdelen bevatten: bezinning op de relatie gemeente/predikant, een meerderheid van stemmen van alle aanwezige kerkenraadsleden, de goedkeuring van de districtssuperintendent en de goedkeuring van de DistrictsAdviesRaad. De datum waarop de toekomstige vierjaarlijkse bezinningsgesprekken over de relatie tussen gemeente en predikant zullen worden gehouden, zal de datum van de uiteindelijke goedkeuring zijn.
118. In geval er geen overeenstemming is tussen de kerkenraad en de districtssuperintendent betreffende de predikantsplaats, kan de kerkenraad of de districtssuperintendent de zaak ter beslissing voorleggen aan de verantwoordelijke algemeen superintendent. Tegen diens beslissing kan de kerkenraad of de districtssuperintendent in beroep gaan bij de Raad van Algemeen Superintendenten. Al dergelijke beroepen, weerleggingen van beroepen, of argumenten daarmee verband houdende, of die nu aan de verantwoordelijke algemeen superintendent of aan de Raad van Algemeen Superintendenten gericht zijn, moeten schriftelijk ingediend worden. Een kopie van het beroep, de weerleggingen van beroepen, of argumenten daarmee verband houdende, ingediend door de kerkenraad of de districtssuperintendent zal aan de andere betrokkene toegezonden worden. De notulen van een besluit tot in beroep gaan van een kerkenraad zal het besluit tot beroep zelf bevatten, benevens de argumenten die het ondersteunen en het verslag van de stemming daarover. Als de betrokken predikant zich terugtrekt, of als een kandidaat voor de predikantsplaats niet beschikbaar blijkt te zijn, dient de beroepsprocedure onmiddellijk beëindigd te worden, en zullen de districtssuperintendent en de kerkenraad verder gaan met het treffen van voorzieningen voor de predikantsplaats.

119. Het beroep van een predikant die een districtskandidaat voor ordinatie (tot oudste) is, eindigt na afloop van de Districts-Vergadering als diens bevoegdheid niet wordt vernieuwd.

120. Een predikant die zijn werk in een gemeente neer wil leggen, zal
1. eerst contact opnemen met de districtssuperintendent;
2. de kerkenraad schriftelijk op de hoogte stellen, uiterlijk 30 dagen voor hij zijn bediening daar zal beëindigen; en
3. een kopie daarvan aan de districtssuperintendent sturen.

Als zijn ontslag is ontvangen door de kerkenraad en schriftelijk is goedgekeurd door de districtssuperintendent, zal zijn laatste werkdag binnen 30 dagen worden vastgesteld.

120.1. De predikant die aftreedt zal, in samenwerking met de secretaris van de kerkenraad, een nauwkeurige lijst maken van het register van lidmaten, met de huidige adressen. Deze lijst moet aansluiten met de laatst gepubliceerde acta van het district, met daarop aangegeven de doorhalingen en toevoegingen van het lopende jaar.

121. Op aanbeveling van de kerkenraad en met goedkeuring van de districtssuperintendent kan een kerk kiezen voor co-pastors. In dat geval zullen de volgende bepalingen van toepassing zijn:
1. De co-pastors zullen samen met de kerkenraad, onder leiding van de districtssuperintendent, een plan ontwikkelen voor gedeelde verantwoordelijkheden en gezag.
2. Co-pastors zijn elkaars gelijken in hun predikantschap. Als de wet dat vereist, zal een van hen officieel door de kerkenraad worden aangeduid als voorzitter van de rechtspersoon en van de kerkenraad.
3. De bezinning op de relatie gemeente/predikant zal worden uitgevoerd zoals beschreven in artikel 123-123.7
4. Een plaatselijke kerk wiens predikant niet is aangesteld en die minstens twee jaar heeft gediend kan een of meer geestelijken toevoegen als co-pastors door artikel 115 te volgen voor dit proces. Na goedkeuring van de districtssuperintendent en met een tweederde meerderheid van alle leden van de kerkenraad, zal de kerk stemmen of al dan niet een co-pastor moet worden toegevoegd. Een kandidaat co-pastor heeft een tweederde meerderheid van stemmen van de gemeente nodig om goedgekeurd te worden om als co-pastor te dienen voor die plaatselijke kerk.
5. Als de noodzakelijke tweederde meerderheid van stemmen is uitgebracht, begint de termijn van twee jaar voor elke geestelijke op dezelfde datum. Een reguliere bezinning op de relatie gemeente/predikant zal worden gepland binnen 60 dagen na de tweede verjaardag van de pastorale dienst van de co-pastors. (115, 123-123.7) .

PLAATSELIJK BESTUUR

121.1. Binnen 60 dagen na het terugtreden of ontslag van een co-pastor zal de districtssuperintendent of een benoemde vertegenwoordiger een reguliere bezinning op de relatie gemeente/predikant houden zoals beschreven in artikel 123-123.7. Als de kerkenraad besluit niet langer een co-pastor te beroepen, zal zo'n besluit zowel de goedkeuring van de districtssuperintendent en als een tweederde meerderheid van de plaatselijke leden vereisen.

I. De relatie plaatselijke gemeente/predikant

122. Elk jaar zullen predikant en kerkenraad in gesprek gaan om de verwachtingen en doelen van de kerk en de predikant ter vernieuwen. Tijdens dit proces zullen de op papier gezette doelen en plannen van predikant en kerkenraad bijgewerkt worden. Deze schriftelijke vastlegging zal aan de districtssuperintendent worden gestuurd (115.2, 129.4)

122.1. Predikanten en gemeenten zullen streven naar het verwoorden van een helder begrip van elkaars verwachtingen en naar het oplossen van geschillen volgens Bijbelse principes, waaronder die zoals beschreven in Mattheüs 18:15-20 en Galaten 6:1-5. In een geest van samenwerking en verzoening binnen de kerk:

1. Worden individuele of groepen van gemeenteleden van de gemeente aangemoedigd geschillen op te lossen door ze in een persoonlijk gesprek te bespreken met de predikant of discreet met een kerkenraadslid. Individuele leden of groepen van leden van de kerkenraad zullen geschillen proberen op te lossen door die persoonlijk te bespreken met de predikant.
2. Als geen van de voornoemde gespreken een oplossing brengt, zal de klager de hulp van een of twee geestelijk volwassen leden van de gemeente inroepen om de geschillen op te lossen.
3. Degenen die betrokken zijn bij deze gesprekken in kleine kring zullen de geschillen pas in de volledige kerkenraad brengen nadat deze gesprekken onder vier ogen en in een kleine groep zijn mislukt. In dat geval zal de kerkenraad werken aan het oplossen van geschillen in een geest van liefde, acceptatie en vergeving en conform het kerkelijk tuchtrecht (123-126.2, 129.1)

J. Het vernieuwen van de relatie plaatselijke gemeente/predikant

123. De periodieke bezinning op de relatie gemeente/predikant. De relatie gemeente/predikant zal door de kerkenraad bezien worden in een vergadering met de districtssuperintendent, of met een geordineerde predikant of leek die door de districtssuperintendent benoemd is, binnen 60 dagen voor het einde van het tweede jaar van de ambtstermijn van de predikant, en iedere 4 jaar daarna. Tijdens dit gesprek zal de vraag over het voortzetten van de relatie gemeente/ predikant besproken worden. Het doel is een consensus te vinden zonder dat een formele stemming in de kerkenraad nodig is.

123.1. De districtssuperintendent, of een geordineerde predikant of leek die door de districtssuperintendent benoemd is, zal verantwoordelijk zijn voor het vaststellen van een datum voor en het leiden van de bezinningsbijeenkomst(en) met de kerkenraad. De districtssuperintendent zal de methode van bezinning bepalen. De datum/data voor deze bijeenkomst(en) zal/zullen bepaald worden in overleg met de predikant. Deze bijeenkomst(en) zal/zullen besloten zijn (kerkenraad inclusief predikant). Wanneer de districtssuperintendent dat wenst kan een gedeelte van de bezinning plaatsvinden in afwezigheid van de predikant. In het geval dat de echtgenote van de predikant een gekozen lid van de kerkenraad is, zal hij of zij niet deelnemen aan de bezinning. In aanvulling daarop kunnen andere directe verwanten van de predikant op verzoek van de districtssuperintendent of diens benoemde vertegenwoordiger gevraagd worden vanwege mogelijke belangenverstrengeling niet deel te nemen.

123.2. Op de zondag voorafgaande aan de bijeenkomst van de kerkenraad en de districtssuperintendent voor de periodieke bezinning op de relatie gemeente/predikant, zal de gemeente een openbare en/of gedrukte aankondiging worden gegeven die het doel van deze kerkenraadsvergadering uitlegt.

123.3. Als de kerkenraad niet via stemming besluit de vraag of de relatie gemeente/predikant voortgezet moet worden voor te leggen aan de leden van de kerk, zal de relatie gemeente/ predikant worden voortgezet.

123.4. De kerkenraad kan via een stemming besluiten de vraag of de relatie gemeente/predikant voortgezet moet worden voor te leggen aan de leden van de kerk. De stemming van de raad zal schriftelijk zijn, en er zal een tweederde meerderheid van alle aanwezige kerkenraadsleden vereist zijn om het besluit aan te nemen.

123.5. Als de kerkenraad besluit om de vraag of de relatie gemeente/predikant voortgezet moet worden aan de leden van de kerk voor te leggen, zal de kwestie aan de orde komen op een voor dit doel op juiste wijze bijeen geroepen kerkelijke vergadering, die gehouden wordt binnen 30 dagen na het besluit. De vraag zal worden voorgelegd: "Zal de huidige relatie gemeente/ predikant worden voortgezet?" De stemming is schriftelijk en de uitslag vereist een tweederde meerderheid om aangenomen te worden, behalve als de wetten van een land andere eisen stellen.

123.6. Als de leden van de kerk besluiten om de relatie gemeente/predikant voort te zetten, dan zal de relatie gemeente/predikant voortgezet worden alsof er geen stemming geweest is; in het andere geval zal de relatie gemeente/ predikant beëindigd worden op een datum die door de districtssuperintendent bepaald wordt, maar die niet binnen 30 dagen of meer dan 180 dagen na de stemming mag liggen. Als de predikant verkiest geen stemming in de gemeente te laten plaatsvinden, of er voor kiest de uitslag van de stemming niet te accepteren, zal hij zijn ontslag indienen. In dat geval zal de relatie gemeente/predikant beëindigd worden op een datum die door de districtssuperintendent bepaald wordt, maar die niet binnen 30 dagen of meer dan 180 dagen na de beslissing van de predikant om de stemming geen doorgang te laten vinden of te accepteren, mag liggen. (120)

123.7. Als onderdeel van de periodieke bezinning zal een verslag voor de districtssuperintendent worden gemaakt door predikant en kerkenraad betreffende de voortgang van de vervulling van de missie, visie en kernwaarden van de kerk.

124. De voorzitter van de commissie van tellers zal persoonlijk de predikant de uitslag van de stemming over de relatie gemeente/predikant bekend maken, voordat er enige openbare kennisgeving wordt gedaan.

125. De bijzondere bezinning op de relatie gemeente/ predikant. In de tijd tussen de periodieke bezinning zal de bijeenkomst van een plaatselijke kerkenraad alleen dan officieel een bijzondere bezinning worden door een meerderheidsbesluit van de volledige gekozen kerkenraad, waarbij de districtssuperintendent of een oudste die door de districtssuperintendent aangesteld is, aanwezig is en als voorzitter fungeert.

125.1. Deze bijeenkomst voor de bijzondere bezinning op de relatie gemeente/predikant zal een besloten vergadering zijn van kerkenraad en predikant. Als de districtssuperintendent dit wenst kan een deel van de bijeenkomst worden gehouden in afwezigheid van de predikant. In het geval dat de echtgenote van de predikant een gekozen lid van de raad is, zal zij niet deelnemen aan de bezinningsbijeenkomst. In aanvulling hierop kan de districtssuperintendent of een benoemde vertegenwoordiger ook andere directe familieleden uitsluiten van de bezinning.

125.2. Indien de districtssuperintendent en de plaatselijke kerkenraad van mening zijn dat de vraag over het voortzetten van de relatie gemeente/predikant aan de kerk dient te worden voorgelegd, kunnen de districtssuperintendent en de plaatselijke kerkenraad met een tweederde meerderheid van de schriftelijke stemmen van al haar aanwezige leden, behalve waar de burgerlijke wet van een land anders voorschrijft, de vraag voorleggen aan de gemeente tijdens een bijzondere kerkelijke vergadering. De vraag zal in de volgende vorm worden voorgelegd: "Zal de huidige relatie gemeente/predikant worden voortgezet?"

125.3. Als met een tweederde meerderheid de stemmende aanwezige leden van de kerk via schriftelijke stemming, behalve waar de burgerlijke wet van een land anders voorschrijft, besluiten de huidige relatie gemeente/predikant voort te zetten, zal de ambtstermijn van de predikant voortduren alsof er geen stemming had plaatsgevonden.

125.4. Als echter de kerk bij deze stemming niet besluit de huidige relatie gemeente / predikant voort te zetten, dan zal de ambtstermijn van de predikant eindigen op een datum, vastgesteld door de districtssuperintendent, en binnen 180 dagen na de stemming.

125.5. Als de predikant er voor kiest de stemming van de gemeente niet plaats te laten vinden, of de uitslag daarvan niet accepteert, zal hij zijn ontslag indienen. In dat geval zal de relatie predikant/kerk worden beëindigd op een datum die wordt bepaald door de districtssuperintendent, tussen 30 en 180 dagen volgende op deze beslissing van de predikant om de stemming in de gemeente niet plaats te laten vinden, of die niet te accepteren. (113.8, 123-124)

126. Plaatselijke kerk in crisis. Nadat bekend is geworden dat een plaatselijke gemeente op weg is naar een crisis, zal de districtssuperintendent met de toestemming van de DistrictsAdviesRaad het recht hebben een commissie aan te stellen om de situatie te onderzoeken en maatregelen te nemen om een crisis te voorkomen. De commissie zal bestaan uit twee geordineerde geestelijken en twee leken leden van de DistrictsAdviesRaad en de districtssuperintendent, die zal dienen als voorzitter. (211.3)

126.1. Indien volgens de districtssuperintendent en de DistrictsAdviesRaad een plaatselijke kerk in crisis wordt verklaard – financieel, moreel of anderszins – en die crisis op ernstige wijze de stabiliteit en de toekomst van die kerk aantast, kan (a) de vraag of de relatie gemeente/predikant moet worden voortgezet aan de plaatselijke gemeente worden voorgelegd door de districtssuperintendent, of door een lid van de DistrictsAdviesRaad die benoemd is door de districtssuperintendent, alsof de kerkenraad om deze stemming gevraagd had volgens artikel 123-123.7, of kan (b) de ambtstermijn van een predikant en/of kerkenraad beëindigd worden met de goedkeuring van de verantwoordelijke algemeen superintendent en door een meerderheid van stemmen van de DistrictsAdviesRaad. De districtssuperintendent kan, met goedkeuring van de DistrictsAdviesRaad, de leden van de kerkenraad benoemen van een kerk die verklaard is "in crisis" te zijn. Binnen 30 dagen zal melding van deze actie door de DistrictsAdviesRaad aan de verantwoordelijke algemeen superintendent worden gedaan. (211.3)

126.2. Indien volgens de districtssuperintendent een plaatselijke kerk die conform artikel 125.1 in crisis is verklaard, alle vereiste maatregelen heeft genomen en weer klaar staat om haar bediening onder normale omstandigheden uit te voeren, kan de plaatselijke kerk "uit crisis" worden verklaard door een meerderheidsbesluit van de DistrictsAdviesRaad. Binnen 30 dagen zal melding van deze actie door de DistrictsAdviesRaad aan de verantwoordelijke algemeen superintendent worden gedaan. (211.4)

K. De plaatselijke kerkenraad

127. Leden. Iedere plaatselijke kerk zal een kerkenraad hebben, die bestaat uit de predikant, de voorzitter Raad Christelijk Leven en Zondagsschool, de voorzitter van de Nazarener Jeugd Internationaal, de voorzitter van de NMI, de dienaren en de beheerders van de kerk en de leden van de Raad Christelijk Leven en Zondagsschool wanneer zij gekozen zijn als leden van de Commissie Onderwijs van de kerkenraad door de jaarvergadering. Als de NMI voorzitter de echtgeno(o)t(e) van de predikant is, en verkiest geen lid van de kerkenraad te zijn, kan de vice-voorzitter lid van de kerkenraad worden. Is de voorzitter de echtgenote van de predikant en verkiest zij wel in de kerkenraad plaats te nemen, dan zal zij niet deelnemen aan de bezinning op de relatie gemeente/predikant van de predikant.

De kerkenraad zal uit niet meer dan 25 vaste leden bestaan. Niet door het district geordineerde geestelijken in functie of districtskandidaten voor ordinatie, met uitzondering van personen die goedgekeurd zijn door de predikant en de districtssuperintendent, en betaalde werknemers van de plaatselijke kerk komen niet in aanmerking om zitting te nemen in de plaatselijke kerkenraad. De districtssuperintendent mag, op basis van de aanbeveling van de predikant en de kerkenraad, een uitzondering maken voor districtkandidaten voor ordinatie die niet in functie zijn en die studeren volgens het studieprogramma of bij een Nazarener instelling van hoger onderwijs. Zulke geestelijken zullen uitgesloten worden van een besluit van de kerkenraad betreffende de aanbeveling van deze geestelijke aan de DistrictsVergadering voor het verlengen van de districtsbevoegdheid van de geestelijke.

Wij schrijven onze plaatselijke kerken voor alleen actieve leden van de plaatselijke kerk als kerkelijke functionarissen te kiezen, die van de ervaring van volkomen heiligmaking getuigen en van wie de levens duidelijk getuigen van de genade van God die ons tot een heilig leven roept; die instemmen met de leer, de bestuursvorm en de handelwijze van de Kerk van de Nazarener; en die de plaatselijke kerk trouw ondersteunen door hun aanwezigheid en met tienden en gaven. Kerkelijke functionarissen dienen volledig betrokken zijn in "het maken van Christusgelijkvormige discipelen onder de volken". (33, 113.11, 137, 141, 145-147, 152.2, 159.4)

127.1. Wanneer de jaarvergadering van een plaatselijke kerk plaats vindt in een vacante periode, kan de plaatselijke nominatiecommissie, onder voorzitterschap van de districtssuperintendent en met zijn goedkeuring, aan de gemeente een motie voorleggen, uiterlijk 30 dagen voor de jaarvergadering, om de huidige kerkenraad voor het komende jaar te handhaven. Deze motie kan worden aangenomen door een meerderheid van de schriftelijke stemmen van de aanwezige stemgerechtigde leden tijdens een op juiste wijze bijeengeroepen bijzondere vergadering van de kerk. Als de motie niet wordt aangenomen, wordt de kerkenraad zoals gebruikelijk op de jaarvergadering gekozen.

128. Vergaderingen. De kerkenraad treedt in functie aan het begin van het kerkelijk jaar en zal minstens tweemaandelijks haar normale vergaderingen beleggen, en voor bijzondere vergaderingen bijeenkomen op verzoek van de predikant of de districtssuperintendent. De secretaris van de kerkenraad zal alleen een bijzondere vergadering van de raad bijeenroepen met toestemming van de predikant, of van de districtssuperintendent als er geen predikant is. Vergaderingen van de kerkenraad, inclusief stemmingen, kunnen electronisch plaatsvinden. Dergelijke vergaderingen en stemmingen hebben dezelfde waarde en hetzelfde effect als een vergadering van de leden in één kamer of gebied. Tussen de jaarvergadering en het begin van het kerkelijk jaar, kan de nieuwgekozen kerkenraad bijeenkomen om organisatorische redenen, bij welke gelegenheid de secretaris van de kerkenraad en de penningmeester van de kerk worden gekozen zoals hierna bepaald, en elke andere functionaris die zij verplicht is om te kiezen. (129.19-130)

129. Taken. De **taken van de kerkenraad** zijn:

129.1. Het zorg dragen voor de belangen van de kerk en haar werk, voor zover niet op andere wijze geregeld, in harmonie met de predikant. (155, 518)

129.2. Het na overleg met de districtssuperintendent voordragen van een oudste of districtskandidaat voor ordinatie (tot oudste) die haar de juiste persoon lijkt om predikant te worden, conform artikel 115. (159.8, 211.10 en 225.16)

129.3. Samen te werken met de nieuwe predikant bij het ontwikkelen van een geschreven verklaring van doelen en verwachtingen. (115.2)

129.4. Het minstens elk jaar met de predikant houden van een speciale planningsbijeenkomst met als doel om de beschreven verwachtingen, doelen en plannen bij te werken. (122)

PLAATSELIJK BESTUUR

129.5. Het met goedkeuring van de districtssuperintendent regelen van pastorale voorziening totdat er op reguliere wijze door de kerk een predikant beroepen is. (212, 524)

129.6. Het zorgen voor het opstellen en het aannemen van een jaarbegroting voor de kerk, alle hulporganisaties, de crèche en de basisschool, waarin vermeld het te verwachten inkomen en de te verwachten uitgaven.

129.7. Het instellen van een commissie van de raad die verantwoordelijk is voor ondermeer (a) het controleren van de begroting van de kerk, (b) het doen van verslag aan de kerkenraad omtrent de financiële situatie en belangen van de kerk.

129.8. De bedragen vast te stellen die de predikant zal ontvangen als salaris en andere vergoedingen, inclusief pensioenpremie, en om die minstens één maal per jaar opnieuw te bezien. (32.3, 115.4, 115.6, 123-123.7)

129.9. Het verschaffen van wegen en middelen voor de ondersteuning van de predikant, de pastorale hulp, of voor elke andere betaalde kracht in de kerk; het aanmoedigen en ondersteunen door planning en budgettering van de levenslange toewijding aan studie van predikant en staf. (115.4)

129.10. Om een gezonde pastorale bediening en een sterk geestelijk leven van de predikant aan te moedigen, dient de kerkenraad, in overleg met de districtssuperintendent, te voorzien in een sabbatsverlof voor de predikant in elk zevende opeenvolgende jaar van zijn dienen in één gemeente. Het tijdstip en de duur van het sabbatsverlof zal in overleg met de predikant, de kerkenraad en de districtssuperintendent worden bepaald. Het wordt sterk aangemoedigd het predikantssalaris volledig door te betalen en de kerkenraad verantwoording te laten nemen voor invulling van de preekbeurten gedurende het sabbatsverlof. Dit onderwerp zal worden aangekaart door de districtssuperintendent als onderdeel van de bezinning op de relatie gemeente/predikant na het tweede jaar, en opnieuw in het zesde jaar, zodra duidelijk is dat de relatie zal worden voortgezet. Materiaal zal worden ontwikkeld en gedistribueerd door het bureau "Global Clergy Development" om plaatselijke gemeentes te helpen een beleid op dit gebied op te stellen en uit te voeren. Als de kerkenraad dit wenst, kan een soortgelijk programma ook worden opgezet voor een lid van de pastorale staf.

129.11. Het vaststellen van de financiële ondersteuning en de verblijfskostenvergoeding die een evangelist dient te ontvangen en hem hiervan op de hoogte te stellen zodra hij wordt uitgenodigd door de kerkenraad.

129.12. Het naar goeddunken verlenen of vernieuwen van een plaatselijke bevoegdheid aan elke persoon die door de predikant is voorgedragen voor (a) plaatselijk kandidaat voor ordinatie of (b) lekenprediker. (503.3-503.5, 531.1-531.3, 813)

129.13. Het naar goeddunken aanbevelen aan de Districts-Vergadering, op voordracht van de predikant, van elk persoon die een certificaat voor één van de erkende vormen van bediening wenst, inclusief alle leken en kandidaten voor ordinatie die verlangen naar erkenning voor bedieningen die verder gaan dan de plaatselijke kerk, wanneer die aanbeveling wordt vereist door het *Handboek.*

129.14. Het naar goeddunken aanbevelen aan de Districts-Vergadering, op voordracht van de predikant, van iemand die districtsbevoegdheid verlangt of de verlenging daarvan. (531.5, 532.1)

129.15. Het naar goeddunken aanbevelen aan de Districts-Vergadering, op voordracht van de predikant, van de verlenging van de bevoegdheid van een diacones overeenkomstig artikel 508.

129.16. Het op voordracht van de Raad Christelijk Leven en Zondagsschool en met goedkeuring van de predikant kiezen van een leider kinderwerk en een leider volwassenenwerk. (145.6)

129.17. Het goedkeuren van de NJI-voorzitter, gekozen door de plaatselijke NJI, zoals geregeld in het Handvest van de NJI.

129.18. Het goedkeuren van de aanstelling van degenen die leiding geven aan Nazarener crèches/kleuter-, basis- en middelbare scholen. (151, 159.1, 211.13, 516.10)

129.19. Het kiezen van een secretaris, vanuit de leden van de kerk die voldoen aan de vereisten voor kerkelijke functionarissen zoals beschreven in artikel 33. Deze verkiezing zal op de eerste vergadering van de nieuwe kerkenraad gehouden worden. Degene die gekozen wordt zal dienen tot aan het einde van het kerkelijk jaar en totdat er een opvolger gekozen en in functie gesteld is, en heeft alleen stemrecht indien hij voor de kerkenraad gekozen is op een reguliere ledenvergadering. (33, 113.6-113.8, 113.11, 128, 135.1-135.7)

129.20. Het kiezen van een penningmeester, vanuit de leden van de kerk die voldoen aan de vereisten voor kerkelijke functionarissen zoals beschreven in artikel 33. Deze verkiezing zal op de eerste vergadering van de nieuwe kerkenraad gehouden worden. Degene die gekozen wordt zal dienen tot aan het einde van het kerkelijk jaar en totdat er een opvolger gekozen en in functie gesteld is, en heeft alleen stemrecht indien hij voor de kerkenraad gekozen is op een reguliere ledenvergadering. Leden van de directe familie van de predikant komen niet in aanmerking voor de functie van plaatselijk penningmeester zonder goedkeuring van de districtssuperintendent en de DistrictsAdviesRaad. Directe familie bestaat uit de echtgenote, kinderen, broers of zussen, of ouders. (33, 113.7-113.8, 113.11, 128, 136.1-136.6)

PLAATSELIJK BESTUUR

129.21. Ervoor te zorgen dat op zorgvuldige wijze al het geld wordt geboekt dat ontvangen en uitgegeven wordt door de plaatselijke kerk, inclusief dagscholen en alle hulporganisaties, en dat er verslag gedaan wordt van dit alles op haar maandelijkse vergaderingen, en op de jaarvergadering van de kerk. (136.3-136.5)

129.22. Het zorgen voor een commissie bestaande uit niet minder dan twee leden, die al het geld dat door de plaatselijke kerk wordt ontvangen telt en daarvan rekenschap geeft.

129.23. Het benoemen van een kascontrolecommissie of een commissie van onafhankelijke controleurs of andere geschikte personen, die minstens eenmaal per jaar de boekhouding van de penningmeester van de kerk controleert of onderzoekt, minimaal op het niveau zoals landelijke wetgeving dat vereist, indien van toepassing, of van andere erkende beroepsmatige standaarden, van de Nazarener Jeugd Internationaal, van de Raad Christelijk Leven en Zondagsschool, Nazarener crèches/kleuterscholen/dagscholen en welke andere boekhouding van de kerk dan ook. De predikant zal toegang hebben tot alle gegevens van de plaatselijke kerk.

129.24. Het zorgen voor een Evangelisatie- en Ledencommissie van niet minder dan 3 leden. (110)

129.25. Het optreden, indien gewenst, als Raad Christelijk Leven en Zondagsschool in kerken met niet meer dan 75 leden. (145)

129.26. Het instellen van een commissie van onderzoek, bestaande uit 5 leden, in het geval dat er schriftelijke beschuldigingen zijn ingediend tegen een lid van de kerk. (605)

129.27. Het met schriftelijke toestemming van de districtssuperintendent en op voordracht van de predikant kiezen van betaalde assistenten voor taken zoals de plaatselijke kerk zal bepalen. (151, 159-159.1, 211.13)

129.28. Het kiezen van een plaatselijke- of districtskandidaat voor ordinatie als onbetaalde assistent predikant, mits daarvoor jaarlijks schriftelijk toestemming wordt gegeven door de districtssuperintendent. (115.6)

129.29. Het zorgen voor een commissie lange termijn planning ten behoeve van de kerk, waarvan de predikant ex-officio voorzitter is.

129.30. Het aannemen en invoeren van een plan om het risico te verminderen dat personen die een gezagspositie binnen de kerk bekleden deze gezags- of verantwoordelijkheidspositie zullen gebruiken voor wangedrag. Het plan zal de specifieke eigen omstandigheden van elke plaatselijke kerk in ogenschouw nemen.

130. De kerkenraad zal samen met de predikant de plannen volgen die door de Raad van Algemeen Superintendenten en de Algemene Raad zijn aangenomen voor het bijeenbrengen van het Wereldevangelisatiefonds en de districtsbudgetten, en zal de bedragen regelmatig overmaken aan respectievelijk de algemeen penningmeester en de districtspenningmeester. (317.10, 335.7)

131. De betekenis van rentmeesterschap. Zie artikelen 32-32.5.

132. De kerkenraad zal in een pas georganiseerde kerk de taken van een Raad Christelijk Leven en Zondagsschool uitvoeren, totdat zo'n raad op normale wijze gekozen is. (145)

132.1. De kerkenraad en de predikant van een pas georganiseerde kerk zullen beslissen wanneer er een voorzitter Raad Christelijk Leven en Zondagsschool wordt gekozen. (129.25, 145, 146)

133. De kerkenraad kan de naam van een inactief lid van de ledenlijst afvoeren nadat er twee jaar verlopen zijn sedert de dag dat hij inactief werd verklaard. (109-109.4, 112.3)

134. De kerkenraad kan de bevoegdheid van een plaatselijk bevoegde opschorten of intrekken.

135. De secretaris van de kerk. De taken van de secretaris van de kerkenraad zijn:

135.1. Het nauwkeurig maken en getrouw bewaren van de notulen van alle kerkelijke vergaderingen en vergaderingen van de kerkenraad, en verder alles te doen wat betrekking kan hebben op deze functie. De notulen van de kerkenraad dienen duidelijk aan te geven welke leden aan- en afwezig zijn, zodat het quorum duidelijk is. (120.1, 129.19)

135.2. Het voorleggen aan de jaarvergadering van een verslag van de belangrijkste activiteiten van de plaatselijke kerk, inclusief statistieken betreffende het ledenbestand. (113.9)

135.3. Er voor zorgen dat alle officiële papieren, verslagen en wettelijke documenten met betrekking tot de plaatselijke kerk, inclusief akten, uittreksels, verzekeringspolissen, leningsovereenkomsten, ledenlijsten, historische verslagen, kerkenraadsnotulen en statuten op veilige wijze bewaard worden in brandvrije kluizen of brandkasten in het pand van de plaatselijke kerk. Indien mogelijk kunnen ze ook geplaatst worden in de kluis van een plaatselijke bank of soortgelijke instelling. De toegang hiertoe zal altijd gedeeld worden met de predikant en de penningmeester, en de zorg hiervoor zal onmiddellijk overgedragen worden aan de opvolger van de secretaris.

135.4. Secretaris te zijn van alle kerkelijke vergaderingen, jaarvergaderingen en bijzondere vergaderingen; en het beheren van alle notulen en andere papieren van deze jaarvergaderingen en bijzondere kerkelijke vergaderingen. (113.6)

135.5. Het schriftelijk doorgeven aan de districtssuperintendent van het resultaat van de stemming over het beroepen van een predikant en het voortzetten van de relatie gemeente/predikant. Dit dient binnen één week na de stemming te geschieden.

PLAATSELIJK BESTUUR

135.6. Het zenden aan de districtssuperintendent van een kopie van de notulen van alle kerkelijke vergaderingen en vergaderingen van de kerkenraad, en wel binnen 3 dagen daarna, wanneer die plaatselijke kerk zonder predikant is.

135.7. Het samen met de predikant ondertekenen van alle overdrachten van onroerend goeder, hypotheken, aflossingen van hypotheken, contracten en andere wettelijke documenten waarvoor door het *Handboek* geen andere voorziening is getroffen. (102.3, 103-104.2)

136. De penningmeester van de kerk. De **taken van de penningmeester** van de kerk zijn:

136.1. Het ontvangen van alle gelden voor zover niet op andere wijze is geregeld, en deze gelden alleen uit te geven in opdracht van de kerkenraad. (129.21)

136.2. Het maandelijks overboeken van alle districtsbudgetten aan de districtspenningmeester, en van alle algemene fondsen aan de algemeen penningmeester via de juiste wegen, tenzij hierin op andere wijze is voorzien. (516.9)

136.3. Het op correcte wijze boeken van alle ontvangsten en uitgaven. (129.21)

136.4. Het maandelijks aan de kerkenraad voorleggen van een gedetailleerd financieel verslag. (129.21)

136.5. Het voorleggen van een jaarlijks financieel verslag aan de jaarvergadering. (113.9, 129.21)

136.6. Het aan de kerkenraad overdragen van alle bescheiden van de penningmeester op het moment dat hij zijn functie neerlegt.

L. De dienaren van de plaatselijke kerk

137. Het aantal dienaren van de kerk zal niet minder dan 3 en niet meer dan 13 zijn. Zij zullen schriftelijk worden gekozen uit de leden van de kerk, op de jaarvergadering of op een bijzondere kerkelijke vergadering, om te dienen gedurende het komende kerkelijk jaar en totdat hun opvolgers gekozen en in functie gesteld zijn. (33, 113.7, 113.11, 127)

138. De **taken van de dienaren** zijn:

138.1. Het fungeren als commissie kerkgroei, tenzij op andere wijze geregeld, met als verantwoordelijkheid het naar buiten treden, de evangelisatie en uitbreiding, inclusief het ondersteunen van nieuwe kerken en gemeenten in wording, met de predikant als ex-officio voorzitter.

138.2. Het geven van praktische hulp en ondersteuning aan de behoeftigen en bedroefden. Een Bijbelse taak van lekenleiders is het hulp verlenen op het terrein van praktische noden (Romeinen 12:6-8). Daarom dienen de dienaren hun tijd en geestelijke gaven te besteden aan dienstbetoon, bestuur, bemoediging, barmhartigheid, het afleggen van bezoeken en andere bedieningen.

138.3. Het dienen als Evangelisatie- en Ledencommissie zoals beschreven in artikelen 110-110.8, indien de kerkenraad dat wenst.

138.4. Het assisteren van de predikant bij het organiseren van de kerk, zodat er gelegenheid voor christelijk dienstbetoon is voor alle leden. Er dient speciale aandacht gegeven te worden aan het ontwikkelen van werk onder mensen met een andere culturele en sociaaleconomische achtergrond in de directe en de nabije omgeving.

138.5. Het dienen als contactorgaan naar plaatselijke organisaties voor christelijke actie en dienstverlening.

138.6. Het assisteren van de predikant in de openbare eredienst en de christelijke opvoeding in de plaatselijke kerk.

138.7. Het zorgdragen voor de bestanddelen voor de Maaltijd des Heren, en indien de predikant dit vraagt, te helpen bij het uitdelen hiervan. (29.5, 515.4)

139. Een vacature in de functie van dienaar kan worden vervuld door de plaatselijke kerk op een op juiste wijze bijeengeroepen kerkelijke vergadering. (113.8)

140. De dienaren zullen de plaatselijke Commissie Rentmeesterschap vormen, wiens taak het zal zijn om de zaak van het christelijk rentmeesterschap dat God ons gegeven heeft te bevorderen in de plaatselijke gemeente, in samenwerking met de predikant en het bureau "Stewardship Ministries". (32-32.5)

M. De beheerders van de plaatselijke kerk

141. Het aantal beheerders van de kerk zal niet minder dan 3 noch meer dan 9 zijn. Zij zullen worden gekozen uit de leden van de plaatselijke kerk, om te dienen gedurende het komende kerkelijk jaar en totdat hun opvolgers gekozen en in functie gesteld zijn. (33, 113.11, 127)

142. In al die gevallen waar de burgerlijke wet een bijzondere wijze voorschrijft voor de verkiezing van de beheerders van de kerk, zal deze wijze strikt gevolgd worden. (113.4)

142.1. Wanneer geen bijzondere wijze van verkiezing wordt voorgeschreven door de burgerlijke wet, zullen de beheerders schriftelijk worden gekozen op de jaarvergadering van de plaatselijke kerk of op een bijzondere kerkelijke vergadering, op de juiste wijze voor dat doel bijeengeroepen. (113.7, 113.11)

143. De **taken van de beheerders** zullen zijn:

143.1. Het eigendomsrecht van de kerk als beheerders van de plaatselijke kerk te bewaren en beheren, waar de plaatselijke kerk geen rechtspersoonlijkheid heeft, of waar de burgerlijke wet dat vereist, of waar het om andere redenen wenselijk wordt geacht door de districtssuperintendent of de DistrictsAdviesRaad, onderworpen aan de richtlijnen en beperkingen zoals genoemd in artikelen 102-104.4.

143.2. Het geven van leiding in geval van uitbreiding of bouw van faciliteiten en het opstellen van een begroting, tenzij de kerkenraad anders bepaald heeft.

144. Een vacature in de functie van beheerder kan door de plaatselijke kerk op een op juiste wijze bijeengeroepen kerkelijke vergadering worden vervuld. (113.8)

N. De plaatselijke Raad Christelijk Leven en Zondagsschool

145. Elke plaatselijke kerk zal een **Raad Christelijk Leven en Zondagsschool** of een **Commissie Onderwijs** als deel van de kerkenraad, instellen op de jaarvergadering, om verantwoordelijk te zijn voor het christelijk onderwijs van de kerk. In kerken met 75 leden of minder, kan deze taak vervuld worden door de kerkenraad. Leden zijn: ex-officio de voorzitter Raad Christelijk Leven en Zondagsschool; de predikant; de NMI-voorzitter; de NJI-voorzitter; de leider kinderwerk, de leider volwassenenwerk; en 3 tot 9 leden, gekozen door de jaarvergadering vanuit de leden van de gemeente. Alle leden zullen dienen tot aan het eind van het volgend kerkelijk jaar en totdat hun opvolgers gekozen en in functie gesteld zijn. Als er een vacature ontstaat voor een gekozen lid, kan die worden vervuld op een op juiste wijze bijeengeroepen kerkelijke vergadering. Indien een kerk een Commissie Onderwijs kiest als deel van de kerkenraad, moeten de vereisten van het *Handboek* inzake het minimum aantal dienaren en beheerders gevolgd worden. Ex-officio leden zullen lid zijn van deze commissie, hoewel sommigen wellicht geen lid van de kerkenraad zijn.

Wij schrijven onze plaatselijke kerken voor actieve leden van de plaatselijke kerk als kerkelijke functionarissen te kiezen, die van de ervaring van volkomen heiligmaking getuigen en van wie de levens duidelijk getuigen van de genade van God die ons tot een heilig leven roept; die instemmen met de leer, de bestuursvorm en de handelwijze van de Kerk van de Nazarener; en die de plaatselijke kerk trouw ondersteunen door hun aanwezigheid, actieve dienst en met tienden en gaven. Kerkelijke functionarissen dienen volledig betrokken zijn in het "maken van Christusgelijkvormige discipelen onder de volken". (33, 137, 141, 146)

De **taken en bevoegdheden van de Raad Christelijk Leven en Zondagsschool, of de Commissie Onderwijs** zijn:

145.1. Het plannen, organiseren, bevorderen en leiden van het christelijk onderwijs in de plaatselijke kerk. Dit dient te gebeuren onder de directe zorg van de predikant, het leiderschap van de voorzitter Raad Christelijk Leven en Zondagsschool, en de leiding van de plaatselijke kerkenraad, en in overeenstemming met de doelen en normen van het kerkgenootschap zoals vastgesteld door de Algemene Raad en bevorderd door de commissies Christelijk Leven en Zondagsschool en NJI en de diensten volwassen-, NJI- en kinderwerk. Deze afdeling en diensten omvatten zowel het leerplan-georiënteerde als het programma-georiënteerde werk voor volwassenen en kinderen. De zondagsschool zorgt, samen met de prediking van de predikant, voor de kern van het kerkelijk onderwijs in de Bijbel en de leer.

Doordeweekse en jaarlijkse/speciale activiteiten en training, zoals de Nazarener padvinderij, de vakantiebijbelschool en werk onder alleenstaanden, geven gelegenheid om de Bijbelse leerstellingen uit te leven en te integreren in het leven van de gemeente. (516.15)

145.2. Het bereiken van het grootst mogelijke aantal onkerkelijke mensen voor Christus en de kerk, hen in de gemeenschap van de kerk te brengen, het Woord van God effectief te onderwijzen, en hun redding te bewerken; het onderwijzen van de leerstellingen van het christelijk geloof en het ontwikkelen van het naar Christus gevormde karakter, gedrag en gewoontepatroon; het helpen vormen van het christelijk gezinsleven, het voorbereiden van gelovigen op het lidmaatschap van de kerk en het toerusten van hen voor passende christelijke bedieningen.

145.3. Het vaststellen van het te gebruiken lesmateriaal, altijd gebruik makend van Nazarener materiaal als basis voor Bijbelstudie en leerstellige interpretatie.

145.4. Het plannen en organiseren van het totale Christelijk Leven en Zondagsschoolwerk in overeenstemming met het Huishoudelijk Reglement van de Zondagsschool. (812)

145.5. Het voordragen van één of meer personen, goedgekeurd door de predikant, aan de jaarvergadering als voorzitter Raad Christelijk Leven en Zondagsschool. De voordrachten moeten worden opgesteld in een vergadering waarbij de zittende voorzitter niet aanwezig is.

145.6. Het aan de kerkenraad voordragen van een leider kinderwerk en een leider volwassenenwerk, mits goedgekeurd door de predikant.

145.7. Het kiezen van raden voor kinder- en volwassenenwerk op basis van voordrachten door de leiders kinder- en volwassenenwerk, met goedkeuring van de predikant en de voorzitter Raad Christelijk Leven en Zondagsschool.

145.8. Het kiezen van alle functionarissen en leiders van de diverse leeftijdsgroepen van de zondagsschool, die belijdende christenen zullen zijn, van wie hun leven een voorbeeld is, en die volledig akkoord gaan met de leer en de bestuursvorm van de Kerk van de Nazarener, vanuit voordrachten van de NJI-voorzitter en de leiders kinder- en volwassenenwerk. De nominaties moeten goedgekeurd zijn door de predikant en de voorzitter Raad Christelijk Leven en Zondagsschool.

145.9. Het kiezen van een plaatselijke leider voor lekentraining, die regelmatig trainingsmogelijkheden voor medewerkers

PLAATSELIJK BESTUUR

van de zondagsschool en alle leden van de kerk zal organiseren, bevorderen en daarop toezicht zal houden. De Raad Christelijk Leven en Zondagsschool zal de mogelijkheid hebben de leider voor Lekentraining te benoemen als ex-officio lid van deze raad.

145.10. Het regelmatig houden van vergaderingen; en het zich organiseren door aan het begin van het zondagsschooljaar, dat gelijk zal zijn aan het kerkelijk jaar, een secretaris te kiezen en andere functionarissen die noodzakelijk geacht worden. Speciale vergaderingen kunnen worden bijeengeroepen door de predikant of de voorzitter Raad Christelijk Leven en Zondagsschool. (114)

146. De voorzitter Raad Christelijk Leven en Zondagsschool. De jaarvergadering zal door een meerderheid van de schriftelijke stemmen van de aanwezige en stemmende leden een voorzitter Raad Christelijk Leven en Zondagsschool kiezen vanuit haar actieve leden om voor één jaar te dienen, of totdat zijn opvolger gekozen is. De Raad Christelijk Leven en Zondagsschool kan met de goedkeuring van de predikant een zittende voorzitter Raad Christelijk Leven en Zondagsschool voordragen voor herverkiezing door een ja/nee stemming. Een vacature zal vervuld worden door de plaatselijke kerk op een op de juiste wijze bijeengeroepen kerkelijke vergadering. De nieuwgekozen voorzitter Raad Christelijk Leven en Zondagsschool zal ex-officio lid zijn van de DistrictsVergadering, de plaatselijke kerkenraad, en de Raad Christelijk Leven en Zondagsschool.

Wij schrijven onze plaatselijke kerken voor actieve leden van de plaatselijke kerk als kerkelijke functionarissen te kiezen, die van de ervaring van volkomen heiligmaking getuigen en wier levens duidelijk getuigen van de genade van God die ons tot een heilig leven roept; die instemmen met de leer, de bestuursvorm en de handelwijze van de Kerk van de Nazarener; en die de plaatselijke kerk trouw ondersteunen door hun aanwezigheid, actieve dienst en met tienden en gaven. Kerkelijke functionarissen dienen volledig betrokken te zijn in het "maken van Christusgelijkvormige discipelen onder de volken". (33, 113.11, 127, 145, 145.5, 201)

De **taken en bevoegdheden van de voorzitter Raad Christelijk Leven en Zondagsschool** zijn:

146.1. Het houden van algeheel toezicht op het gehele Christelijk Leven en Zondagsschoolwerk van de plaatselijke kerk.

146.2. Het geven van leiding aan de zondagsschool in overeenstemming met het huishoudelijk reglement van de zondagsschool. (812)

146.3. Het bevorderen van programma's tot groei van het aantal deelnemers en bezoekers, en voor training van leiders.

146.4. Het voorzitten van de reguliere bijeenkomsten van de Raad Christelijk Leven en Zondagsschool of de Commissie Onderwijs van de kerkenraad, en het leiden van de Raad

Christelijk Leven en Zondagsschool in het uitvoeren van haar taken.

146.5. Het voorleggen aan de kerkenraad van een jaarlijkse begroting voor het zondagsschoolwerk.

146.6. Het maandelijks verslag doen aan de kerkenraad en het voorleggen van een geschreven verslag aan de jaarvergadering.

147. Raden en leiders voor kinder-/volwassenenwerk. Het zondagsschoolwerk kan het best georganiseerd worden naar leeftijdsgroepen: kinderen, jeugd en volwassenen. Voor elke leeftijdsgroep dient er een raad te zijn die verantwoordelijk is voor het organiseren en leiden van het werk. Zo'n raad bestaat uit de leider van de leeftijdsgroep en de vertegenwoordigers van de zondagsschool en ander kerkelijk werk voor die leeftijdsgroep. De taak van deze raad is het samenwerken met de leider van de leeftijdsgroep bij het plannen van het werk voor die groep en het treffen van voorzieningen om deze plannen ten uitvoer te brengen. Al het werk van de raden kinder-/ volwassenenwerk is onderworpen aan de goedkeuring van haar leider en de Raad Christelijk Leven en Zondagsschool.

De **taken van de leiders van leeftijdsgroepen** zijn:

147.1. Het voorzitten van de raad voor de leeftijdsgroep waaraan hij leiding geeft en het leiden van die raad bij het organiseren, bevorderen en coördineren van het totale CL/ZS-werk voor de mensen in die leeftijdsgroep.

147.2. Het geven van leiding aan de desbetreffende afdeling van zondagsschool door het bevorderen van programma's tot groei van het aantal deelnemers en bezoekers van kinderen, jeugd en volwassenen in de plaatselijke kerk, in samenwerking met de Raad Christelijk Leven en Zondagsschool.

147.3. Het geven van leiding aan andere soorten werk op zondag, doordeweekse of jaarlijkse en speciale activiteiten, evangelisatie en gemeenschappelijke activiteiten voor de leeftijdsgroep die hij vertegenwoordigt.

147.4. Het voordragen aan de Raad Christelijk Leven en Zondagsschool van leiders voor de diverse soorten werk die onder zijn leeftijdsgroep vallen, inclusief zondagsschoolleiders, onderwijzers en functionarissen, met uitzondering van de NJI, die zelf zondagsschoolleiders, onderwijzers en functionarissen zal voordragen. De voordrachten moeten goedgekeurd worden door de predikant en de voorzitter Raad Christelijk Leven en Zondagsschool. (33)

147.5. Het verkrijgen van goedkeuring van de Raad Christelijk Leven en Zondagsschool voordat aanvullend lesmateriaal gebruikt wordt.

147.6. Het zorgen voor leiderschapstraining van mensen in het werk van de betreffende leeftijdsgroep, in samenwerking met de Raad Christelijk Leven en Zondagsschool en de leider voor Lekentraining.

PLAATSELIJK BESTUUR

147.7. Het aan de Raad Christelijk Leven en Zondagsschool en/of de kerkenraad voorleggen van een jaarlijkse begroting, en het gebruiken van dit geld in overeenstemming met de goedgekeurde begroting.

147.8. Het ontvangen van alle verslagen van het werk binnen de leeftijdsgroep van de plaatselijke kerk die onder zijn leiding staat. Een maandelijks verslag van het aantal ingeschreven deelnemers aan en bezoekers van de zondagsschool en andere activiteiten zal aan de voorzitter Raad Christelijk Leven en Zondagsschool worden uitgebracht.

147.9. Het aan de Raad Christelijk Leven en Zondagsschool voorleggen van een kwartaalplanning voor de activiteiten van zijn leeftijdsgroep ter coördinatie met het totale CL/ZS-werk van de plaatselijke kerk.

148. De Raad Kinderwerk. De Raad Kinderwerk is verantwoordelijk voor het plannen van het totale zondagsschoolwerk voor kinderen van 0 tot 12 jaar in de plaatselijke kerk. De raad bestaat uit minstens één vertegenwoordiger van de zondagsschool en de leiders van elk ander werk dat de kerk biedt zoals: kinderkerk, Nazarener padvinderij, vakantiebijbelschool, quizzen, zending, kraambezoek onkerkelijke gezinnen en welk ander werk ook nodig wordt geacht. De grootte van de raad zal variëren met het aantal soorten werk dat de kinderen in de plaatselijke kerk wordt aangeboden, zo er behoefte aan is en er leiders zijn.

De **taken van de leider kinderwerk** zijn:

148.1. Het uitvoeren van de taken voor alle leiders van een leeftijdsgroep zoals genoemd in artikelen 147.1-147.9.

148.2. Het samenwerken met het dagelijks bestuur van de NMI van de plaatselijke kerk bij het benoemen van een zendingsleider voor kinderen. Degene die benoemd wordt, wordt zowel lid van het zendingsbestuur als van de Raad Kinderwerk. Voordrachten voor deze functie moeten worden goedgekeurd door de predikant en de voorzitter Raad Christelijk Leven en Zondagsschool.

149. Raad Volwassenenwerk. De Raad Volwassenenwerk zal verantwoordelijk zijn voor het plannen van het totale CL/ZS-werk voor volwassenen in de plaatselijke kerk. De Raad Volwassenenwerk bestaat uit minstens één vertegenwoordiger van de zondagsschool en de leiders van elk ander werk dat de kerken biedt, zoals: huwelijk en gezinsleven, werk onder ouderen, werk onder alleenstaanden, celgroepen, Bijbelstudies, lekenbedieningen, activiteiten voor vrouwen, voor mannen en welk ander werk ook nodig wordt geacht. De grootte van de raad zal variëren met het aantal soorten werk dat de volwassenen in de plaatselijke kerk wordt aangeboden, zo er behoefte aan is en er leiders zijn.

De **taken van de leider volwassenenwerk** zijn:

149.1. Het uitvoeren van de taken voor alle leiders van een leeftijdsgroep zoals genoemd in artikelen 147.1-147.9.

O. De plaatselijke Nazarener Jeugd Internationaal (NJI) Raad

150. Het Nazarerer jeugdwerk zal in de plaatselijke kerk worden georganiseerd onder toezicht van de NJI. Plaatselijke groepen worden georganiseerd volgens het Handvest van de NJI en onder het gezag van de plaatselijke kerkenraad.

150.1. De plaatselijke NJI zal zich organiseren volgens het Plaatselijk Jeugdwerkplan van de NJI (artikelen 810.100-810.118), dat kan worden aangepast naar de behoeften van het plaatselijk werk (zie artikel 810.103), in overeenstemming met het Handvest van de NJI en het *Handboek* van de Kerk van de Nazarener.

P. Nazarener scholen voor dagonderwijs van de plaatselijke kerk

151. Nazarener crèches, peuterspeelzalen, basisonderwijs en middelbaar onderwijs kan georganiseerd worden door de plaatselijke kerkenra(a)d(en) na goedkeuring ontvangen te hebben van de districtssuperintendent en de DistrictsAdviesRaad. Volgens criteria zoals die door de Afdeling Kinderwerk/ Zondagsschool zijn vastgesteld zal men jaarlijks verslag doen aan de plaatselijke kerkenraad. De directeur en schoolraad zullen verantwoording verschuldigd zijn aan de plaatselijke kerkenra(a)d(en). (129.18, 211.13-211.14, 225.14, 516.15, 517)

151.1. Schoolsluitingen. In het geval dat een plaatselijke kerk het nodig acht de activiteiten van een school op te schorten, dient dit alleen te gebeuren na overleg met de districtssuperintendent en de DistrictsAdviesRaad en het overleggen van een financieel rapport.

Q. De Nazarene Missions International van de plaatselijke kerk

152. Na goedkeuring van de kerkenraad ontvangen te hebben kunnen plaatselijke organisaties van de NMI binnen elke leeftijdsgroep worden gevormd, in overeenstemming met de statuten van zulke plaatselijke NMI's, zoals goedgekeurd door de Commissie Wereldzending. (811)

152.1. De plaatselijke NMI zal een onderdeel zijn van de plaatselijke kerk en ondergeschikt zijn aan het toezicht en de leiding van de predikant en de kerkenraad. (516)

152.2. De voorzitter van de plaatselijke NMI zal worden voorgedragen door een commissie, bestaande uit 3 tot 7 leden van de NMI, die benoemd wordt door de predikant, die als voorzitter zal fungeren. Deze commissie zal één of meerdere namen

PLAATSELIJK BESTUUR

voordragen voor de functie van voorzitter, onderworpen aan de goedkeuring van de kerkenraad. De voorzitter zal gekozen worden door een meerderheid van de schriftelijk stemmen van de aanwezige en stemmende leden (uitgezonderd gastleden). De voorzitter zal lid zijn van die plaatselijke kerk waartoe de NMI behoort, ex-officio lid zijn van de kerkenraad (of in kerken waar de voorzitter de vrouw van de predikant is, kan de vice-voorzitter lid van de kerkenraad zijn), en lid van de DistrictsVergadering die gehouden wordt aan het begin van het jaar waarin hij voorzitter wordt. De voorzitter zal een verslag voorleggen aan de jaarvergadering van de plaatselijke kerk. (113.9, 114, 123, 127, 201)

153. Alle fondsen die door de plaatselijke NMI bijeen worden gebracht voor de algemene belangen van de Kerk van de Nazarener, zullen ten bate komen aan het Wereldevangelisatiefonds, met uitzondering van giften voor speciale zendingsprojecten die goedgekeurd zijn door de Commissie "Tien Procent".

153.1. Nadat allereerst de bijdrage aan het Wereldevangelisatiefonds volledig voldaan is, worden plaatselijke kerken aangemoedigd ander wereldwijd zendingswerk te ondersteunen via zogenaamde "goedgekeurde speciale zendingsbijdragen".

154. Fondsen voor de ondersteuning van de algemene belangen zullen op de volgende wijzen bijeen worden gebracht:

154.1. Door giften en collecten die bestemd zijn voor het Wereldevangelisatiefonds en algemene belangen.

154.2. Door bijzondere collecten, zoals de Paascollecte en de Dankdagcollecte.

154.3. Van de bovengenoemde fondsen zal niets gebruikt worden voor de bestrijding van plaatselijke of districtskosten, of liefdadige doeleinden.

R. Verbod op verzoeken om financiële steun voor de plaatselijke kerk

155. Het zal een plaatselijke kerk en haar functionarissen of leden niet toegestaan zijn om op andere plaatselijke kerken en haar functionarissen of leden een beroep te doen door hen te vragen om geld of financiële ondersteuning voor de noden in hun plaatselijke kerk of voor de belangen die zij ondersteunen. Er is echter bepaald dat zulke verzoeken gedaan mogen worden aan plaatselijke kerken en kerkleden binnen de grenzen van het district waarin de aanvrager zich bevindt, echter uitsluitend op voorwaarde dat de aanvraag schriftelijk goedgekeurd is door de districtssuperintendent en de DistrictsAdviesRaad.

156. Leden van de Kerk van de Nazarener die niet gemachtigd zijn door de Algemene Raad of één van haar commissies, mogen, met uitzondering van het Wereldevangelisatiefonds, geen gelden vragen voor zendings- en aanverwante activiteiten, noch van plaatselijke kerken, noch van de leden van die kerken.

S. Het gebruik van de naam van de plaatselijke kerk

157. De naam van de Kerk van de Nazarener, van een plaatselijke kerk, of van een rechtspersoon of instituut dat deel van de Kerk van de Nazarener is of daar op enigerlei wijze mee verbonden is, of een gedeelte van die naam, mag niet gebruikt worden door één of meerdere leden van de Kerk van de Nazarener, of door een rechtspersoon, vennootschap, vereniging, groep of welke organisatorische eenheid ook in verband met enige activiteit (of dat nu van commerciële, sociale, educatieve, liefdadige of andere aard is) zonder de voorafgaande schriftelijke goedkeuring van de Algemene Raad. Echter, deze bepaling is niet van toepassing voor activiteiten van de Kerk van de Nazarener zoals die door haar officiële *Handboek* zijn geautoriseerd.

T. Een door de kerk ondersteunde rechtspersoon

158. Geen plaatselijke kerk, plaatselijke kerkenraad, districtsinstelling, districtsraad, noch twee of meer leden hiervan (individueel of op andere wijze optredend), mag direct noch indirect een rechtspersoon, vennootschap, vereniging, groep of welke organisatorische eenheid ook vormen of lid daarvan worden, die activiteiten (of die nu van commerciële, sociale, educatieve, liefdadige of andere aard zijn) bevordert, ondersteunt, aanmoedigt of zich daar op andere wijze mee bezig houdt, waarbij leden van de Kerk van de Nazarener aangespoord of op andere wijze benaderd worden als mogelijke deelnemers, klanten, huurders, cliënten, leden of deelnemers, of activiteiten (of die nu van commerciële, sociale, educatieve, liefdadige of andere aard zijn) die direct of indirect voorgeven gesteund te worden door of bestemd te zijn voor of ten dienste te staan van de leden van de Kerk van de Nazarener, zonder de uitdrukkelijke voorafgaande schriftelijke toestemming van de districtssuperintendent, de DistrictsAdviesRaad en de Raad van Algemeen Superintendenten.

U. Assistenten in de plaatselijke kerk

159. Er kunnen mensen zijn die zich geroepen voelen en bereid zijn om als leek bepaalde belangrijke diensten in de kerk te vervullen, parttime of fulltime. De kerk erkent de positie van zulke medewerkers en toch is zij fundamenteel een instelling die uitgaat van vrijwilligheid, waarbij de dienst aan God en anderen de plicht en het voorrecht is van al haar leden, overeenkomstig hun bekwaamheden. Wanneer betaalde assistenten, hetzij bevoegde dienaren, hetzij leken, in de plaatselijke kerk of een daaraan verbonden instelling of dochterinstelling van de plaatselijke gemeente noodzakelijk worden voor een beter

PLAATSELIJK BESTUUR

functioneren, moet het zo zijn, dat het niet de geest van vrijwillig dienstbetoon van haar leden aantast of te veel vergt van de financiële mogelijkheden van de kerk, inclusief de betaling van alle toegewezen budgetten. Er kan echter in bijzondere gevallen een schriftelijk verzoek worden gedaan aan de districtssuperintendent en de DistrictsAdviesRaad om te overwegen een uitzondering te maken. (129.27)

159.1. Alle plaatselijke assistenten, betaald of onbetaald, die in een bepaalde bediening de plaatselijke gemeente dienen, inclusief directeuren van reguliere scholen, zullen gekozen worden door de kerkenraad, na te zijn voorgedragen door de predikant. Alle voordrachten moeten schriftelijk goedgekeurd zijn door de districtssuperintendent, die binnen 15 dagen na de ontvangst van het verzoek zal antwoorden. (159.4, 211.13)

159.2. Deze assistenten zullen voor niet langer dan één jaar in dienst worden genomen. Hun arbeidsovereenkomst kan op aanbeveling van de predikant met de schriftelijke goedkeuring van de districtssuperintendent en na een gunstige uitslag van de stemming van de kerkenraad verlengd worden. De predikant heeft de taak jaarlijks een beoordelingsgesprek met elk staflid te houden. De predikant kan, in overleg met de kerkenraad, aanbevelingen doen voor de ontwikkeling van de staf of voor aanpassingen van de taakomschrijvingen zoals die voortkomen uit de beoordelingsgesprekken. Het ontslag of het niet verlengen van het contract van assistenten vóór de afloop van hun arbeidscontract kan alleen met de aanbeveling van de predikant, de goedkeuring van de districtssuperintendent, en een meerderheidsstemming van de kerkenraad. Bericht van ontslag of niet verlengen van het contract moet schriftelijk geschieden, niet korter dan 30 dagen voor de beëindiging van het dienstverband. (129.27)

159.3. De taken en diensten van deze assistenten zullen worden bepaald door de predikant, die ook toezicht houdt. Een heldere en op schrift gestelde beschrijving van hun verantwoordelijkheden (taakomschrijving) zal aan deze assistenten worden verstrekt, en wel binnen 30 dagen na de aanvang van hun werkzaamheden in de plaatselijke kerk.

159.4. Geen enkele betaalde kracht van de kerk zal verkiesbaar zijn voor de kerkenraad. Als een kerkenraadslid een betaalde kracht van de kerk zou worden, zal hij geen lid mogen blijven van de kerkenraad.

159.5. Bij wisseling van predikant is de stabiliteit van en de eenheid en de continuïteit in het werk van de plaatselijke kerk cruciaal. Daarom zal de districtssuperintendent (of een vertegenwoordiger die door de districtssuperintendent is aangesteld nauw samenwerken met de plaatselijke kerkenraad om de volgende stappen te nemen die (a) de kerk toestaan een deel of de gehele staf in dienst te houden gedurende het vacant zijn; (b) nog steeds de nieuwe predikant de ruimte geven om zijn eigen team van assistenten op te zetten, als dat gewenst is; en (c) een raad en de districtssuperintendent de gelegenheid geven om naar hun inzicht de uitgaande stafleden een redelijke tijd te geven om de noodzakelijke persoonlijke en zakelijke aanpassingen te maken. Allereerst, nadat de predikant zijn functie heeft opgezegd, zullen alle assistenten eveneens hun functie neerleggen, met een gelijke einddatum als die van de predikant. Vervolgens kan de plaatselijke kerkenraad de districtssuperintendent goedkeuring vragen voor het aanblijven van alle assistenten. Indien deze goedkeuring wordt verleend, kan deze van kracht blijven tot 90 dagen nadat de nieuwe predikant is begonnen of totdat de nieuwe predikant zijn betaalde assistenten heeft voorgedragen conform *Handboek* artikel 159. Hoofden van scholen voor dagonderwijs zullen hun ontslag indienen zodat hun arbeidsovereenkomst eindigt aan het eind van het schooljaar waarin de nieuwe predikant officieel begint. De voornaamste functionarissen van aan de kerk verbonden instellingen of dochterinstellingen zullen hun ontslag indienen aan het eind van de contractueel overeengekomen periode waarin de nieuwe predikant zijn taak op zich neemt. De nieuwe predikant heeft het recht het in dienst nemen van de vroegere stafleden aan te bevelen.

159.6. Het overleg met de stafleden, de kerkenraad en de gemeente betreffende de gevolgen van artikel 159.5 voor de stafleden ten tijde van een predikantswisseling, behoort tot de verantwoordelijkheid van de districtssuperintendent. (211.13)

159.7. De predikant van een gemeente die toestemming heeft te functioneren als plaatselijke kerk volgens artikel 100.2, wordt niet geacht een staflid te zijn.

159.8. Iedereen die als "betaald staflid" dient, is zonder toestemming van de DistrictsAdviesRaad niet beroepbaar als predikant van de gemeente waarvan hij lid is. (115, 129.2, 211.10, 225.16)

II. DISTRICTSBESTUUR

A. Districtsgebied en -naam

200. De Algemene Vergadering zal de leden van de kerk onderbrengen in districten. Een district is een eenheid die bestaat uit wederzijds afhankelijke plaatselijke kerken, zodanig georganiseerd dat ze de missie van elke plaatselijke kerk faciliteert door onderlinge steun, het delen van middelen en samenwerking.

Het gebied en de naam van een district zullen worden bepaald door de Algemene Commissie Grenzen, met goedkeuring door een meerderheid van stemmen van de betreffende district(en) zelf, en met de uiteindelijke goedkeuring van de verantwoordelijke algemeen superintendent(en).

Waar districten van meer dan één onderwijsregio overwegen te fuseren tot één district, zal de Algemene Commissie Grenzen bepalen van welke regio het nieuwe district deel uit zal maken, in overleg met de verantwoordelijke algemeen superintendenten. (24)

200.1. Het stichten van nieuwe districten. Nieuwe districten in de Kerk van de Nazarener kunnen worden gevormd door:
1. de splitsing van één district in twee of meer districten (vereist een tweederde meerderheid van stemmen in de DistrictsVergadering;
2. de samenvoeging van twee of meer districten van waaruit een andere samenstelling van districten kan worden gecreëerd;
3. het vormen van een nieuw district in een gebied dat niet bestreken wordt door een ander district; of
4. het samenvoegen van twee of meer districten, of
5. een aanbeveling om een nieuw district te stichten zal worden voorgelegd aan de verantwoordelijke algemeen superintendent. De districtssuperintendent(en) en Districtsadviesra(a)d(en) of nationale raden kunnen de aanbeveling goedkeuren en verwijzen naar de DistrictsVergadering(en) voor een stemming, met goedkeuring van de verantwoordelijke algemeen superintendent(en) en de Raad van Algemeen Superintendenten. (24, 200, 200.4)

200.2. Het werk in de Kerk van de Nazarener kan beginnen als pionierend gebied en leiden tot de stichting van nieuwe districten en het vaststellen van nieuwe grenzen van een district. Fase 3 districten kunnen zo snel mogelijk volgens het volgende patroon ontstaan:

Fase 1. Een fase 1 district zal gevormd worden als er gelegenheid geboden wordt een nieuw gebied binnen te gaan, dit alles binnen de richtlijnen voor strategische ontwikkeling en evangelisatie. Verzoeken kunnen worden ingediend door de regioleider, door een district via de Regionale AdviesRaad, of door de districtssuperintendent en/of DistrictsAdviesRaad van het ondersteunende district, ter goedkeuring door de verantwoordelijke algemeen superintendent(en) en de Raad van Algemeen Superintendenten.

Een districtssuperintendent van een fase 1 district wordt aanbevolen door de regioleider, in overleg met de directeur Wereldzending, aan de verantwoordelijke algemeen superintendent, die benoemen zal. De regio zal het fase 1 district begeleiden inzake de middelen benodigd voor ontwikkeling. In gevallen waar er moeder-districten zijn, zal de districtssuperintendent benoemd worden door de verantwoordelijke algemeen superintendent na overleg met de districtssuperintendent(en) en Adviesra(a)d(en) van het/de ondersteunende district(en).

Als naar de mening van de veld strategie coördinator en de regionale leider, een fase 1 district in crisis is - financieel, moreel of anderszins - en deze crisis ernstige gevolgen heeft voor de stabiliteit en toekomst van het district, kan een district verklaard worden in crisis te zijn met goedkeuring van de verantwoordelijke algemeen superintendent en in overleg met de directeur van Wereldzending. De regioleider kan, met goedkeuring van de verantwoordelijke algemeen superintendent, een interim raad benoemen om het district te besturen in plaats van alle bestaande raden, tot aan de eerstvolgende reguliere DistrictsVergadering.

Fase 2. Een fase 2 district kan gevormd worden als er een voldoende aantal georganiseerde kerken en geordineerde oudsten benevens een toereikende districtsinfrastructuur bestaat om zo'n aanduiding te kunnen aanbevelen.

Zo'n status wijziging zal worden uitgesproken door de Raad van Algemeen Superintendenten op aanbeveling van de verantwoordelijke algemeen superintendent, na overleg met de directeur Wereldzending, de regioleider en andere personen en raden die betrokken zijn bij de benoeming van de districtssuperintendent. Een districtssuperintendent zal worden gekozen of benoemd.

Kwantitatieve richtlijnen omvatten een minimum van 10 georganiseerde kerken, 500 volwaardige leden, 5 geordineerde oudsten, en minimaal 50% van de districtskosten zullen ten tijde van de statuswijziging door het district zelf worden gedragen. Een DistrictsAdviesRaad of een landelijke raad mag de verantwoordelijke algemeen superintendent verzoeken een uitzondering te maken op deze regels.

Als naar de mening van de veld strategie coördinator en de regionale leider, een fase 2 district in crisis is – financieel, moreel of anderszins – en deze crisis ernstige gevolgen heeft voor de stabiliteit en toekomst van het district, kan een district

DISTRICTSBESTUUR

verklaard worden in crisis te zijn met goedkeuring van de verantwoordelijke algemeen superintendent. De regioleider kan, met goedkeuring van de verantwoordelijke algemeen superintendent, een interim raad benoemen om het district te besturen in plaats van alle bestaande raden, tot aan de eerstvolgende reguliere DistrictsVergadering.

Fase 3. Een fase 3 district kan gevormd worden als er een voldoende aantal georganiseerde kerken en geordineerde geestelijken en leden is om zo'n aanduiding te rechtvaardigen. Leiderschap, infrastructuur, financiële verantwoordelijkheid en leerstellige integriteit moeten aantoonbaar zijn. Een fase 3 district moet in staat zijn deze lasten te dragen en deel te nemen aan de uitdagingen van de Grote Opdracht binnen het wereldwijde perspectief van een internationale kerk.

Tot deze statuswijziging wordt besloten door de Raad van Algemeen Superintendenten, op aanbeveling van de verantwoordelijke algemeen superintendent, na overleg met de directeur Wereldzending, de regioleider, en andere personen en raden die betrokken zijn bij de benoeming van de districtssuperintendent. Een districtssuperintendent zal worden gekozen volgens de regels van het *Handboek*.

Kwantitatieve richtlijnen zijn een minimum van 20 georganiseerde kerken, 1.000 volwaardige leden en 10 geordineerde oudsten. Een DistrictsAdviesRaad of een landelijke raad mag de verantwoordelijke algemeen superintendent verzoeken een uitzondering te maken op deze regels.

Een fase 3 district moet 100% zelfondersteunend zijn ten aanzien van de uitgaven voor districtsleiding.

Fase 3 districten zijn een integraal deel van hun respectievelijke regio's.

Als naar de mening van de verantwoordelijke algemeen superintendent een district in crisis is – financieel, moreel of anderszins – en deze crisis ernstige gevolgen heeft voor de stabiliteit en toekomst van het district, kan een district verklaard worden in crisis te zijn met goedkeuring van de Raad van Algemeen Superintendenten. De verantwoordelijke algemeen superintendent kan, met goedkeuring van de Raad van Algemeen Superintendenten, een van de volgende ingrepen doen:
1. de districtssuperintendent uit zijn functie ontheffen;
2. een interim raad benoemen om het district te besturen in plaats van alle bestaande raden, tot aan de eerstvolgende reguliere DistrictsVergadering; en
3. elke specifieke interventie initiëren die nodig wordt geacht om de gezondheid en effectiviteit qua missie van het district te herstellen (200.1, 205.12, 206.2, 209.1, 307.9, 322).

200.3. Criteria voor de splitsing van districten of de wijziging van districtsgrenzen. Een voorstel tot oprichting

van een district of voor grenswijzigingen vanwege een regionaal kantoor, een landelijke raad of een DistrictsAdviesRaad kan worden voorgelegd aan de verantwoordelijke algemeen superintendent. Een dergelijk plan dient de volgende punten in overweging te nemen:
1. dat de voorgestelde nieuwe of nieuw begrensde districten bevolkingscentra hebben die het oprichten van deze districten rechtvaardigen;
2. dat er communicatie- en transportkanalen aanwezig zijn om het werk van de districten te vergemakkelijken;
3. dat er voldoende ervaren oudsten en lekenleiders aanwezig zijn voor het werk van de districten;
4. dat de ondersteunende districten waar mogelijk voldoende inkomsten voor het districtsbudget, voldoende leden en georganiseerde kerken hebben om hun fase 3 districtsstatus te behouden.

200.4. Fusies. Twee of meer fase 3 districten kunnen fuseren middels een tweederde meerderheid van stemmen in elk van de betrokken DistrictsVergaderingen, mits: de fusie is aanbevolen door de respectievelijke Districtsadviesraden (en Nationale Ra(a)d(en) waar dat van toepassing is), en schriftelijk goedgekeurd door de voor de betrokken districten verantwoordelijke algemeen superintendenten. De fusie en alle zaken die daarmee verband houden zullen afgerond worden op een tijd en plaats die door de betrokken DistrictsVergaderingen en de verantwoordelijke algemeen superintendenten worden bepaald. Die nieuwe organisatie zal alle bezittingen en schulden van de respectievelijke districten overnemen. Fase 1 en fase 2 districten kunnen fuseren conform de regels voor nieuwe districten zoals beschreven in artikel 200.2. (200.1)

200.5. Indien enige of alle betrokken DistrictsVergaderingen in gebreke blijven om te handelen, of indien de handelingen van de verschillende DistrictsVergaderingen niet overeenstemmen, kan de aanbeveling aan de eerstvolgende Algemene Vergadering worden voorgelegd om in actie te komen, indien dit verzocht wordt door een tweederde meerderheid van de betrokken DistrictsAdviesRaden.

200.6. Een districtssuperintendent kan zoneleiders of zendingsgebiedsleiders gebruiken om te helpen met:
1. het bouwen van een gevoel van gemeenschap en kameraadschap onder de predikanten van dat gebied;
2. het promoten van Christus' werk door het bemoedigen en strategisch plannen van de groei van predikanten, kerkgroei, evangelisatie, het starten en herstarten van kerken;
3. het uitvoeren van specifieke taken namens de districtssuperintendent en de DistrictsAdviesRaad;

DISTRICTSBESTUUR

4. het fungeren als communicatiekanaal tussen het district en de plaatselijke gemeenten.

B. Lidmaatschap en tijdstip van de DistrictsVergadering.

201. Lidmaatschap. De DistrictsVergadering zal gevormd worden door:
- alle oudsten in functie;
- alle diakenen in functie;
- alle districtskandidaten voor ordinatie in functie;
- alle gepensioneerde geestelijken (emeriti) in functie;
- de districtssecretaris;
- de districtspenningmeester;
- de voorzitters van vaste districtscommissies die aan de DistrictsVergadering rapporteren;
- elke leken-rector van een Nazarener instituut voor hoger onderwijs, wiens plaatselijke kerk waar hij lid is tot het district behoort;
- de voorzitter van de DistrictsRaad Christelijk Leven en Zondagsschool;
- de districtsleiders kinder- en volwassenenwerk;
- de DistrictsRaad Christelijk Leven en Zondagsschool;
- de voorzitter van de District Nazarener Jeugd Internationaal;
- de voorzitter van de District NMI;
- de nieuw gekozen voorzitter of vicevoorzitter van iedere plaatselijke Raad Christelijk Leven en Zondagsschool;
- de nieuw gekozen voorzitter of vicevoorzitter van iedere plaatselijke Nazarener Jeugd Internationaal;
- de nieuw gekozen voorzitter of vicevoorzitter van iedere plaatselijke NMI;
- of een op de juiste wijze gekozen plaatsvervanger die NMI, NJI en RCL op de DistrictsVergadering mag vervangen;
- zij die de kerk dienen en in functies benoemd zijn;
- de leken die lid zijn van de DistrictsAdviesRaad;
- actieve leken-zendelingen die lid zijn van een plaatselijke kerk in het district;
- alle gepensioneerde leken-zendelingen die actief waren als zendeling op het moment van hun pensionering en wier plaatselijke kerk waar men lid is tot het district behoort;
- en de lekenafgevaardigden van elke plaatselijke kerk en kerk in wording binnen het district. (24, 113.14-113.15, 146, 152.2, 201.1-201.2, 219.2, 222.2, 224.4, 242.2, 244.2, 505-528.1, 532.8, 533-533.4, 534-534.3, 535-535.1, 536-536.2, 538.9)

201.1. Plaatselijke kerken in districten met minder dan 5.000 volwaardige leden zullen recht hebben op de volgende vertegenwoordiging in de DistrictsVergadering: twee lekenafgevaardigden van iedere kerk of kerk in wording van 50 of minder volwaardige kerkleden en één extra lekenafgevaardigde voor elk volgend 50-tal volwaardige kerkleden of voor de overblijvende grootste helft van 50 volwaardige kerkleden. (24, 113.14-113.15, 201)

201.2. Plaatselijke kerken en kerken in wording in districten met 5.000 leden en meer zullen recht hebben op de volgende vertegenwoordiging in de DistrictsVergadering: één lekenafgevaardigde van iedere kerk van 50 of minder kerkleden, en één extra lekenafgevaardigde voor elk volgend 50-tal kerkleden of voor de overblijvende grootste helft van 50 kerkleden. (24, 113.14-113.15, 201)

202. Tijdstip. De DistrictsVergadering zal jaarlijks gehouden worden op het tijdstip dat door de verantwoordelijke algemeen superintendent is vastgesteld en in een plaats die door de DistrictsAdviesRaad is aangewezen of geregeld is door de districtssuperintendent.

203. Nominatiecommissie. Voorafgaande aan het bijeenkomen van de DistrictsVergadering zal de districtssuperintendent in overleg met de DistrictsAdviesRaad een nominatiecommissie benoemen om de DistrictsVergadering te dienen; deze commissie kan voor het bijeenkomen van de DistrictsVergadering nominaties voor de gebruikelijke commissies en functies opstellen. (215.2)

204. Alle districtseenheden zullen op electronische wijze mogen vergaderen. De wijze van stemmen zal worden goedgekeurd door de DistrictsAdviesRaad. Alle vereiste communicatie en stemmingen zullen op electronische wijze mogen plaatsvinden.

C. De taken van de DistrictsVergadering

205. Vergaderregels. Behoudens de plaatselijke wetten, de statuten en de regels van het *Handboek*, zullen de bijeenkomsten en handelingen van de leden van de Kerk van de Nazarener op plaatselijk, districts- en algemeen niveau, en de commissies van de rechtspersoon geregeld en beheerst worden door de parlementaire procedures van *Robert's Rules of Order Newly Revised*, de meest recente uitgave. (34)

205.1. De **taken van de DistrictsVergadering** zijn:

205.2. Het horen en aanvaarden van een jaarlijks verslag van de districtssuperintendent waarin het werk van het district wordt samengevat, inclusief nieuw georganiseerde kerken.

205.3. Het horen of aanvaarden van de rapporten van alle oudsten en districtskandidaten voor ordinatie die dienst doen als predikant of geregistreerd evangelist; en het overwegen van het geestelijk karakter van alle oudsten, diakenen en diaconessen. De DistrictsVergadering kan, na stemming hierover, besluiten om de schriftelijke rapporten die door de secretaris

DISTRICTSBESTUUR

zijn ontvangen te accepteren in plaats van de mondelinge rapporten van alle andere oudsten, diakenen, diaconessen en districtskandidaten voor ordinatie die niet in actieve dienst zijn, en van diegenen die districtscertificaten hebben voor een van de kerkelijke functies als genoemd in artikelen 505-528.2. (521, 532.8, 538.9)

205.4. Het verlenen van districtsbevoegdheid aan personen die, na zorgvuldig onderzoek, zijn aanbevolen door kerkenraden of door de DistrictsAdviesRaad en van wie men van oordeel is dat zij tot de dienst voor God geroepen zijn en het verlengen van die bevoegdheid op aanbeveling van de DistrictsRaad Geestelijke Stand of DistrictsRaad Bedieningen. (129.14, 531.5, 532.1, 532.3)

205.5. Het opnieuw verlenen van districtsbevoegheid als diacones aan die personen die, na zorgvuldig onderzoek, zijn aanbevolen door hun kerkenraad en van wie men van oordeel is dat zij tot de functie van diacones geroepen zijn, op aanbeveling van de DistrictsRaad Geestelijke Stand of DistrictsRaad Bedieningen. (129.15)

205.6. Het kiezen van personen tot de geestelijke stand van oudste of tot de geestelijke stand van diaken, die geacht worden aan alle vereisten voor zulke geestelijke orden te hebben voldaan, op aanbeveling van de DistrictsRaad Geestelijke Stand of de DistrictsRaad Bedieningen. (533.3, 543.3)

205.7. Het erkennen van de geestelijke stand en geloofsbrieven van degenen die van andere denominaties komen en die bekwaam geacht worden, en waarvan het wenselijk is dat zij in de Kerk van de Nazarener geplaatst worden, op aanbeveling van de DistrictsRaad Geestelijke Stand of DistrictsRaad Bedieningen. (532.2, 535-535.2)

205.8. Het ontvangen via overschrijving vanuit andere districten van hen die geloofsbrieven hebben als lid van de geestelijkheid en van hen die een geautoriseerde vorm van bediening vervullen, daarbij inbegrepen tussentijdse overschrijvingen die goedgekeurd zijn door de DistrictsAdviesRaad, waarvan de vergadering het gewenst acht dat ze lid worden van de DistrictsVergadering, op aanbeveling van de DistrictsRaad Geestelijke Stand of DistrictsRaad Bedieningen. (231.9-231.10, 505, 508-511.1, 537-537.2)

205.9. Het verlenen van attestatie aan leden van de geestelijkheid en zij die een geautoriseerde bediening vervullen, daarbij inbegrepen tussentijdse overschrijvingen die goedgekeurd zijn door de DistrictsAdviesRaad, die overschrijving naar een ander district wensen, op aanbeveling van de DistrictsRaad Geestelijke Stand of DistrictsRaad Bedieningen. (505, 508-511.1, 231.9-231.10, 537-537.1)

205.10. Het voor één jaar aanstellen of registreren van die personen die geacht worden gekwalificeerd te zijn voor de geestelijke functies genoemd en omschreven in artikelen 505-528.2, op aanbeveling van de DistrictsRaad Geestelijke Stand of DistrictsRaad Bedieningen.

205.11. Het met tweederde meerderheid van de schriftelijke stemmen kiezen van een oudste voor de functie van districtssuperintendent, om te dienen tot 30 dagen na de laatste verdaging van de tweede DistrictsVergadering volgend op zijn verkiezing, en totdat een opvolger is gekozen of benoemd en in functie is gesteld. De herverkiezing van een districtssuperintendent zal door middel van een schriftelijke ja/nee stemming geschieden. Geen enkele oudste die ooit om disciplinaire redenen zijn geloofsbrieven heeft ingeleverd, zal als geschikte kandidaat voor deze functie worden beschouwd. Geen enkele superintendent zal worden gekozen of herkozen op de DistrictsVergadering die volgt op zijn 70e verjaardag.

205.12. Nadat een districtssuperintendent van een fase 2 of fase 3 district een district ten minste twee vergaderingsjaren heeft gediend, kan de DistrictsVergadering voornoemde districtssuperintendent herkiezen voor een periode van vier jaar, onderworpen aan de goedkeuring van de verantwoordelijke algemeen superintendent. De verkiezing voor een verlengde ambtstermijn zal door middel van een tweederde meerderheid van een schriftelijke ja/nee stemming geschieden. (200.2)

205.13. In het geval dat de algemeen superintendent en de DistrictsAdviesCommissie van mening zijn dat de diensten van de districtssuperintendent na het lopende jaar niet voortgezet dienen te worden, mogen de verantwoordelijke algemeen superintendent en de DAC besluiten dat die vraag aan de DistrictsVergadering ter stemming voorgelegd wordt. De vraag zal in de volgende bewoordingen worden voorgelegd: "Zal de huidige districtssuperintendent na deze DistrictsVergadering in functie blijven?"

Indien de DistrictsVergadering door middel van een tweederde meerderheid van de schriftelijke stemmen besluit om de districtssuperintendent in zijn functie te handhaven, zal hij blijven dienen alsof zo'n stemming niet had plaatsgevonden.

Indien echter de DistrictsVergadering nalaat om door middel van zo'n stemming de districtssuperintendent in zijn functie te handhaven, zal zijn ambtstermijn 30 – 180 dagen na de sluiting van die DistrictsVergadering eindigen, waarbij de exacte datum wordt bepaald door de verantwoordelijke algemeen superintendent in overleg met de DAC. (206.2, 208, 239)

205.14. Het door middel van een schriftelijke stemming kiezen van maximaal 3 geordineerde geestelijken in functie en maximaal 3 leken voor de DistrictsAdviesRaad, om voor een termijn van niet langer dan 4 jaar te dienen, zoals bepaald door de DistrictsVergadering, en totdat hun opvolgers gekozen en in functie gesteld zijn.

DISTRICTSBESTUUR

Wanneer een district echter een totaal ledenaantal van 5.000 te boven gaat, mag het één in functie benoemde geordineerde geestelijke en één leek extra kiezen voor elk volgend aantal van 2.500 leden of voor het resterende grootste deel van 2.500 leden. (224)

205.15. Het kiezen van een DistrictsRaad Geestelijke Stand van niet minder dan vijf geordineerde geestelijken, van wie één de districtssuperintendent zal zijn en een ander de districtssecretaris, mits die geordineerd is, om voor een periode van vier jaar te dienen en totdat hun opvolgers gekozen en in functie gesteld zijn. Een districtssecretaris die een leek is zal dienen als niet-stemgerechtigd lid van de raad. Deze raad zal voorafgaande aan de DistrictsVergadering bijeenkomen om alle zaken waartoe zij gemachtigd is af te handelen, en voor zover mogelijk deze werkzaamheden af te ronden voor de aanvang van de DistrictsVergadering. (229-231.10)

205.16. Het kiezen van een DistrictsRaad Kerkelijke Opleidingen van vijf of meer geordineerde geestelijken in functie, om voor een periode van vier jaar te dienen en totdat hun opvolgers gekozen en in functie gesteld zijn. (232)

205.17. Om een district te helpen bij zijn streven om kandidaten voor te bereiden op ordinatie en het ondersteunen en aanbieden van ontwikkelingsmogelijkheden voor zijn geestelijken, kan een district ervoor opteren het totale aantal geestelijken dat nodig is voor de DistrictsRaad Geestelijke Stand en de DistrictsRaad Kerkelijke Opleidingen samen als één DistrictsRaad Bedieningen te kiezen. Deze geestelijken zullen voor een periode van vier jaar dienen.

Deze DistrictsRaad Bedieningen, met als ex-officio voorzitter de districtssuperintendent, zal de DistrictsRaad Bedieningen zodanig inrichten dat alle taken en verantwoordelijkheden van de DistrictsRaad Geestelijke Stand en de DistrictsRaad Kerkelijke Opleidingen uitgevoerd zullen worden. (216, 229-234.4)

205.18. Het kiezen van een DistrictsRaad Kerkelijke Goederen, met inachtneming van het gestelde in artikel 236. (206.1)

205.19. Het naar goeddunken kiezen van één of beide mogelijkheden:
1. een DistrictsEvangelisatieRaad van niet minder dan zes leden, inclusief de districtssuperintendent,
2. een districtsleider evangelisatie.

De gekozen personen zullen dienen tot aan de laatste verdaging van de volgende DistrictsVergadering en totdat hun opvolgers gekozen en in functie gesteld zijn. (206.1, 215)

205.20. Het kiezen van een DistrictsRaad Christelijk Leven en Zondagsschool, in overeenstemming met de procedure vermeld in artikel 241, om te dienen totdat hun opvolgers gekozen en in functie gesteld zijn. (206.1, 215)

205.21. Het kiezen van een DistrictsVergaderingsCommissie Financiën, bestaande uit een gelijk aantal leken en in functie benoemde geestelijken, om te dienen voor maximaal 4 jaar, zoals bepaald door de DistrictsVergadering, en totdat hun opvolgers gekozen en in functie gesteld zijn. De districtssuperintendent en de districtspenningmeester zullen ex-officio lid zijn. (238-238.3)

205.22. Het kiezen van een Districtshof van Beroep, bestaande uit 3 geordineerde geestelijken in functie, met inbegrip van de districtssuperintendent, en twee leken, om te dienen voor een periode niet langer dan 4 jaar en totdat hun opvolgers gekozen en in functie gesteld zijn. (610)

205.23. Het schriftelijk kiezen op een vergadering die binnen 16 maanden voor het begin van de Algemene Vergadering gehouden wordt, of binnen 24 maanden in gebieden waar visa of andere ongebruikelijke voorbereidingen noodzakelijk zijn, van alle afgevaardigde leken en van de afgevaardigde geestelijken op één na, aangezien één van hen de districtssuperintendent zal zijn. Elke fase 3 DistrictsVergadering zal het recht hebben vertegenwoordigd te worden in de Algemene Vergadering door een gelijk aantal afgevaardigde geestelijken en leken. De districtssuperintendent ten tijde van de Algemene Vergadering zal één van de afgevaardigde geestelijken zijn, en de overige afgevaardigde geestelijken zullen geordineerde geestelijken zijn. In het geval dat de districtssuperintendent niet in staat is om de vergadering bij te wonen, of wanneer er een vacature is en de nieuwe districtssuperintendent nog niet benoemd is, zal de op juiste wijze gekozen plaatsvervanger de plaats van de districtssuperintendent innemen. De Nominatiecommissie zal een nominatiestembiljet voorleggen dat tenminste zesmaal het in aanmerking komende aantal afgevaardigden van dat district bevat, zowel in de categorie geestelijken als leken. Uit deze kandidaten zal een aantal van niet meer dan driemaal de te kiezen kandidaten gekozen worden voor op het definitieve stembiljet. Dan zullen met een relatieve meerderheid de toegestane afgevaardigden en plaatsvervangers gekozen worden overeenkomstig de artikelen 301.1-301.3. Elk district mag reserve afgevaardigden kiezen tot maximaal tweemaal het aantal te kiezen afgevaardigden. In situaties waarin het moeilijk is om visa te krijgen, mag de DistrictsVergadering de DistrictsAdviesRaad machtigen meer reserves te selecteren. De gekozen afgevaardigden worden geacht alle bijeenkomsten van de Algemene Vergadering trouw bij te wonen, vanaf de opening tot aan de sluiting, tenzij zij door bijzondere omstandigheden verhinderd zijn. (25-25.2, 301.1-301.3, 303, 332.1)

205.24. Het naar goeddunken instellen van een systeem van gastlidmaatschap voor haar plaatselijke kerken. (Gastleden

DISTRICTSBESTUUR

mogen niet geteld worden als volwaardige leden wanneer het gaat om afvaardiging.) (108)

205.25. Het treffen van voorzieningen voor de jaarlijkse controle van de boeken van de districtspenningmeester, minimaal op het niveau zoals landelijke wetgeving dat vereist, indien van toepassing, of van andere erkende beroepsmatige standaarden, door een gekozen Districtscontrolecommissie, een commissie van onafhankelijke controleurs of andere geschikte personen die door de DistrictsAdviesRaad worden gekozen. (225.24)

205.26. Het via de districtssecretaris aanbieden aan de Algemene Vergadering van de volledige officiële acta van de afgelopen 4 jaar, om bewaard en opgeslagen te worden. (207.3-207.4, 220.7)

205.27. Het verlenen van emeritaat aan een geestelijke, op aanbeveling van de DistrictsRaad Geestelijke Stand of de DistrictsRaad Bedieningen. (231.8, 536)

205.28. Het overzien van en zorg dragen voor het gehele werk van de Kerk van de Nazarener binnen de grenzen van het eigen district.

205.29. Het in harmonie met de geest en orde van de Kerk van de Nazarener afhandelen van elke andere aangelegenheid die met het werk te maken heeft en voor zover niet op andere wijze is geregeld.

206. Verdere regels met betrekking tot de DistrictsVergadering. De DistrictsVergadering kan, waar de burgerlijke wetten dit toestaan, de DistrictsAdviesRaad machtigen om rechtspersoonlijkheid aan te vragen. Na op bovenvermelde wijze rechtspersoonlijkheid verkregen te hebben, zal de DistrictsAdviesRaad gemachtigd zijn conform haar eigen besluiten te kopen, eigendomsbewijzen te houden, leningen aan te gaan, te huren en eigendommen over te dragen, roerend en onroerend, voor zover noodzakelijk en in het belang van het doel van de rechtspersoon. (225.6)

206.1. Voor zover mogelijk zal het lidmaatschap van districtsraden en -commissies bestaan uit een gelijk aantal geestelijken en leken, tenzij nadrukkelijk anders vermeld in het *Handboek*.

206.2. De districtssuperintendenten van fase-1- en fase 2 districten zullen worden gekozen conform artikel 200.2. Een fase 2 district kan terugverwezen worden naar de fase-1-status tot de tijd dat het aan de vereisten voor een fase 2 district kan voldoen.

206.3. Wanneer de voorzitter van een DistrictsVergadering van oordeel is dat het onmogelijk is om de werkzaamheden van de DistrictsVergadering voort te zetten en daarom de DistrictsVergadering opschort, stopt of verdaagt, zal de verantwoordelijke algemeen superintendent, in overleg met de Raad van Algemeen Superintendenten, alle districtsfunctionarissen die niet voor de verdaging van de DistrictsVergadering gekozen zijn, benoemen om voor een periode van één jaar te dienen.

D. De acta van de DistrictsVergadering

207. De acta zullen het verslag zijn van de officiële handelingen van de DistrictsVergadering.

207.1. De acta moeten worden vervaardigd in een vorm die is toegestaan door de algemeen secretaris. Desgewenst kunnen er plaatselijk papieren versies van worden gedrukt.

207.2. De verschillende onderwerpen zullen in afzonderlijke paragrafen worden geplaatst.

207.3. De acta dienen zorgvuldig geredigeerd te worden met het oog op het onderzoek ervan door de Algemene Vergadering. (205.26, 220.7)

207.4. De volledige officiële acta van iedere periode van 4 jaar dienen te worden bewaard in het districtsarchief en in het archief van de Algemene Vergadering. (220.5, 220.7)

207.5. De acta zullen zoveel mogelijk worden samengesteld volgens de inhoudstabel die is opgesteld door de algemeen secretaris, in overleg met de Raad van Algemeen Superintendenten. De inhoudstabel zal voorafgaand aan het samenkomen van de DistrictsVergadering aan de districtssecretaris worden verstrekt.

207.6. De acta behoren niet alleen de benoemingen van de predikanten voor de plaatselijke kerken te bevatten, maar tevens alle reguliere en speciale arbeidsovereenkomsten, aangegaan door de leden van het district, zowel geestelijken als leken, die werkzaam zijn op welk terrein van dienst in onze kerk dan ook, waardoor zij, bij aanvraag, kans maken om in aanmerking te komen voor een uitkering van de Pensioenraad die verantwoordelijk is voor de pensioenen en de ondersteuningsprogramma's waar dat district aan deelneemt. (115)

E. De districtssuperintendent

208. De eerste termijn voor een districtssuperintendent die door de DistrictsVergadering gekozen is, begint 30 dagen na de verdaging van de DistrictsVergadering. De termijn zal twee volle vergaderingsjaren beslaan, en eindigt 30 dagen na de verdaging van de tweede vergadering na zijn verkiezing. Op deze vergadering kan de superintendent herkozen worden of kan een opvolger worden gekozen of benoemd en in functie gesteld. De eerste termijn van een districtssuperintendent die is benoemd door de verantwoordelijke algemeen superintendent begint op het moment van de benoeming, omvat de rest van het kerkelijk jaar waarin de superintendent was benoemd en loopt door gedurende de twee daaropvolgende kerkelijke jaren. De termijn eindigt 30 dagen na de verdaging van de vergadering die zijn tweede volledige dienstjaar markeert. Op deze vergadering kan

DISTRICTSBESTUUR 109

de superintendent herkozen worden voor een volgende termijn of zal een opvolger worden gekozen of benoemd en in functie gesteld. Geen oudste die werkzaam is op het districtskantoor zal verkiesbaar zijn of aangesteld kunnen worden als districtssuperintendent van het district waar hij dient zonder de goedkeuring van de DistrictsAdviesRaad en de verantwoordelijke algemeen superintendent (conform artikel 115). (205.11-205.13)

209. Indien er om wat voor reden dan ook een vacature ontstaat tussen twee DistrictsVergaderingen in, kunnen de algemeen superintendenten, gezamenlijk en afzonderlijk, voorzien in de vacature na consultatie van de Districtsadviescommissie. Consultatie zal tevens een uitnodiging omvatten aan de commissie als geheel om namen voor te dragen in aanvulling op de namen die door de verantwoordelijke algemeen superintendent zijn voorgedragen (239, 307.7)

209.1. De functie van districtssuperintendent van een fase 1 of fase 2 district kan vacant worden verklaard op aanbeveling van de verantwoordelijke algemeen superintendent. De functie van districtssuperintendent van een fase 3 district kan vacant worden verklaard met een tweederde meerderheid van de DistrictsAdviesCommissie. (239, 321)

209.2. In het geval dat een districtssuperintendent tijdelijk niet in staat is zijn functie uit te oefenen, kan de verantwoordelijke algemeen superintendent, in overleg met de DistrictsAdviesRaad, een gekwalificeerde oudste benoemen als interim districtssuperintendent. De verantwoordelijke algemeen superintendent en de DistrictsAdviesRaad zullen bepalen of een districtssuperintendent in staat is zijn taak uit te voeren. (307.8)

209.3. Nadat een districtssuperintendent ontslag heeft genomen of gekregen, zullen de stafleden van het districtskantoor, de verantwoordelijke functionaris van een aan het district verbonden organisatie, of dat nu een bezoldigde of onbezoldigde functie is, hun ontslag aanbieden per dezelfde datum als de ontslagdatum van de districtssuperintendent. Een of meer stafleden mogen echter aanblijven met de schriftelijke toestemming van de verantwoordelijke algemeen superintendent en de DistrictsAdviesRaad, maar niet langer dat tot de datum van indiensttreding van de nieuwe districtssuperintendent (245.3).

209.4. Na overleg met de DistrictsAdviesRaad en goedkeuring van de verantwoordelijke algemeen superintendent, kan een nieuwgekozen of aangestelde districtssuperintendent voormalige stafleden weer aanbevelen om in dienst te nemen. (245.3)

210. De functie van de districtssuperintendent bestaat uit het voorzien in overzicht en geestelijk leiderschap voor de predikanten en gemeenten van het district door:

1. het voorleven van een leven van gebed en toewijding aan de Schriften;
2. het promoten van een Bijbelse pastorale theologie en praktijk onder de geestelijken van het district;
3. het promoten van de Wesleyaanse heiligingstheologie en praktijk in het district;
4. het verwoorden van een visie voor evangelisatie en het stichten van kerken in het district;
5. gemeenten in het district voorzien van het benodigde om een gezonde organisatie te worden

211. De taken van een districtssuperintendent zijn:

211.1. Het institueren, het erkennen van en het toezicht houden op de plaatselijke kerken binnen de grenzen van zijn district, onderworpen aan de goedkeuring van de verantwoordelijke algemeen superintendent. (100, 538.15)

211.2. Het beschikbaar zijn voor de plaatselijke kerken in zijn district voor zover nodig en voor zover noodzakelijk met de kerkenraad te vergaderen om raad te geven met betrekking tot geestelijke, financiële en pastorale zaken, waarbij hij zodanig nuttig advies en assistentie zal geven als de superintendent juist acht.

211.3. In situaties waarin de districtssuperintendent heeft geconcludeerd dat een gemeente zich in een ongezonde, neerwaartse situatie bevindt, die bij voortduren de levensvatbaarheid en effectiviteit van de gemeente bedreigt, kan de districtssuperintendent contact opnemen met de predikant of de predikant en de kerkenraad om de situatie te bespreken. Al het mogelijke moet worden gedaan om samen met de predikant en kerkenraad te werken aan het oplossen van de problemen die tot de omstandigheden hebben geleid die de missionaire effectiviteit belemmeren.

Als de districtssuperintendent, nadat hij met predikant en/of kerkenraad samengewerkt heeft, tot de conclusie komt dat verdere interventie nodig is, kan hij met de goedkeuring van de DistrictsAdviesRaad passende actie ondernemen om de problemen aan te pakken. Dergelijke acties kunnen zijn (deze opsomming is niet limitatief):
1. het verwijderen van de predikant;
2. het ontbinden van de kerkenraad;
3. speciale interventies zoals die nodig zijn om de gezondheid en effectiviteit van de kerk te herstellen.

De bezittingen van een georganiseerde kerk blijven in beheer van een kerk met rechtspersoonlijkheid, tenzij die kerk inactief is verklaard conform art. 106.5 of opgeheven conform art 106.1. De verantwoordelijke algemeen superintendent zal binnen 30 dagen op de hoogte worden gebracht van eventuele acties.

211.4. Als naar de mening van de districtssuperintendent een plaatselijke kerk die volgens artikel 126.1 in crisis is verklaard

DISTRICTSBESTUUR

alle interventies uitgevoerd heeft en weer gereed is om haar bediening onder normale omstandigheden uit te voeren, kan de plaatselijke kerk weer "uit crisis" worden verklaard door een meerderheid van stemmen van de DistrictsAdviesRaad. De districtssuperintendent zal de verantwoordelijke algemeen superintendent binnen 30 dagen op de hoogte brengen.

211.5. Het bepalen van een datum voor en het samen met elke plaatselijke kerkenraad houden van de periodieke bezinning op de relatie gemeente/predikant, overeenkomstig de regelingen in artikel 123-123.7. De districtssuperintendent zal voorzien in een jaarlijks verslag van de periodieke bezinningen op de relatie gemeente/predikant die hij gehouden heeft, aan de DistrictsAdviesRaad en de verantwoordelijke algemeen superintendent.

211.6. Het houden van bijzonder toezicht op alle kerken in wording van de Kerk van de Nazarener binnen de grenzen van zijn district.

211.7. Het voordragen van iemand aan de DistrictsAdviesRaad wanneer er een vacature zou ontstaan in de functie van districtssecretaris. (219.1)

211.8. Het voordragen van iemand aan de DistrictsAdviesRaad wanneer er een vacature zou ontstaan in de functie van districtspenningmeester. (222.1)

211.9. Het benoemen van een districtsleider instellingspredikanten om de heiligingsevangelisatie via predikanten in instellingen te promoten en te versterken. (240)

211.10. Het overleggen met de kerkenraad betreffende de voordracht van een oudste of districtskandidaat voor ordinatie (oudste traject) tot predikant van een plaatselijke kerk en, indien nodig, het al dan niet goedkeuren van zo'n voordracht, met aanvullende goedkeuring van de DistrictsAdviesRaad zoals beschreven in artikel 115. (129.2, 159.8, 225.16)

211.11. Het bepalen van een datum voor een bijzondere bezinning op de relatie gemeente/predikant, binnen 90 dagen na het verzoek van een kerkenraad om zo'n gesprek over het voortzetten van de relatie gemeente/predikant. (125)

211.12. Het al dan niet goedkeuren van het verlenen van een bevoegdheid door de kerkenraad van een plaatselijke gemeente die een predikant heeft die geen oudste is, aan elk lid van de Kerk van de Nazarener dat een plaatselijke bevoegdheid heeft aangevraagd of wil verlengen. (531.1, 531.3)

211.13. Het schriftelijk al dan niet goedkeuren van verzoeken van de predikant en de plaatselijke kerkenraad voor het hebben of tewerkstellen van onbetaalde assistent-predikanten of betaalde plaatselijke assistenten (zoals assistent-predikanten; predikanten of leiders voor christelijk onderwijs, kinder-, jeugd- en volwassenenwerk, muziek, scholen voor dagonderwijs etc.). De voornaamste criteria voor het besluit van de districtssuperintendent om in principe het aanstellen van stafleden al dan niet goed te keuren zullen de bereidheid en mogelijkheden zijn van de kerk om aan haar plaatselijke-, districts- en algemene verplichtingen te voldoen. Het is de verantwoordelijkheid van de predikant om de pastorale assistenten te zoeken en te beoordelen. Desondanks zal de districtssuperintendent het recht hebben de genomineerde af te wijzen. (129.27, 159-159.8)

211.14. Het al dan niet goedkeuren, samen met de DistrictsAdviesRaad, van verzoeken van plaatselijke kerken om christelijk dagonderwijs op te zetten. (151, 225.14, 517)

211.15. Het laten passeren en tekenen, samen met de secretaris van de DistrictsAdviesRaad, van alle wettelijke documenten van het district. (225.6)

211.16. Het voordragen aan de DistrictsAdviesRaad van en het toezicht houden op elke betaalde districtsassistent. (245)

211.17. Het benoemen van predikanten in overeenstemming met artikel 117.

211.18. De districtssuperintendent kan met goedkeuring van de DistrictsAdviesRaad de leden van de kerkenraad (dienaren, beheerders), de voorzitter van de Raad Christelijk Leven en Zondagsschool en andere kerkelijke functionarissen (secretaris, penningmeester) benoemen indien een kerk minder dan 5 jaar geleden werd geïnstitueerd of minder dan 35 stemmende leden had tijdens de laatste plaatselijke jaarvergadering, of regelmatige financiële hulp van het district ontvangt, of is verklaard "in crisis" te zijn. Het totale aantal leden van zo'n kerkenraad zal niet minder dan drie zijn. (117, 126).

211.19. Zorg te dragen voor onderzoek naar aanleiding van schriftelijke beschuldigingen tegen een predikant in zijn district, overeenkomstig artikelen 606-606.3.

211.20. Het in overleg met de DistrticsAdviesRaad aanstellen van geschikte geestelijken en leken om te dienen als een herstelteam dat voorbereid is om tijdig en helend te reageren op een geestelijke, zijn echtgenote en gezin, kerk en gemeenschap in het geval van misstappen van die geestelijke. Als zo'n situatie zich voordoet zal de districtssuperintendent zo snel als mogelijk een herstelteam inzetten, overeenkomstig het districtsbeleid. (225.5, 540.1)

211.21. De districtssuperintendent zal in overleg met de geregistreerde evangelist een (zelf)beoordelingsgesprek plannen en uitvoeren, overeenkomstig artikel 510.4.

211.22. Het sterk aanmoedigen, gezamenlijk met andere districtsleiders, dat elke plaatselijke kerk haar financiële algemene, districts- en onderwijsverplichtingen nakomt.

212. De districtssuperintendent kan, met de instemming van de kerkenraad, een pastorale voorziening benoemen om de vacature in de functie van predikant te vervullen tot de volgende

DISTRICTSBESTUUR 113

DistrictsVergadering. Zo'n benoemde pastorale voorziening kan beëindigd worden door de districtssuperintendent als de taken niet tot tevredenheid van de kerkenraad en de plaatselijke kerk worden uitgevoerd. (129.5, 524, 531.6)

212.1. De districtssuperintendent kan, met de instemming van de kerkenraad en de DistrictsAdviesRaad, een interim predikant benoemen om een vacature in de functie van predikant te vervullen, tot een predikant voor vast beroepen kan worden. De districtssuperintendent heeft ook het recht de termijn van de interim predikant te verlengen zo hij dat nodig acht, in overleg met de kerkenraad. De interim predikant zal eveneens afgevaardigde van die kerk naar de DistrictsVergadering zijn, als deze predikant lid is van het district waar hij dient.

Een dergelijke interim predikant is te allen tijde onderworpen aan het gezag van de districtssuperintendent en de DistrictsAdviesRaad. De aanstelling van de interim predikant kan ook beëindigd worden door de districtssuperintendent, in overleg met de kerkenraad. (526)

213. De districtssuperintendent is gemachtigd om voor een plaatselijke kerk die binnen de grenzen van zijn district valt alle functies van een predikant te vervullen als die plaatselijke kerk zonder predikant of pastorale voorziening is. (514)

213.1. De districtssuperintendent kan een jaarvergadering of andere, bijzondere vergaderingen van de plaatselijke kerk voorzitten, of een vervanger daartoe benoemen. (113.5)

214. Indien om wat voor reden ook de verantwoordelijke algemeen superintendent in gebreke blijft om aanwezig te zijn of om een vertegenwoordiger te benoemen die in zijn plaats op de DistrictsVergadering aanwezig is, zal de districtssuperintendent de DistrictsVergadering openen en zal hij de vergadering voorzitten totdat de DistrictsVergadering andere voorzieningen heeft getroffen. (307.5)

215. De districtssuperintendent kan voorzien in vacatures in de volgende commissies:
1. DistrictsVergaderingscommissie Financiën;
2. Districtskascontrolecommissie;
3. DistrictsRaad Geestelijke Stand of DistrictsRaad Bedieningen;
4. DistrictsRaad Kerkelijke Opleidingen;
5. Districtsevangelisatieraad of de districtsleider evangelisatie;
6. DistrictsRaad Kerkelijke Goederen;
7. DistrictsRaad Christelijk Leven en Zondagsschool;
8. Districtshof van Beroep;
9. andere districtsraden en vaste commissies waarin het *Handboek* niet voorziet of de DistrictsVergadering geen actie ondernomen heeft. (205.21, 205.25, 229.1, 232.1, 235, 236, 241, 610)

215.1. De districtssuperintendent kan alle voorzitters en secretarissen van districtsraden en vaste commissies benoemen in die gevallen waarin het *Handboek* niet voorziet of de DistrictsVergadering geen actie ondernomen heeft.

215.2. De districtssuperintendent zal, in overleg met de DistrictsAdviesRaad, een Nominatiecommissie benoemen om voorafgaande aan de DistrictsVergadering nominaties voor te bereiden voor de gebruikelijke commissies en functies. (203)

216. De districtssuperintendent zal ex-officio voorzitter zijn van de DistrictsAdviesRaad en de DistrictsRaad Geestelijke Stand of de DistrictsRaad Bedieningen (224.2, 230.1)

216.1. De districtssuperintendent zal ex-officio lid zijn van alle gekozen vaste raden en commissies van het district dat hij dient. (205.20-205.21, 237, 241, 810, 811)

217. De districtssuperintendent zal geen financiële verplichtingen aangaan, betalingen doen, geld tellen of besteden ten behoeve van het district tenzij hij daartoe gemachtigd is door een meerderheid van stemmen van de DistrictsAdviesRaad. Dit besluit, indien genomen, moet duidelijk zijn vastgelegd in de notulen van de DistrictsAdviesRaad. De districtssuperintendent of een lid van zijn directe familie mogen geen onbeperkte toegang hebben tot de rekeningen of baten van het district zonder duidelijk omschreven schriftelijke interne controle maatregelen die zijn goedgekeurd door de DistrictsAdviesRaad. Onder directe familie wordt verstaan: de echtgeno(o)t(e), kinderen, broers en zussen of ouders. (218, 222-223.2)

218. Alle officiële handelingen van de districtssuperintendent zullen onderworpen zijn aan herziening en wijziging door de DistrictsVergadering en open staan voor beroep.

218.1. De districtssuperintendent zal altijd gepaste aandacht geven aan het advies van de verantwoordelijke algemeen superintendent en van de Raad van Algemeen Superintendenten ten aanzien van de vervulling van predikantsplaatsen en andere zaken die met de functie van de districtssuperintendent in verband staan.

F. De districtssecretaris

219. De districtssecretaris, gekozen door de DistrictsAdviesRaad, zal dienen voor een periode van één tot 3 jaar en totdat zijn opvolger gekozen en in functie gesteld is. (225.22)

219.1. Indien de districtssecretaris om welke reden ook zijn taak neerlegt op een tijdstip dat tussen de zittingen van de DistrictsVergadering in valt, zal de DistrictsAdviesRaad een opvolger benoemen, op voordracht van de districtssuperintendent. (211.7)

219.2. De districtssecretaris zal ex-officio lid zijn van de DistrictsVergadering. (201)

217. De **taken van de districtssecretaris** zijn:

DISTRICTSBESTUUR 115

220.1. Het correct bijhouden van de notulen van de DistrictsVergadering en deze op nauwgezette wijze bewaren.

220.2. Het correct bijhouden en bewaren van alle statistieken van het district.

220.3. Het ter goedkeuring toezenden van alle statistische gegevens aan de algemeen secretaris, alvorens deze worden gepubliceerd in de officiële acta. (326.6)

220.4. Het beheren en bewaren van alle documenten van de DistrictsVergadering en deze prompt aan zijn opvolger overdragen.

220.5. Het bewaren en opslaan van het volledige jaarboek voor elke vierjaarlijkse periode (207.4)

220.6. Het zenden van voldoende exemplaren van de gedrukte versie van de acta van elke DistrictsVergadering aan het Algemene Hoofdkwartier voor verspreiding onder de algemene functionarissen van de Kerk van de Nazarener.

220.7. Het aanbieden van de volledige officiële acta van de DistrictsVergaderingen van de afgelopen vierjaarlijkse periode aan de Algemene Vergadering om beheerd en bewaard te worden. (205.26, 207.3-207.4)

220.8. Het verrichten van alle andere werkzaamheden die betrekking hebben op zijn functie.

220.9. Het doorverwijzen van alle zaken die hem gedurende het jaar bereiken naar de juiste commissie van de DistrictsVergadering of naar de betreffende raad.

221. De districtssecretaris kan zoveel assistenten hebben als de DistrictsVergadering zal kiezen.

G. De districtspenningmeester

222. De districtspenningmeester, gekozen door de DistrictsAdviesRaad, zal dienen voor een periode van één tot 3 jaar en totdat zijn opvolger gekozen en in functie gesteld is. (225. 21)

222.1. Indien de districtspenningmeester om welke reden ook zijn taak neerlegt op een tijdstip dat tussen de zittingen van de DistrictsVergadering in valt, zal de DistrictsAdviesRaad zijn opvolger benoemen op voordracht van de districtssuperintendent. (211.8)

222.2. De districtspenningmeester zal ex-officio lid zijn van de DistrictsVergadering. (201)

223. De **taken van de districtspenningmeester** zijn:

223.1. Het ontvangen van alle gelden van zijn district zoals aangegeven door de Algemene Vergadering, door de DistrictsVergadering, of door de DistrictsAdviesRaad, of zoals de behoeften van de Kerk van de Nazarener vereisen, en deze gelden uit te geven in overeenstemming met de richtlijnen en het beleid van de DistrictsVergadering en/ of de DistrictsAdviesRaad.

223.2. Het correct boeken van alle ontvangsten en uitgaven en het voorleggen van een maandelijks verslag aan de districtssuperintendent om aan de DistrictsAdviesRaad te verstrekken en een jaarlijks verslag uit te brengen aan de DistrictsVergadering aan wie hij verantwoording verschuldigd is.

H. De DistrictsAdviesRaad

224. De DistrictsAdviesRaad zal gevormd worden door de districtssuperintendent ex-officio, maximaal 3 geordineerde geestelijken in functie en maximaal 3 leken die jaarlijks, of voor een periode niet langer dan 4 jaar, schriftelijk door de DistrictsVergadering gekozen worden, om te dienen tot de laatste verdaging van de volgende DistrictsVergadering, en totdat hun opvolgers gekozen en in functie gesteld zijn. Hun termijnen mogen echter gespreid worden zodat er jaarlijks een deel van de raad wordt gekozen.

Wanneer een district meer dan 5.000 leden heeft, kan er één in functie benoemde geordineerde geestelijke en één leek extra gekozen worden voor elk volgend aantal van 2.500 leden of voor het resterende grootste deel van 2.500 leden. (205.14)

224.1. Een vacature in de DistrictsAdviesRaad kan vervuld worden door de overblijvende leden.

224.2. De districtssuperintendent zal ex-officio voorzitter van de DistrictsAdviesRaad zijn.

224.3. De raad zal vanuit haar leden een secretaris kiezen, die zorgvuldig alle besluiten van de raad zal vastleggen en direct door zal geven aan zijn opvolger.

224.4. De leken in de DistrictsAdviesRaad zullen ex-officio leden zijn van de DistrictsVergadering, de DRCL conventie, de DNMI Conventie en de DNJI Conventie. (201, 224)

225. De **taken van de DistrictsAdviesRaad** zijn:

225.1. Het vaststellen van de begin- en einddatum van het statistisch jaar in overeenstemming met de bepalingen van artikel 114.1.

225.2. Het geven van informatie aan en het plegen van overleg met de districtssuperintendent betreffende de predikanten en de plaatselijke kerken in het district. (115.6, 519)

225.3. Het benoemen van een commissie van onderzoek bestaande uit 3 of meer geordineerde geestelijken in functie, als er een beschuldiging is ingediend tegen een lid van de geestelijkheid. (606-606.3)

225.4. Het kiezen van een tuchtcollege als er een aanklacht is ingediend tegen een lid van de geestelijkheid. (606.5-606.6)

225.5. Het ontwikkelen en jaarlijks evalueren van een op schrift gesteld uitgebreid beleid, dat overeenstemt met de richtlijnen van het *Handboek,* dat richting geeft aan haar inspanningen in het voorzien van een tijdige, barmhartige en actuele respons op leden van de geestelijkheid die betrokken zijn bij gedrag dat niet bij een geestelijke past, op hun gezinnen en op de betrokken gemeenten. (538.20, 539-539.13)

DISTRICTSBESTUUR

225.6. Het verkrijgen van rechtspersoonlijkheid waar de burgerlijke wet dit toestaat en na machtiging van de DistrictsVergadering. Na op bovenvermelde wijze erkenning als rechtspersoon te hebben verkregen, zal de DistrictsAdviesRaad volmacht hebben om op eigen beslissing te kopen, in eigendom te hebben, te verkopen, te ruilen, hypotheken af te sluiten, eigendomsbewijzen te houden, leningen aan te gaan, te huren en eigendommen over te dragen, roerend en onroerend, voor zover noodzakelijk en in het belang van de rechtspersoon. De districtssuperintendent en de secretaris van de DistrictsAdviesRaad, of andere personen die door de DistrictsAdviesRaad, rechtspersoon of niet, gemachtigd zijn, zullen alle overdrachtsakten van onroerend goed, hypotheekakten, kwijtingen van hypotheekakten, contracten, en andere wettige documenten van de DistrictsAdviesRaad laten passeren en tekenen. (206)

225.7. Wanneer een DistrictsAdviesRaad rechtspersoonlijkheid aanvraagt zullen de statuten, het huishoudelijk reglement of vergelijkbare juridische documentatie erin voorzien dat de rechtspersoon onderworpen is aan de richtlijnen van het *Handboek* van de Kerk van de Nazarener. Tevens zullen er de regelingen in worden opgenomen zoals de verantwoordelijke algemeen superintendent zal aanbevelen om ervoor te zorgen dat bij de ontbinding of een poging om de Kerk van de Nazarener te verlaten, de baten en bezittingen van de rechtspersoon niet aan de Kerk van de Nazarener ontrokken zullen worden. Zodra de rechtspersoonlijkheid van het district is goedgekeurd door de Raad van Algemene Superintendenten, zullen, op aanbeveling van de verantwoordelijke algemeen superintendent, de voorgestelde statuten opgestuurd worden naar het kantoor van de algemeen secretaris om te worden beoordeeld en gearchiveerd. De statuten zullen regelingen bevatten die vergelijkbaar zijn met die in artikel 102.4. (225.6)

225.8. In landen waar de burgerlijke wet het verkrijgen van rechtspersoonlijkheid niet toestaat, kan de DistrictsVergadering de DistrictsAdviesRaad kiezen als gevolmachtigd districtsbeheerder om op eigen beslissing te kopen, in eigendom te hebben, te verkopen, te ruilen, hypotheken af te sluiten, eigendomsbewijzen te houden, leningen aan te gaan, te huren en eigendommen over te dragen, roerend en onroerend, voor zover noodzakelijk en in het belang van het doel om het werk in het district uit te voeren. (102.6, 106.2, 225.6)

225.9. De DistrictsAdviesRaad zal in die landen waar het voor plaatselijke kerken mogelijk is om rechtspersoonlijkheid te verkrijgen, op advies van een bekwaam juridisch adviseur, er voor zorgen dat standaardformulieren voor het aanvragen van rechtspersoonlijkheid beschikbaar komen, die voldoen aan de eisen die de plaatselijke burgerlijke wet stelt. Dit standaardformulier zal altijd de bepaling uiteengezet in artikelen 102-102.5 bevatten.

225.10. Om te dienen in een adviserende hoedanigheid voor de districtssuperintendent in zijn toezicht op alle afdelingen, raden en commissies van het district.

225.11. Om een gezond superintendentschap en een sterk geestelijk leven van de districtssuperintendent aan te moedigen, dient de DistrictsAdviesRaad, in overleg met de verantwoordelijke algemeen superintendent, te voorzien in een sabbatsverlof voor de districtssuperintendent gedurende of na elk zevende opeenvolgende jaar van zijn dienen in het district. Gedurende het sabbatsverlof worden salaris en vergoedingen volledig doorbetaald. De districtssuperintendent zal samen met de DistrictsAdviesRaad werken aan een voorstel voor een sabbatsverlof, waarin de duur, een plan voor persoonlijke ontwikkeling en een plan voor de voortgang van essentiële taken tijdens die periode zijn opgenomen.

225.12. Het bij de Raad van Algemeen Superintendenten indienen van elk plan dat de stichting van een districtscentrum ten doel heeft. Zo'n plan heeft de schriftelijke goedkeuring nodig van de Raad van Algemeen Superintendenten voordat het uitgevoerd kan worden. (319)

225.13. Het aanbevelen van een eerste districtsbevoegdheid van een als predikant fungerende districtskandidaat voor ordinatie of de verlenging daarvan. (532.5)

225.14. Het al dan niet goedkeuren van verzoeken van plaatselijke kerken om christelijk dagonderwijs op te zetten. Naar goeddunken van de districtssuperintendent en de DistrictsAdviesRaad kan een Districtscommissie Christelijk Dagonderwijs worden ingesteld. De commissie zal tot taak hebben om aan de DistrictsAdviesRaad voorstellen te doen met betrekking tot beleid, procedures en levensbeschouwing die in zulke scholen moeten worden nagevolgd en om zulk dagonderwijs te helpen opzetten, te steunen en controleren. (151, 211.14, 517)

225.15. Het jaarlijks goedkeuren van diaconale centra volgens regionaal vastgestelde richtlijnen. Alleen de diaconale centra die goedgekeurd zijn door een district zijn "goedgekeurde speciale zendingsdoelen" voor giften zoals beschreven in art. 153.1

225.16. Het al dan niet goedkeuren van een verzoek van een plaatselijke kerk om iemand die een geordineerde oudste of een districtskandidaat voor ordinatie (oudste traject) is, en die dient als betaalde assistent in deze kerk waarin hij ook lid is, te mogen beroepen als predikant van die plaatselijke kerk. Dit besluit zal worden genomen in overleg met de districtssuperintendent. (115, 129.2, 159.8, 211.10)

225.17. Het goedkeuren of afkeuren van een verzoek van een lid van de geestelijkheid om regelmatig onafhankelijke

DISTRICTSBESTUUR

kerkelijke activiteiten te leiden, niet vanuit de Kerk van de Nazarener, of onafhankelijk evangelisatiewerk of niet geautoriseerde kerkelijke activiteiten teverrichten, of verbonden te zijn met de staf van een onafhankelijke kerk of andere godsdienstige groep, christelijke bediening of denominatie. Goedkeuring van zo'n verzoek zal jaarlijks moeten worden verleend.

225.18. Het aanstellen of ontslaan van een door het district in dienst genomen betaalde assistent. (245-245.1)

225.19. Het in overleg met de districtssuperintendent fungeren als financiële commissie tussen de DistrictsVergaderingen in, met de bevoegdheid om de begroting waar nodig aan te passen en hiervan verslag te doen aan de DistrictsVergadering. (223.1)

225.20. Het beschermen van alle districtseigendommen, roerend of onroerend, met alle daaraan verbonden rechten, tegen elk persoonlijk of gemeenschappelijk gebruik, anders dan voor de Kerk van de Nazarener. (102.4, 106.5, 206)

225.21. Het kiezen van een districtspenningmeester, voor een periode van één tot 3 jaar en totdat zijn opvolger gekozen en in functie gesteld is. (222)

225.22. Het kiezen van een districtssecretaris, voor een periode van één tot 3 jaar en totdat zijn opvolger gekozen en in functie gesteld is. (219)

225.23. Het vaststellen van het uit de Kerk van de Nazarener treden of een poging daartoe van een plaatselijke kerk met als doel het eigendom van onroerend goed over te dragen zoals beschreven in artikel 106.2.

225.24. Indien vereist, conform artikel 205.25, het kiezen van een Districtskascontrolecommissie, om te dienen tot aan de verdaging van de volgende DistrictsVergadering. (205.25)

225.25. Jaarlijks een verslag geven aan de DistrictsVergadering, waarin het werk van de raad, inclusief het aantal vergaderingen, samengevat wordt.

226. De DistrictsAdviesRaad kan attestatie verlenen voor overschrijving van het lidmaatschap van een lid van de geestelijkheid, een geestelijke in het christelijk onderwijs, of een diacones, die overschrijving naar een ander district verzoekt, vóór het bijeenkomen van de DistrictsVergadering van het district waarin de betrokkene lid is. Deze overschrijvingen kunnen worden aanvaard door de ontvangende DistrictsAdviesRaad, die aan die overgeschreven personen de volle rechten en voorrechten van het lidmaatschap van het ontvangende district verleent. De ontvangende DistrictsVergadering zal aan al zulke door de DistrictsAdviesRaad aanvaarde overschrijvingen uiteindelijke goedkeuring verlenen, op voordracht van de DistrictsRaad Geestelijke Stand of Districtsraad Bedieningen. (205.8-205.9, 231.9-231.10, 508, 511, 537-537.2)

226.1. De DistrictsAdviesRaad kan op verzoek een certificaat van aanbeveling verstrekken aan een lid van het district dat lid wil worden van een ander kerkgenootschap.

227. De DistrictsAdviesRaad kan met toestemming van de districtssuperintendent een districtsbevoegde diacones schorsen wanneer het belang van de kerk dat vereist, na een gesprek met de kerkenraad van de plaatselijke kerk waarvan de districtsbevoegde diacones lid is en nadat er onbevooroordeeld naar haar is geluisterd.

228. Wanneer een districtsbevoegde of een geordineerde geestelijke in de tijd tussen de zittingen van de DistrictsVergadering in geloofsbrieven van een ander evangelisch kerkgenootschap overhandigt en een aanvraag indient om zich bij de Kerk van de Nazarener aan te sluiten, zullen zijn geloofsbrieven door de DistrictsAdviesRaad worden onderzocht. Alleen met aanbeveling van de DistrictsAdviesRaad zal de aanvrager als lid van de plaatselijke kerk worden ontvangen. (520, 532.2, 535)

I. De DistrictsRaad Geestelijke Stand

229. De DistrictsRaad Geestelijke Stand zal gevormd worden door niet minder dan vijf geordineerde geestelijken in functie, waaronder de districtssuperintendent en de districtssecretaris, indien die geordineerd is. Een districtssecretaris die een leek is zal dienen als niet stemgerechtigd lid van de raad. Degenen die aldus zijn gekozen zullen voor een periode van vier jaar dienen, en totdat hun opvolgers gekozen en in functie gesteld zijn. Hun ambtstermijnen kunnen echter worden gespreid door een deel van de raad jaarlijks te kiezen. (205.15)

229.1. De districtssuperintendent kan door een benoeming voorzien in een vacature in de DistrictsRaad Geestelijke Stand in de tijd tussen de DistrictsVergaderingen. (215)

230. Volgend op de verkiezing van de DistrictsRaad Geestelijke Stand zal de districtssuperintendent een vergadering uitschrijven om de raad als volgt te organiseren:

230.1. De districtssuperintendent zal ex-officio als voorzitter fungeren; op zijn verzoek kan de raad echter ook een technisch voorzitter kiezen, die als zodanig zal dienen tot aan de sluiting van de volgende DistrictsVergadering. (216)

230.2. De raad zal uit haar leden een vaste secretaris kiezen, die op kosten van de DistrictsVergadering zal voorzien in een geschikt administratief systeem, dat het eigendom van het district zal zijn. De secretaris zal alle handelingen zorgvuldig te boek stellen en deze samen met alle gegevens die voor het werk van belang zijn nauwgezet bewaren en prompt aan zijn opvolger overdragen.

231. De **taken van de DistrictsRaad Geestelijke Stand** zijn als volgt:

DISTRICTSBESTUUR

231.1. Het zorgvuldig onderzoeken en beoordelen van alle personen die op de juiste wijze aan de DistrictsVergadering voor verkiezing tot de orde van oudste, de orde van diaken of voor districtsbevoegdheid zijn voorgesteld.

231.2. Het zorgvuldig onderzoeken en beoordelen van alle personen die een certificaat verlangen voor een bediening, met inbegrip van alle leken en geestelijken die streven naar erkenning voor hun diensten die buiten de plaatselijke kerk vallen, en voor elke andere speciale betrekking waarin het *Handboek* voorziet.

231.3. Het zorgvuldig ondervragen van elke kandidaat en het instellen van elk ander onderzoek dat zij nodig acht met betrekking tot zijn persoonlijke ervaring van verlossing; de persoonlijke ervaring van volkomen heiligmaking door de doop met de Heilige Geest; kennis omtrent de leerstellingen van de Bijbel; volledige aanvaarding van de leer, het convenant van christelijk karakter en het convenant van christelijk gedrag en de bestuursvorm van de kerk; blijken van genade, van gaven, van intellectuele, morele en geestelijke bekwaamheden, en algemene geschiktheid voor de taak waartoe de kandidaat zich geroepen voelt.

231.4. Het zorgvuldig onderzoeken van het gedrag van elke kandidaat om te ontdekken of de kandidaat al dan niet bezig is met of een gedragspatroon heeft dat, indien voortgezet, in tegenspraak zou zijn met de bediening waarvoor de kandidaat een aanvraag heeft gedaan.

231.5. Het beoordelen voor goedkeuring tot herbenoeming van elke plaatselijke kandidaat voor ordinatie die als vervangend predikant benoemd is, indien het de bedoeling is dat hij dit werk na de DistrictsVergadering volgend op de benoeming zal voortzetten. (531.6)

231.6. Het onderzoeken en beoordelen van de reden waarom een geordineerde geestelijke nalatig is gebleven om gedurende twee opeenvolgende jaren verslag aan de DistrictsVergadering uit te brengen, en aanbevelingen te doen aan de DistrictsVergadering met betrekking tot het blijven vermelden van zijn naam op de gepubliceerde lijst van geestelijken.

231.7. Het onderzoeken van de berichten omtrent een geordineerde geestelijke die erop wijzen dat hij lid is geworden van welke andere kerk dan ook, of dat hij in dienst is getreden bij een ander kerkgenootschap of groep, of deelneemt aan onafhankelijke activiteiten zonder daarvoor de vereiste goedkeuring ontvangen te hebben, en aanbevelingen te doen aan de DistrictsVergadering met betrekking tot het blijven vermelden van zijn naam op de lijst van geestelijken. (112, 538.13)

231.8. Het voordragen aan de DistrictsVergadering voor het verlenen van emeritaat aan een geestelijke die hierom verzoekt die zijn actieve bediening wenst te beëindigen vanwege zijn leeftijd of handicap. (205.27, 536)

231.9. Het aanbevelen aan de DistrictsVergadering van leden van de geestelijkheid en zij die een bevoegdheid hebben voor een bediening voor overschrijving naar een ander district, inclusief tussentijdse overschrijvingen die zijn goedgekeurd door de DistrictsAdviesRaad. (205.9, 537-537.2)

231.10. Het aanbevelen aan de DistrictsVergadering van personen die geloofsbrieven als geestelijke hebben, leden van de geestelijkheid, en zij die een bevoegdheid hebben voor een bediening voor bevestiging van overschrijving van andere districten, inclusief tussentijdse overschrijvingen die zijn goedgekeurd door de DistrictsAdviesRaad. (205.8, 537-537.2)

J. De DistrictsRaad Kerkelijke Opleidingen

232. De DistrictsRaad Kerkelijke Opleidingen zal gevormd worden door vijf of meer geordineerde geestelijken in functie, gekozen door de DistrictsVergadering om gedurende een periode van vier jaar te dienen en totdat hun opvolgers gekozen en in functie gesteld zijn. Hun ambtstermijnen kunnen echter worden gespreid door een deel van de raad jaarlijks te kiezen. (205.16)

232.1. De districtssuperintendent kan door een benoeming voorzien in een vacature in de DistrictsRaad Kerkelijke Opleidingen in de tijd tussen de DistrictsVergaderingen. (215)

233. Voor de sluiting van de DistrictsVergadering waarin de raad is gekozen, zal de districtssuperintendent of de districtssecretaris een vergadering van alle leden van de raad bijeenroepen voor organisatie en taakstelling als volgt:

233.1. De raad zal uit haar leden een voorzitter kiezen, en een geordineerde geestelijke als secretaris, die samen met de andere leden de verantwoordelijkheid hebben om kandidaten te examineren en door het studieprogramma voor ordinatie heen te helpen. Zij zullen een cijferlijst van alle resultaten bijhouden. (233.5, 529.1-529.3)

233.2. De voorzitter zal de andere leden van de raad de verantwoordelijkheid geven voor het toezicht op alle kandidaten die ingeschreven zijn in het studieprogramma ter voorbereiding op een bediening. Zo'n toewijzing zal duren zolang de kandidaten gedurende de ambtsperiode van het lid van de raad daadwerkelijk de studie volgen, tenzij onderling anders geregeld.

233.3. De voorzitter zal alle vergaderingen van de raad bijwonen, tenzij hij door omstandigheden verhinderd is en hij zal ieder jaar het werk van de Raad overzien. In geval van noodzakelijke afwezigheid van de voorzitter, zal de secretaris zijn werk tijdelijk op zich nemen.

233.4. De secretaris zal op kosten van het district zorgen voor een correct register voor de kerkelijke opleidingen, dat

DISTRICTSBESTUUR

het eigendom zal zijn van het district en dat overeenkomstig de aanwijzingen in het *"Sourcebook on Ordination"* gebruikt zal worden.

233.5. De andere leden van de raad zullen trouw de vergaderingen bijwonen en zullen toezicht houden op alle kandidaten door (1) broederlijke aanmoediging, raad en leiding; en (2) hen te onderwijzen door hun voorbeeld en door gesprekken over de ethiek van een lid van de geestelijkheid met specifieke aandacht voor de vraag hoe een lid van de geestelijkheid seksuele misstappen kan voorkomen. (233.1)

233.6. De raad zal samen met de districtssuperintendent en het bureau" Clergy Development" via de betreffende Curriculum Adviescommissisie (COSAC) zoeken naar wegen om kandidaten die de studie aan een Nazarener college of universiteit volgen te bemoedigen, helpen en leiden.

234. De raad kan cursussen of seminars organiseren teneinde districtskandidaten voor ordinatie of andere kandidaten bij te staan in het volgen van de verschillende studierichtingen en, afhankelijk van een goedgekeurde districtsbegroting, centrale bibliotheken opzetten waar alle boeken, indien nodig, geleend kunnen worden.

234.1. De voorzitter en secretaris van de DistrictsRaad Kerkelijke Opleidingen zijn bevoegd om in overleg met de districtssuperintendent studenten officieel op te nemen in het kerkelijk studieprogramma. (233.1-233.2, 529.1-529.3)

234.2. De raad zal haar verantwoordelijkheden uitvoeren conform het officiële *"Sourcebook on Ordination"*.

234.3. De raad zal alle van belang zijnde gegevens omtrent de voortgang van de studie van een kandidaat tijdig doorgeven aan de Raad Geestelijke Stand zodat die raad deze gegevens nog voor de DistrictsVergadering kan verwerken. De DistrictsRaad Kerkelijke Opleidingen zal aanbeveling doen aan de DistrictsVergadering met betrekking tot plaatsing, bevordering en diplomering in de verschillende studierichtingen. De plaatsing, bevordering en diplomering zal plaatsvinden in overeenstemming met de richtlijnen van het bureau "Global Clergy Development" via de betreffende Curriculum Adviescommissisie (COSAC).

234.4. De DistrictsRaad Kerkelijke Opleidingen zal verantwoordelijk zijn voor het promoten van levenslang leren voor geordineerde geestelijken en andere stafmedewerkers, in samenwerking met officieel erkende Nazarener instituten voor opleidingen van predikanten en het bureau "Global Clergy Development" via de betreffende Curriculum Adviescommissisie (COSAC) en onder de algemene leiding van de districtssuperintendent. Dit levenslang leren zal onder meer onderwijs betreffende de ethiek van een lid van de geestelijkheid bevatten, met specifieke aandacht voor de vraag hoe een lid van de geestelijkheid seksuele misstappen kan voorkomen.

K. De Districtsevangelisatieraad of de districtsleider evangelisatie

235. De DistrictsVergadering kan ofwel een Districtsevangelisatieraad ofwel een districtsleider evangelisatie kiezen. De gekozen personen zullen dienen tot aan de laatste verdaging van de eerstvolgende DistrictsVergadering en totdat hun opvolgers gekozen en in functie gesteld zijn. (205.19)

235.1. In samenwerking met de districtssuperintendent zal de Districtsevangelisatieraad of de districtsleider evangelisatie de noodzaak van heiligingsevangelisatie trachten te promoten en te versterken, door te zorgen voor trainingsmogelijkheden, door het houden van bijeenkomsten en conferenties, door het beklemtonen van de behoefte aan opwekkingsacties in de plaatselijke kerk met door God geroepen evangelisten, en door alle andere beschikbare middelen, om daarmee het district op het hart te drukken dat de Grote Opdracht van Jezus Christus de eerste prioriteit is voor het functioneren van het Lichaam van Christus.

L. De DistrictsRaad Kerkelijke Goederen

236. De DistrictsRaad Kerkelijke Goederen zal gevormd worden door de districtssuperintendent (ex-officio) en niet minder dan twee geestelijken en twee leken. De leden kunnen door de DistrictsVergadering worden gekozen voor een periode van vier jaar of totdat hun opvolgers gekozen en in functie gesteld zijn. De DistrictsAdviesRaad kan na een gunstige stemming door de DistrictsVergadering hieromtrent, optreden als DistrictsRaad Kerkelijke Goederen.

237. De **taken van de DistrictsRaad Kerkelijke Goederen** zijn:

237.1. Het bevorderen van het bouwen van plaatselijke kerken en met de kerk verwante gebouwen binnen de grenzen van het district, in samenwerking met de DistrictsAdviesRaad.

237.2. Het verifiëren en bewaren van eigendomsbewijzen van de onroerende goederen van plaatselijke kerken.

237.3. Het beoordelen van voorstellen die door plaatselijke kerken met betrekking tot de aankoop of verkoop van onroerend goed of de bouw van kerkgebouwen of pastorieën zijn ingediend, en hen te adviseren over de ingediende voorstellen. (103-104)

237.4. Het goedkeuren of verwerpen, in overleg met de districtssuperintendent, van voorstellen met betrekking tot plannen voor kerkbouw en het aangaan van financiële verplichtingen bij de aankoop van onroerend goed of bij nieuwbouw, die

DISTRICTSBESTUUR 125

door de plaatselijke kerken zijn ingediend. De Raad Kerkelijke Goederen zal normaal gesproken een verzoek om schulden te vergroten goedkeuren, onderworpen aan de volgende richtlijnen:
1. De plaatselijke kerk die toestemming vraagt om haar schulden te vergroten heeft in de twee jaar voorafgaande aan het verzoek al haar budgetten volledig betaald.
2. De totale schuld zal niet hoger zijn dan driemaal het gemiddelde bedrag dat totaal voor alle doelen is bijeengebracht in elk van de voorafgaande 3 jaren.
3. De details van de geplande verbouw of nieuwbouw moeten goedgekeurd zijn door de Raad Kerkelijke Goederen.
4. Het bedrag van de schuld en de aflossingsverplichting mogen het geestelijk leven van de kerk niet in gevaar brengen.

De Raad Kerkelijke Goederen mag verzoeken die niet aan deze richtlijnen voldoen slechts goedkeuren wanneer de districtssuperintendent en de DistrictsAdviesRaad hiermee akkoord gaan. (103-104)

237.5. Al het andere te doen wat de DistrictsVergadering kan aangeven met betrekking tot eigendommen van plaatselijke kerken.

M. De DistrictsVergaderingscommissie Financiën

238. De **taken van de DistrictsVergaderingscommissie Financiën** zijn:

238.1. Het samenkomen voorafgaande aan de DistrictsVergadering en het doen van aanbevelingen aan de DistrictsVergadering betreffende alle budgetten en de verdeling van die budgetten over de plaatselijke kerken. (32.5)

238.2. Verder te doen wat de DistrictsVergadering ook kan opdragen op het gebied van districtsfinanciën. (205.21)

238.3. In het jaarboek van het district de methode en percentages publiceren die gehanteerd worden voor de berekening van de goedgekeurde districtsbijdragen.

N. De DistrictsAdviesCommissie

239. De DistrictsAdviesCommissie (DAC) zal bestaan uit de DistrictsAdviesRaad, de voorzitter van de DRCL, de voorzitter van de DNMI-raad, de voorzitter van de DNJI-raad, de districtssecretaris en de districtspenningmeester. Deze commissie zal zo vaak samenkomen als noodzakelijk is, onder voorzitterschap van de districtssuperintendent of de verantwoordelijke algemeen superintendent of iemand door hem aangesteld. (209)

O. De districtsleider instellingspredikanten

240. De districtssuperintendent kan een districtsleider instellingspredikanten benoemen. In samenwerking met de districtssuperintendent zal de districtsleider instellingspredikanten de heiligingsevangelisatie door deze specifieke bediening van de instellingspredikant proberen te promoten en versterken. De leider zal evangelisatie promoten en versterken in industriële, institutionele, hoger onderwijs en militaire omgevingen. De leider zal specifieke aandacht geven aan Nazarener militairen en andere militairen die op militaire bases gelegerd zijn. Hij zal predikanten uit de omgeving benoemen en helpen om deze militairen en hun gezinnen te bereiken voor Christus en hen met onze kerk te verbinden terwijl zij hun land dienen. (211.9)

P. De DistrictsRaad Christelijk Leven en Zondagsschool

241. De DistrictsRaad Christelijk Leven en Zondagsschool zal gevormd worden door de districtssuperintendent, de voorzitter van de district NMI, de voorzitter van de district NJI en de voorzitter van de DistrictsRaad Christelijk Leven en Zondagsschool, die het dagelijks bestuur vormen, en minimaal drie extra leden. De extra leden zullen door de DistrictsVergadering of de Districtsconventie Christelijk Leven en Zondagsschool worden gekozen voor gespreide termijnen van drie jaar en totdat hun opvolgers gekozen en in functie gesteld zijn. Bij de eerste instelling van de DistrictsRaad Christelijk Leven en Zondagsschool, moeten de drie extra leden gekozen worden uit zes kandidaten, en moet er één gekozen worden voor een periode van drie jaar, één voor een periode van twee jaar, en één voor een periode van één jaar. Wanneer het district echter een totaal ledenbestand heeft van meer dan 5.000, mag het aantal kandidaten en gekozenen verdubbeld worden, en dienen, indien mogelijk, ten minste vier van de tien leden leken te zijn. In vacatures die zich voordoen in de Raad Christelijk Leven en Zondagsschool in de tijd tussen de DistrictsVergaderingen kan worden voorzien door benoeming door de districtssuperintendent. (215)

De **taken van de DistrictsRaad Christelijk Leven en Zondagsschool** zijn:

241.1. Binnen een week na hun verkiezing in vergadering bijeen te komen om zich te organiseren door een secretaris, een penningmeester, een districtsleider voor het volwassenenwerk, een districtsleider voor het kinderwerk en een districtsleider voor de lekentraining te kiezen, die met elkaar ex-officio leden van de Raad Christelijk Leven en Zondagsschool zullen zijn. Als het nodig blijkt te zijn, kunnen er ook ander districtsleiders voorgedragen worden door het dagelijks bestuur en gekozen worden door de Raad.

241.2. Het houden van toezicht op alle zondagsschoolbelangen van het district.

DISTRICTSBESTUUR

241.3. Het kiezen van een Raad voor Kinderwerk waarvan de voorzitter de districtsleider voor kinderwerk zal zijn en waarvan de leden zullen bestaan uit de districtsleiders van: kinderkampen, Nazarener padvinderij, vakantiebijbelschool, bijbelquizprogramma's, kinderkerk, kraambezoek onkerkelijke ouders en welke andere leiders ook die noodzakelijk geacht worden.

Opmerking: Voor aanvullende informatie betreffende de werkzaamheden van de Raden voor Kinderwerk en Volwassenenwerk wordt verwezen naar het Handboek van de Raad Christelijk Leven en Zondagsschool.

241.4. Het kiezen van een Raad Volwassenenwerk waarvan de voorzitter de districtsleider voor het volwassenenwerk zal zijn en waarvan de leden zullen bestaan uit de districtsleiders van: huwelijks- en gezinsleven, werk onder ouderen, werk onder alleenstaanden, lekenconferenties, celgroep Bijbelstudies, activiteiten voor vrouwen, voor mannen, en welke andere leiders ook die noodzakelijk geacht worden.

241.5. Het regelen van een jaarlijkse Districtsconventie Christelijk Leven en Zondagsschool. (241)

241.6. Het bepalen, in overleg met de districtssuperintendent, of de verkiezing voor de leden en de voorzitter van de DistrictsRaad Christelijk Leven en Zondagsschool in de DistrictsVergadering of in de Districtsconventie Christelijk Leven en Zondagsschool zullen worden gehouden.

241.7. Het aansporen van alle plaatselijke voorzitters Christelijk Leven en Zondagsschool en leiders van leeftijdsgroepen/NJI-voorzitters om aanwezig te zijn op de Districtsconventie Christelijk Leven en Zondagsschool en aan de conventie deel te nemen voor zover men daartoe in de gelegenheid is.

241.8. Het indelen van het district in zones en het benoemen van zonevoorzitters die de raad naar believen zullen assisteren bij de voortgang van het Christelijk Leven en Zondagsschoolwerk in het district.

241.9. Het organiseren en opzetten van lekentraining in zones of in het district.

241.10. Het assisteren van de Divisie Christelijk Leven en Zondagsschool van de Church of the Nazarene, Inc. bij het verkrijgen van informatie met betrekking tot de zondagsschoolbelangen van het district en de plaatselijke kerken.

241.11. Het aanbevelen aan de DistrictsVergaderingscommissie Financiën van het jaarlijkse budget van de DistrictsRaad Christelijk Leven en Zondagsschool.

238.12. Het verantwoordelijk zijn voor de districtslekenconferenties. De districtsleider volwassenenwerk zal ex-officio lid zijn van de Districtscommissie Lekenconferenties.

238.13. Het goedkeuren van het verslag van haar voorzitter aan de DistrictsVergadering.

238.14. Het bijeenkomen zo vaak als door de districtssuperintendent of de voorzitter van de DistrictsRaad Christelijk Leven en Zondagsschool noodzakelijk wordt geacht om de verantwoordelijkheden van de raad te bespreken en doelmatig uit te voeren.

242. De voorzitter van de DistrictsRaad Christelijk Leven en Zondagsschool. De DistrictsVergadering of de Conventie Christelijk Leven en Zondagsschool zal uit twee of meer kandidaten die door de Districtsnominatiecommissie worden voorgedragen een voorzitter voor de DistrictsRaad Christelijk Leven en Zondagsschool kiezen, om voor een periode van één of twee jaar te dienen. Een zittende voorzitter kan herkozen worden door middel van een ja/nee stemming, wanneer zo'n stemming door de DistrictsRaad Christelijk Leven en Zondagsschool is aanbevolen en de goedkeuring heeft van de districtssuperintendent. In een vacature die zich voordoet tussen de zittingen van de DistrictsVergadering in, zal voorzien worden zoals geregeld in artikel 215. (241.6)

De **verantwoordelijkheden en bevoegdheden van de voorzitter DistrictsRaad Christelijk Leven en Zondagsschool** zijn:

242.1. Het geven van verantwoordelijke leiding aan de Zondagsschool in het district door
1. het bevorderen van programma's voor de groei van het aantal ingeschrevenen en voor de opkomst, en
2. het coördineren van alle programma's betreffende het kinder- en volwassenenwerk,
3. het samenwerken met de NJI in de coördinatie van de Zondagsschool voor de jeugd.

242.2. Het ex-officio lid zijn van de DistrictsVergadering en de DistrictsRaad Christelijk Leven en Zondagsschool.

242.3. Het opstellen van een rapport namens de DistrictsRaad Christelijk Leven en Zondagsschool voor de acta van de DistrictsVergadering.

Q. De District Nazarener Jeugd Internationaal

243. Het Nazarener jeugdwerk zal op districtsniveau worden georganiseerd onder toezicht van de NJI, volgens het Handvest van de NJI en onder het gezag van de districtssuperintendent, de DistrictsAdviesRaad en de DistrictsVergadering. De districts NJI zal bestaan uit de leden en plaatselijke groepen van de NJI binnen het district.

243.1. De districts NJI zal zich organiseren volgens het Districtsjeugdwerkplan (artikel 810.200-810.219) van de NJI, dat kan worden aangepast naar de behoeften (zie artikel 810.203) van het districtswerk, in overeenstemming met het Handvest van de NJI en het *Handboek* van de Kerk van de Nazarener.

DISTRICTSBESTUUR

R. De District Nazarene Missions International

244. De district NMI zal gevormd worden uit de plaatselijke NMI's binnen de grenzen van het district. De district NMI zal een hulporganisatie van de Algemene NMI zijn. (811)

244.1. De district NMI zal bestuurd worden door de statuten van de NMI zoals goedgekeurd door de Algemene NMI Conventie en de Commissie Wereldzending van de Algemene Raad. Zij zal onderworpen zijn aan de districtssuperintendent, de DistrictsAdviesRaad en de DistrictsVergadering en de DNMI Raad (811)

244.2. De voorzitter van de DNMI zal zonder bezoldiging dienen en zal ex-officio lid zijn van de DistrictsVergadering. (201)

S. Betaalde assistenten van het district

245. Wanneer voor een betere doelmatigheid van het bestuur van het district betaalde assistenten noodzakelijk worden, zullen zulke personen, geestelijken of leken, door de districtssuperintendent worden voorgedragen nadat hij schriftelijke toestemming heeft ontvangen van de verantwoordelijke algemeen superintendent. Zij zullen door de DistrictsAdviesRaad worden gekozen. Het dienstverband van zulke assistenten zal nooit meer dan één jaar bedragen, maar kan op aanbeveling van de districtssuperintendent en bij meerderheid van stemmen van de leden van de DistrictsAdviesRaad verlengd worden. (211.16)

245.1. Het ontslag van zulke assistenten vóór het einde van hun dienstverband kan alleen geschieden op aanbeveling van de districtssuperintendent en bij meerderheid van stemmen van de leden van de DistrictsAdviesRaad. (225.16)

245.2. De taken en diensten van zulke districtsassistenten zullen door de districtssuperintendent worden bepaald en vallen onder zijn toezicht.

245.3. Na het terugtreden of het beëindigen van het dienstverband van de districtssuperintendent, zal het dienstverband van de betaalde assistenten als beëindigd worden beschouwd, tenzij anders bepaald door de nationale arbeidswetgeving. Een of meer stafleden mogen evenwel in functie blijven met de schriftelijke goedkeuring van de verantwoordelijke algemeen superintendent en de DistrictsAdviesRaad, maar niet langer dan tot de datum waarop de nieuwe districtssuperintendent zijn taak op zich neemt. (209.3-209.4)

245.4. Het dienen als betaalde districtsassistent zal iemand er niet van weerhouden om in andere gekozen districtsfuncties te dienen, zoals districtssecretaris of districtspenningmeester. Een betaalde districtsassistent is niet verkiesbaar om te dienen in de DistrictsAdviesRaad.

T. Ontbinding van een district

246. Wanneer het de Raad van Algemeen Superintendenten duidelijk is geworden dat een district als zodanig niet langer in stand dient te blijven, kan het op hun aanbeveling ontbonden worden door een tweederde meerderheid van de stemmen van de Algemene Raad van de Kerk van de Nazarener en na een formele afkondiging van dit besluit. (200)

246.1. In het geval dat een district officieel wordt ontbonden, mag geen enkel bestaand kerkelijk eigendom hoe dan ook voor andere doeleinden worden gebruikt, maar zal het in handen van de Church of the Nazarene, Inc. overgaan om door de denominatie in het algemeen te worden gebruikt, zoals de Algemene Vergadering zal bepalen. De beheerders die eigendommen beheren, of de rechtspersonen die in het leven zijn geroepen om eigendommen te beheren namens het ontbonden district, zullen deze alleen verkopen of hier afstand van doen in opdracht en op aanwijzing van de benoemde vertegenwoordiger van de Church of the Nazarene, Inc. en zullen de opbrengsten aan die vertegenwoordiger ter hand stellen. (106.2, 106.5, 225.6)

III. ALGEMEEN BESTUUR

A. Functies en organisatie van de Algemene Vergadering

300. De Algemene Vergadering is de hoogste leerstellige, wetgevende en kiezende autoriteit van de Kerk van de Nazarener, onderworpen aan de regelingen van de kerkelijke Constitutie. (25-25.8)

300.1. De Algemene Vergadering zal worden voorgezeten door de algemeen superintendenten. (25.5, 307.3)

300.2. De Algemene Vergadering zal functionarissen kiezen en zichzelf organiseren voor het behandelen van haar zaken. (25.6)

300.3. Parlementaire regels. Behoudens de van toepassing zijnde wetten, de statuten en de regels van het *Handboek*, zullen de bijeenkomsten en handelingen van de Kerk van de Nazarener op plaatselijk, district en algemeen niveau, en de commissies van de rechtspersoon geregeld worden door de parlementaire procedures van *Robert's Rules of Order Newly Revised,* laatste uitgave. (34)

B. Lidmaatschap van de Algemene Vergadering

301. De Algemene Vergadering zal gevormd worden door geestelijken en leken in gelijke aantallen van elk fase 3 district, waarbij de districtssuperintendent één van de in functie benoemde en geordineerde afgevaardigde geestelijken is, de resterende in functie benoemde en geordineerde geestelijken en alle leken die gekozen zijn door DistrictsVergaderingen; de algemeen superintendenten emeriti en gepensioneerd; de algemeen superintendenten; de voorzitter van de Algemene NMI; de voorzitter van de Algemene NJI Raad; de functionarissen en directeuren van The Church of the Nazarene, Inc, die een wereldwijde verantwoordelijkheid hebben en die rapporteren aan de Algemene Raad als geheel, de helft van de regionale Internationale Onderwijsraad rectors van elke regio zullen stemgerechtigde leden zijn, de andere helft niet-stemgerechtigde leden, waarbij het aantal en het selectieproces zal worden bepaald door de Internationale Onderwijsraad; en één door de Algemene Raad aangestelde zendeling per regio, gekozen door de zendelingen die door de Algemene Raad zijn aangesteld en in deze regio dienen. Als die verkiezing niet plaatsgevonden heeft zullen de zendelingsafgevaardigden gekozen worden door de Commissie Wereldzending.

301.1. Elk fase 3 district heeft recht op vertegenwoordiging in de Algemene Vergadering door: twee geordineerde geestelijken in functie en twee leken voor de eerste 6.000 of minder volwaardige leden, en één extra geordineerde geestelijke en één extra leek voor de eerstvolgende 4.000 volwaardige leden, en voor elke daaropvolgende 5.000 volwaardige leden. De term "geordineerde geestelijke in functie" omvat oudsten en diakenen. (Zie de tabel hieronder)

Het aantal volwaardige leden	Aantal afgevaardigden
0-6.000	4 (2 leken, 2 geestelijken)
6.001-10.000	6 (3 leken, 3 geestelijken)
10.001-15.000	8 (4 leken, 4 geestelijken)
15.001-20.000	10 (5 leken, 5 geestelijken)
20.001-25.000	12 (6 leken, 6 geestelijken)
25.001-30.000	14 (7 leken, 7 geestelijken)
30.001-35.000	16 (8 leken, 8 geestelijken)
35.001-40.000	18 (9 leken, 9 geestelijken) enz.

301.2. Elk fase 2 district heeft recht op één geordineerde geestelijke in functie en één leken afgevaardigde naar de Algemene Vergadering. De afgevaardigde geordineerde geestelijke in functie zal de districtssuperintendent zijn. Er zal een vervanger voor elke afgevaardigde gekozen worden.

301.3. Een fase 1 district heeft recht op één niet-stemgerechtigde afgevaardigde naar de Algemene Vergadering. De districtssuperintendent zal die afgevaardigde zijn, mits hij zijn lidmaatschap in het district heeft. Als de districtssuperintendent geen lid is van het district, zal een vervanger die wel lid is worden gekozen.

301.4. Het recht van een in functie benoemde afgevaardigde geestelijke om het district dat hem gekozen heeft te vertegenwoordigen op de Algemene Vergadering, zal vervallen in het geval dat hij een gemeente in een ander district op zich neemt, of indien hij de actieve, in functie benoemde bediening binnen de Kerk van de Nazarener verlaat, voorafgaande aan het bijeenkomen van de Algemene Vergadering. Een geestelijke die officieel de emeritus status van een district heeft gekregen is onverkiesbaar als afgevaardigde naar de Algemene Vergadering.

301.5. Het recht van een afgevaardigde leek om het district dat hem gekozen heeft te vertegenwoordigen op de Algemene Vergadering, zal vervallen in het geval dat hij lid wordt van een plaatselijke kerk in een ander district, voorafgaande aan het bijeenkomen van de Algemene Vergadering.

ALGEMEEN BESTUUR

C. Tijd en plaats van de Algemene Vergadering

302. De Algemene Vergadering zal in de maand juni bijeenkomen, om de 4 jaar, op een tijdstip en plaats zoals bepaald door de Commissie Algemene Vergadering, bestaande uit de algemeen superintendenten en een gelijk aantal personen, gekozen door de Raad van Algemeen Superintendenten. De Commissie Algemene Vergadering zal bevoegd zijn om in geval van nood, de tijd en de plaats van de bijeenkomst van de Algemene Vergadering te wijzigen.

302.1. De Raad van Algemeen Superintendenten is gemachtigd om in overleg met het dagelijks bestuur van de Algemene Raad indien van toepassing een of meerdere simultane locaties voor de Algemene Vergadering aan te wijzen. De stemmingen vanuit deze locaties zullen worden aangemerkt als een officiële stemming, naast die van de afgevaardigden op de hoofdlocatie.

302.2. De Algemene Vergadering zal geopend worden met erediensten tot aanbidding en inspiratie. Er zullen maatregelen getroffen worden voor het afhandelen van zaken, en voor andere erediensten. De Algemene Vergadering zal de tijd van verdaging vaststellen. (25.3)

D. Speciale zittingen van de Algemene Vergadering

303. De Raad van Algemeen Superintendenten, of een meerderheid daarvan, zal met de schriftelijke toestemming van tweederde van alle districtssuperintendenten de bevoegdheid hebben in geval van nood een speciale zitting bijeen te roepen van de Algemene Vergadering. Het tijdstip en de plaats worden bepaald door de algemeen superintendenten en een commissie, gekozen door de Raad van Algemeen Superintendenten.

303.1. In het geval van een bijzondere zitting van de Algemene Vergadering, zullen de afgevaardigden en hun vervangers voor de daaraan voorafgaande Algemene Vergadering, of hun gekozen en in functie gestelde opvolgers, functioneren als afgevaardigden en vervangers voor deze speciale zitting.

E. De Commissie Organisatie Algemene Vergadering

304. De algemeen secretaris, de algemeen penningmeester en 3 mensen, die minimaal één jaar voor het bijeenkomen van de Algemene Vergadering benoemd worden door de Raad van Algemeen Superintendenten, zullen de Commissie Organisatie Algemene Vergadering vormen.

304.1. De Commissie Organisatie Algemene Vergadering zal de bevoegdheid hebben om alle noodzakelijke details en contracten te regelen betreffende de Algemene Vergadering.

304.2. De Commissie Organisatie Algemene Vergadering zal met de algemeen superintendenten een programma voor de Algemene Vergadering samenstellen, daarbij inbegrepen de aandacht voor elk algemeen belang; een avondmaalsdienst en erediensten, onderworpen aan de goedkeuring van de Algemene Vergadering.

F. De taak van de Algemene Vergadering

305. De taak van de Algemene Vergadering, onderworpen aan artikel 25.8 van de kerkelijke Constitutie, zal zijn:

305.1. Ter overweging voor de vergadering te verwijzen, via haar Reference Committee, alle resoluties, aanbevelingen en in te voeren wetgeving van commissies en verslagen van speciale commissies en andere documenten naar staande of speciale wetgevende commissies van de vergadering, of naar regionale afgevaardigdenvergaderingen (caucus), voordat ze aan de vergadering worden voorgelegd. De Reference Committee mag wetgeving die slechts een of meerdere specifieke regio's betreft voorleggen aan de vergadering van de afgevaardigden van genoemde regio('s) ter afhandeling. Veranderingen die van invloed zijn op het *Handboek* vereisen actie van de gehele Algemene Vergadering.

305.2. Het kiezen, met tweederde meerderheid van haar aanwezige en stemmende leden, van zes algemeen superintendenten, die in functie zullen zijn tot 30 dagen volgende op de laatste verdaging van de volgende Algemene Vergadering, en totdat hun opvolgers gekozen en in functie gesteld zijn;

a. Eerst zal er een "ja" of "nee" stemming zijn voor de in functie zijnde algemeen superintendenten.
b. Vacatures die na de eerste stemming open blijven zullen vervuld zullen worden door de daaruit voortvloeiende stemmingen, totdat de verkiezingen voltooid zijn.

In het geval dat iemand die onverkiesbaar is onder deze regeling in de eerste stemronde stemmen krijgt, zal de naam van die persoon worden afgevoerd van stembiljetten en zal het verslag van de eerste stemronde de volgende vermelding bevatten: "Eén of meer namen zijn verwijderd vanwege onverkiesbaarheid voor de functie.

Geen enkele oudste zal verkiesbaar zijn voor de functie van algemeen superintendent, als hij te eniger tijd zijn geloofsbrieven om disciplinaire redenen teruggegeven heeft. Er zal niemand tot algemeen superintendent gekozen worden die de leeftijd van 35 jaar niet bereikt heeft of die de leeftijd van 68 jaar bereikt heeft. (25.4, 307.16, 900)

305.3. Om een algemeen superintendent de ere-status van emeritus te verlenen als zij dat raadzaam acht, mits hij fysiek ongeschikt geworden is of de gepensioneerde status heeft verkregen. De emeritus status wordt verleend voor het leven. (314.1)

305.4. Om een algemeen superintendent die hierom gevraagd heeft, of die, naar het oordeel van de Algemene Vergadering,

ALGEMEEN BESTUUR 135

ongeschikt is geworden door fysiek onvermogen of door zijn ouderdom, of door enig andere situatie die hem ongeschikt maakt om op adequate wijze zorg te dragen voor het werk van een algemeen superintendent, de gepensioneerde status te verlenen, mits hij de functie van algemeen superintendent ten minste een volle termijn heeft vervuld.

Zou een algemeen superintendent met emeritaat willen gaan tussen de Algemene Vergaderingen in, dan kan zijn verzoek ingewilligd worden door de Algemene Raad tijdens een normale zitting, op voordracht van de Raad van Algemeen Superintendenten. (314.1)

305.5. Om een passend pensioen vast te stellen voor elke gepensioneerde algemeen superintendent.

305.6. Om een Algemene Raad te kiezen, zoals voorzien in artikelen 332.1-333.4, om te functioneren tot aan de laatste verdaging van de eerstvolgende Algemene Vergadering, en totdat hun opvolgers gekozen en in functie gesteld zijn. (331, 901)

305.7. Om een Algemeen Hof van Beroep te kiezen, bestaande uit vijf geordineerde geestelijken in functie, om te functioneren tot aan de laatste verdaging van de eerstvolgende Algemene Vergadering, en totdat hun opvolgers gekozen en in functie gesteld zijn. (25.7, 611, 902)

305.8. Om al het andere te doen, in harmonie met de Heilige Schriften, die wijs worden geacht voor algemene welzijn van de Kerk van de Nazarener en de heilige zaak van Christus, onderworpen aan de kerkelijke Constitutie. (25.8)

G. De algemeen superintendenten

306. De rol van de algemeen superintendenten is het voorzien in apostolisch en visionair geestelijk leiderschap door:
- de missie te verwoorden
- visie te ontwikkelen
- leden van de geestelijkheid te ordineren
- theologische samenhang te verspreiden, en
- te zorgen voor wettig en algemeen bestuurlijk overzicht voor de algemene kerk.

307. De **taken en bevoegdheden van de algemeen superintendenten** zijn:

307.1. Het houden van algeheel toezicht op de Kerk van de Nazarener, onderworpen aan de kerkorde zoals aangenomen door de Algemene Vergadering.

307.2. Het dienen als ex-officio leden van de Algemene Vergadering. (301)

307.3. De zittingen van de Algemene Vergadering en de Algemene Raad van de Kerk van de Nazarener voor te zitten. (300.1, 335.3)

307.4. De bevoegdheid om naar eigen inzicht hen te ordineren, die op juiste wijze tot oudste of diaken gekozen zijn, of om anderen te benoemen dit te doen. (320, 538.5-538.6)

307.5. Om elke DistrictsVergadering voor te zitten zoals ingepland door de Raad van Algemeen Superintendenten. Een algemeen superintendent kan een geordineerde oudste aanstellen als voorzitter (202, 214)

307.6. De algemeen superintendent die de DistrictsVergadering voorzit, de districtssuperintendent en de DistrictsAdviesRaad zullen, met goedkeuring van de afgevaardigden van de plaatselijke kerken, predikanten benoemen voor plaatselijke kerken die geen predikant beroepen hebben. (218.1)

307.7. De algemeen superintendenten mogen districtssuperintendenten benoemen voor districten waar zich tussen de DistrictsVergaderingen door vacatures voordoen, na consultatie van de Districtsadviescommissie. In aanvulling op artikel 208: alle gekwalificeerde oudsten zijn mogelijke kandidaten, inclusief die van het district zelf. (209, 239)

307.8. In het geval dat een zittende districtssuperintendent tijdelijk niet in staat is om zijn taak te vervullen, kan de verantwoordelijke algemeen superintendent in overleg met de DistrictsAdviesRaad een geschikte oudste benoemen als tijdelijke districtssuperintendent. De vraag in hoeverre een districtssuperintendent zijn taak niet kan vervullen is ter beoordeling aan de verantwoordelijke algemeen superintendent en de DistrictsAdviesRaad. (209.2)

307.9. De verantwoordelijke algemeen superintendent mag aan de Raad van Algemeen Superintendenten aanbevelen een fase 3 district in crisis te verklaren (200.2, 322)

307.10. De verantwoordelijke algemeen superintendent mag de jaarlijkse, of een bijzondere vergadering van een plaatselijke kerk voorzitten, of iemand benoemen om hem te vertegenwoordigen. (113.5)

307.11. Geen enkele algemeen superintendent mag stemgerechtigd lid zijn van welke raad van de Kerk van de Nazarener dan ook, anders dan de Raad van Algemeen Superintendenten, tenzij het huishoudelijk reglement van genoemde raad anders bepaalt. (307.12)

307.12. Een algemeen superintendent zal geen andere algemene functie vervullen tijdens zijn dienen als algemeen superintendent. (307.11)

307.13. Alle officiële handelingen van algemeen superintendenten zullen onderworpen zijn aan beoordeling en herziening door de Algemene Vergadering.

307.14. Elke officiële handeling van een algemeen superintendent kan vernietigd worden door een unanieme stemming van de overige leden van de Raad van Algemeen Superintendenten.

ALGEMEEN BESTUUR

307.15. De functie van een algemeen superintendent kan om redenen verklaard worden vacant te zijn door de unanieme stemming van de overige leden van de Raad van Algemeen Superintendenten, ondersteund door een tweederde meerderheid van de Algemene Raad.

307.16. De algemeen superintendenten, gekozen door de Algemene Vergadering, zullen dienen tot 30 dagen na de laatste verdaging van de volgende Algemene Vergadering en tot hun opvolgers zijn gekozen en geïnstalleerd.

H. Algemeen superintendenten, emeriti en gepensioneerden

314. Alle emeriti en gepensioneerde algemeen superintendenten zullen ex-officio leden van de Algemene Vergadering zijn. (301)

314.1. Een algemeen superintendent die de gepensioneerde status of de eer van emeritus gekregen heeft zal geen lid van de Raad van Algemeen Superintendenten meer zijn. Wanneer echter een actieve algemeen superintendent door ziekte, ziekenhuisopname of een andere onvermijdelijke noodsituatie niet in staat is een taak uit te voeren, heeft de Raad van Algemeen Superintendenten de bevoegdheid om tijdelijk een gepensioneerde algemeen superintendent in functie te benoemen. (305.3-305.5, 900.1)

I. De Raad van Algemeen Superintendenten

315. De algemeen superintendenten zullen zich organiseren als een raad en onder de leden ervan taken verdelen waarin zij speciale verantwoordelijkheden hebben.

316. Vacature. Als er zich een vacature voordoet in de Raad van Algemeen Superintendenten, tussen de zittingen van de Algemene Vergadering in, zal er over de vraag of de vacature vervuld zal worden door een verkiezing besloten worden door de Raad van Algemeen Superintendenten. Na ontvangst van de beslissing van de raad zal de algemeen secretaris alle leden van de Algemene Raad op de hoogte stellen. Als er besloten is tot een stemming, zullen de leden van de Algemene Raad met tweederde meerderheid een oudste van de Kerk van de Nazarener kiezen om de vacature te vervullen en om de taken van de algemeen superintendent te vervullen tot 30 dagen na de laatste verdaging van de eerstvolgende Algemene Vergadering, en tot een opvolger is gekozen en geïnstalleerd. (25.4, 305.2)

316.1. De algemeen secretaris zal de uitslag van de stemming bekend maken aan de Raad van Algemeen Superintendenten, die de uitslag zal afkondigen.

317. De **taken van de Raad van Algemeen Superintendenten** zullen zijn:

317.1. Te voorzien in toezicht, leiding en motivatie voor de algemene kerk, met passende aandacht voor leiderschap en theologie voor alle districten, onderdelen en bedieningen van de wereldwijde Kerk van de Nazarener.

317.2. Om, na overleg met de directeur van Wereldzending en de respectievelijke nationale en/of regionale leiders, veranderingen aan te bevelen in de verdeling van de geografische gebieden, onderworpen aan de goedkeuring van de Algemene Raad.

317.3. Het primaire gezag uitoefenen ten aanzien van kerkelijk(e) beleid en -plannen en het adviseren van de Algemene Raad, haar commissies en alle raden van de Kerk van de Nazarener ten aanzien van andere zaken. De Raad van Algemeen Superintendenten zal aan de Algemene Raad en de commissies aanbevelingen doen die zij nodig acht. De Raad van Algemeen Superintendenten zal goed- of afkeuring verlenen aan alle nominaties van de Commissie Wereldzending aan de Algemene Raad voor het benoemen van zendelingen.

317.4. Om samen met het dagelijks bestuur van de Algemene Raad te dienen als nominatiecommissie, en één of meer namen voor te leggen aan de Algemene Raad ter verkiezing van een algemeen secretaris en een algemeen penningmeester.

317.5. Om met tweederde meerderheid de functie van algemeen secretaris, algemeen penningmeester of directeur van een afdeling vacant te verklaren.

317.6. Om vacatures te vervullen die zich in de periode tussen de zittingen van de Algemene Vergadering in voor kunnen doen in het lidmaatschap van het Algemene Hof van Beroep, om de voorzitter en de secretaris van het hof te kiezen. (305.7, 612, 902)

317.7. Om vacatures te vervullen die zich voor kunnen doen in een speciale commissie of comité, in de periode tussen de zittingen van de Algemene Vergadering of de Algemene Raad in.

317.8. Om algemeen superintendenten te benoemen om te dienen als adviseurs van alle instellingen van hoger onderwijs, aangesloten bij de Internationale Onderwijsraad. (905)

317.9. Om in samenwerking met "Global Clergy Development" te zorgen voor kerkelijke studies voor hen die dienen in een geestelijke functie, als leek of bevoegde. (529-530)

317.10. Om het Wereldevangelisatiefonds, de levensader van onze wereldwijde zendingsbelangen, te plannen, onderhouden en promoten. De Raad van Algemeen Superintendenten en de Algemene Raad zijn bevoegd en gemachtigd om de doelen voor het Wereldevangelisatiefonds te verdelen over de plaatselijke kerken. (32.5, 130, 335.7)

317.11. Om zoals vereist schriftelijke goedkeuring te geven aan het teruggeven van het bewijs van ordinatie aan een voormalig oudste of diaken. (539.9-539.11, 540.8)

318. De Raad van Algemeen Superintendenten is de autoriteit die de kerkorde en de leer van de Kerk van de Nazarener interpreteert, evenals de betekenis en reikwijdte van alle

ALGEMEEN BESTUUR 139

bepalingen van het *Handboek*, onderworpen aan een beroep bij de Algemene Vergadering.

319. De Raad van Algemeen Superintendenten zal plannen voor een districtscentrum beoordelen. Deze plannen zullen niet uitgevoerd worden voordat ze schriftelijk door de Raad van Algemeen Superintendenten goedgekeurd zijn. (225.12)

320. De Raad van Algemeen Superintendenten heeft de bevoegdheid naar eigen goeddunken gescheiden personen te ordineren. (307.4, 533.3, 534.3)

321. De Raad van Algemeen Superintendenten mag de functie van districtssuperintendent van een fase 2 of fase 1 district vacant verklaren op aanbeveling van de verantwoordelijke algemeen superintendent en mag de functie van districtssuperintendent van een fase 3 district vacant verklaren op basis van een tweederde meerderheid van de DistrictsAdviesCommissie. (209.1, 239)

322. De Raad van Algemeen Superintendenten kan goedkeuren dat een fase 3 district in crisis wordt verklaard (200.2, 307.9)

323. Volgend op elke Algemene Vergadering zal het gereviseerde *Handboek* van de Kerk van de Nazarener in alle van toepasselijke talen van kracht worden verklaard zodra de Raad van Algemeen Superintendenten de officiële datum voor publicatie communiceert.

324. De Raad van Algemeen Superintendenten zal de bevoegdheid hebben alles te doen ten dienste van de Kerk van de Nazarener voor zover niet op andere wijze is geregeld, in harmonie met de algemene regels in de kerk, en onderworpen aan de kerkelijke Constitutie.

J. De algemeen secretaris

325. De algemeen secretaris, gekozen door de Algemene Raad zoals bepaald door het Huishoudelijk Reglement van de Algemene Raad, zal functioneren tot aan de laatste verdaging van de eerstvolgende Algemene Vergadering en totdat zijn opvolger gekozen en in functie gesteld is, of totdat hij ontslagen wordt volgens artikel 317.5. (900.2)

325.1. De algemeen secretaris is ex-officio lid van de Algemene Vergadering. (301)

325.2. Als er zich tussen de zittingen van de Algemene Raad in een vacature voordoet in de functie van algemeen secretaris, zal die vacature vervuld worden door de Algemene Raad, na nominatie zoals voorzien in artikel 317.4. (335.21)

325.3. De algemeen secretaris is verantwoording verschuldigd aan de Raad van Algemeen Superintendenten en de Algemene Raad.

326. De **taken van de algemeen secretaris** zijn:

326.1. Het dienen als ex-officio secretraris van "The Church of the Nazarene, Inc.", de Algemene Raad en de Algemene Vergadering en hij zal het verslag van hun handelingen registreren en bewaren. (331.2)

326.2. Het registreren en bewaren van alle algemene statistieken van de Kerk van de Nazarener.

326.3. Het bewaren van alle documenten die aan de Algemene Vergadering toebehoren, en deze documenten aan zijn opvolger te overhandigen.

326.4. Het bewaren in permanente vorm van verslagen en besluiten die het Algemene Hof van Beroep heeft gemaakt. (614)

326.5. Het archiveren en bewaren van de gearchiveerde, ingetrokken en teruggezonden geloofsbrieven van geordineerde geestelijken en ze enkel af te geven naar aanleiding van een correct besluit door het district van waaruit ze ontvangen waren. (539-539.3, 539.8)

326.6. Het controleren van de districtsstatistieken (220.3)

326.7. Het bijhouden van een database van alle personen die een districtsbevoegdheid hebben ontvangen.

326.8. Het beschikbaar stellen van de notulen van de Algemene Vergadering aan de afgevaardigden.

326.9. Het beschikbaar stellen van de laatste versie van het *Handboek*.

326.10. Getrouw alles te doen wat verder noodzakelijk mag zijn voor het vervullen van zijn functie.

327. De algemeen secretaris zal beheerder zijn van de juridische documenten die aan de algemene kerk toebehoren.

327.1. De algemeen secretaris is bevoegd om historisch materiaal in verband met de opkomst en de ontwikkeling van onze denominatie te verzamelen, en is de beheerder van al dit soort materiaal.

327.2. De algemeen secretaris zal een register aanleggen van Historische Plaatsen conform artikel 913.

328. De algemeen secretaris zal samen met de algemeen superintendenten, voorafgaande aan de opening van de Algemene Vergadering, alle noodzakelijke formulieren gereedmaken, waaronder de Rules of Order, het Verkorte *Handboek* voor herziening, en andere zaken die het werk van de Algemene Vergadering bespoedigen. De kosten hiervan zullen worden gedekt uit het fonds voor de Algemene Vergadering.

328.1. De algemeen secretaris mag zoveel assistenten hebben als de Algemene Vergadering zal kiezen, of, in de tijd tussen de zittingen van de Algemene Vergadering in, als de Raad van Algemeen Superintendenten wil benoemen.

K. De algemeen penningmeester

329. De algemeen penningmeester, gekozen door de Algemene Raad zoals bepaald door het Huishoudelijk Reglement van de Algemene Raad, zal functioneren tot aan de laatste verdaging van de eerstvolgende Algemene Vergadering en totdat zijn opvolger gekozen en in functie gesteld is, of totdat hij ontslagen wordt volgens artikel 317.5. (900.3)

329.1. De algemeen penningmeester is ex-officio lid van de Algemene Vergadering. (301)

329.2. De algemeen penningmeester zal verantwoording verschuldigd zijn aan de algemeen superintendent verantwoordelijk voor de financiën van het hoofdkantoor, de Raad van Algemeen Superintendenten en de Algemene Raad.

330. De taken van de algemeen penningmeester zijn:

330.1. Om alle gelden van algemeen belang van de Kerk van de Nazarener te beheren.

330.2. Om alle gelden te ontvangen en uit te geven van de Global Administration and Finance Committee, Global Education and Clergy Development Committee, Global Missions Committee en andere gelden die aan de Algemene Raad of een van haar afdelingen toebehoren; de gelden van de algemeen superintendenten, van het algemeen fonds voor onvoorziene omstandigheden, van de Algemene Vergadering; van andere algemene liefdadigheidsfondsen; de gelden van de Algemene Nazarener Jeugd Internationaal; en de gelden van de Algemene NMI. (331.3)

330.3. Om ter wille van een getrouwe uitvoering van zijn taken een bedrag als borg te deponeren bij een betrouwbare maatschappij, zoals de Algemene Raad dat kan bepalen.

330.4. Om verslagen aan te bieden aan de raden en afdelingen, wier gelden hij beheert.

330.5. Om de Algemene Raad een jaarlijks verslag aan te bieden van alle financiën van de Kerk van de Nazarener, inclusief de investeringen. (335.12)

330.6. Om de beleggingen in gebouwen te verzekeren door middel van toereikende polissen en ervoor te zorgen dat deze niet komen te vervallen.

L. De Algemene Raad

331. De Church of the Nazarene, Inc., is een nonprofit rechtspersoon onder de wetten van de staat Missouri, USA. De Algemene Raad zal bestaan uit leden die via schriftelijke stemming worden gekozen door de Algemene Vergadering vanuit de voordrachten zoals geregeld in artikel 332.1-333.5. Om gekozen te kunnen worden als lid van de Algemene Raad als afgevaardigde van een kerkelijke regio, moet men woonachtig zijn in die regio en lid van een plaatselijke gemeente in die regio. (305.6, 334)

331.1. Niemand zal verkiesbaar zijn als lid van de Algemene Raad of daar lid van blijven die in dienst is bij de Church of the Nazarene, Inc. of in dienst is bij organisaties, inclusief onderwijsinstellingen, die financiële steun ontvangen van de Church of the Nazarene, Inc. Personen vanuit districten of van andere organisaties die exploitatiebijdragen ontvangen van de algemene kerk zijn evenmin verkiesbaar.

331.2. De algemeen secretaris zal ex-officio secretaris zijn van de Church of the Nazarene, Inc. en van de Algemene Raad.

331.3. De algemeen penningmeester van de Kerk van de Nazarener zal ex-officio penningmeester zijn van de Church of the Nazarene, Inc., van de Algemene Raad, en van de afdelingen van de Church of the Nazarene, Inc. (330.2)

332. Nominaties voor de Algemene Raad zullen opgesteld worden zoals hierna bepaald:

332.1. Nadat de afgevaardigden naar de Algemene Vergadering gekozen zijn, zal elke afvaardiging van een fase 3 district bijeenkomen om kandidaten te kiezen om genomineerd te worden voor de Algemene Raad, en wel op de volgende wijze. Elk fase 3 district mag de namen van twee geordineerde geestelijken in functie en twee leken noemen. De multiculturele samenstelling van het nominerende district dient bij het selecteren van namen in overweging te worden genomen. In regio's die een Regionale Adviesraad hebben, zullen de namen van deze kandidaten eerst naar de nationale raad en dan naar de Regionale Adviesraad worden gezonden, die het aantal namen tot drie voor elke positie waar de kiesvergadering voor moet stemmen zal beperken, waarna de namen onmiddellijk naar het kantoor van de algemeen secretaris gestuurd worden, om daar op de stembriefjes voor de afgevaardigden naar de Algemene Vergadering van elke regio geplaatst te worden. (205.23)

332.2. Vanuit deze kandidatenlijst zullen de afgevaardigden van elke regio als volgt een nominatie naar de Algemene Vergadering opstellen:

Elke regio met 100.000 of minder leden zal één in functie benoemde geordineerde geestelijke en één leek nomineren; elke regio met tussen de 100.000 en 200.000 leden zal 2 geordineerde geestelijken in functie, te weten een districtssuperintendent en een predikant of evangelist, en twee leken nomineren; en één extra leek en één extra in functie benoemde geordineerde geestelijke voor regio's groter dan 200.000 leden, onder de volgende bepalingen:

In die regio's die meer dan 200.000 leden hebben, zal één in functie benoemde geordineerde geestelijke een predikant of een evangelist zijn, de andere een districtssuperintendent, en de laatste mag er een zijn uit beide categorieën.

Geen enkel district heeft recht op meer dan twee leden in de Algemene Raad, en geen enkele regio heeft recht op meer dan 6 leden (met uitzondering van de vertegenwoordigers van instellingen en de NMI en NJI). Als meer dan twee kandidaten van een district meer stemmen krijgen dan kandidaten van andere

ALGEMEEN BESTUUR 143

districten uit de regio, dan zullen diegenen uit een ander district die de hoogste stemmen daarna hebben gekozen worden als kandidaten voor de regio.

In elke regio zullen de leek/leken, de predikant of evangelist, en/of de districtssuperintendent die de meeste stemmen krijgen in hun respectievelijke categorieën met een meerderheid van stemmen genomineerd worden voor de Algemene Vergadering. In het geval van de grotere regio's waar er 6 leden gekozen moeten worden, zullen de leek en de in functie benoemde geordineerde geestelijke die daarna de meeste stemmen kregen genomineerd worden.

Als een Regionale Adviesraad vaststelt dat waarschijnlijk een meerderheid van de gekozen afgevaardigden niet in staat zal zijn de Algemene Vergadering bij te wonen, kan de regionale stemming via de post of elektronisch plaats vinden binnen een periode van 6 maanden voorafgaande aan de start van de Algemene Vergadering. De specifieke procedure waardoor deze nominatie van de leden voor de Algemene Raad per post of in elektronische vorm plaats zal vinden zal door de Regionale Adviesraad worden opgesteld en ter goedkeuring worden voorgelegd aan de algemeen secretaris, voordat de stemming wordt uitgevoerd. (305.6, 901)

332.3. De Internationale Onderwijsraad (IOR) zal aan de Algemene Vergadering 4 personen van de onderwijsinstellingen nomineren, twee geordineerde geestelijken in functie en twee leken. De Algemene Vergadering zal twee vertegenwoordigers voor de Algemene Raad kiezen, een in functie benoemde geordineerde geestelijke, en een leek. (331.1)

332.4. Het Algemene Bestuur van de Nazarener Jeugd Internationaal zal aan de Algemene Vergadering de nieuwgekozen voorzitter van de Algemene NJI-Raad voordragen. In het geval dat de voorzitter van de Algemene NJI-Raad niet kan dienen, zal het Algemene NJI Bestuur een lid van het Algemene NJI Bestuur voordragen. (343.4)

332.5. Het Algemene Bestuur van de NMI zal aan de Algemene Vergadering één lid van hun Algemene Bestuur voordragen. De Algemene Vergadering zal één vertegenwoordiger voor de Algemene Raad kiezen. (344.3)

332.6. De regionale RCL coördinatoren en de Algemene RCL directeur zullen één lid voordragen aan de Algemene Vergadering. De Algemene Vergadering zal één vertegenwoordiger voor de Algemene Raad kiezen

333. Verkiezingen voor de Algemene Raad zullen plaatsvinden zoals hierna bepaald:

333.1. Elke kandidaat, genomineerd door de respectievelijke regio's, zal gekozen worden door de Algemene Vergadering door een meerderheid van de schriftelijke stemmen.

333.2. Van de genomineerden vanuit de Internationale Onderwijsraad zal de Algemene Vergadering er twee kiezen, waarvan er één een geordineerde geestelijke zal zijn, en de ander een leek.

333.3. De genomineerde door de Algemene Raad van de Nazarener Jeugd Internationaal zal door de Algemene Vergadering middels een ja/nee stemming worden gekozen. (343.4, 903)

333.4. De genomineerde door de Algemene Raad van de NMI zal door de Algemene Vergadering middels een ja/nee stemming worden gekozen. (344.3, 904)

333.5. De genomineerde door de regionale RCL/Z coördinatoren en de wereldwijde RCL/Z directeur zal door de Algemene Vergadering middels een ja/nee stemming worden gekozen. (332.6)

334. De leden van de Algemene Raad zullen functioneren tot aan de laatste verdaging van de eerstvolgende Algemene Vergadering en totdat hun opvolgers gekozen en in functie gesteld zijn. In het geval dat een lid van de Algemene Raad verhuist naar een andere regio dan hij vertegenwoordigt, of daar lid wordt van een kerk, of als een geestelijke benoemd wordt in een ander soort bediening dan degene waarvoor hij gekozen is, of als een geestelijke niet langer in functie is, of een leek een districtsbevoegdheid aanvraagt en ontvangt, zal zijn lidmaatschap onmiddellijk beëindigd worden. De aldus ontstane vacature zal direct vervuld worden. (331)

334.1. Vacatures die zich voordoen in het lidmaatschap van de Algemene Raad, en eveneens in de commissies daarvan, zullen vervuld worden op voordracht van de Raad van Algemeen Superintendenten, die aan de algemeen secretaris de namen van twee verkiesbare personen zal doorgeven. Van deze twee zullen de DistrictsAdviesRaden van de betreffende regio's er één kiezen door middel van een meerderheid van stemmen, waarbij elke fase 2 en fase 3 DistrictsAdviesRaad recht heeft op één stem. De genomineerden namens onderwijsinstellingen zullen aan de Algemene Raad voorgelegd worden om bij meerderheid van stemmen er één te kiezen. De genomineerden namens de NJI zullen voorgelegd worden aan het Algemene NJI Bestuur om bij meerderheid van stemmen er één te kiezen. De genomineerden namens de NMI zullen door het dagelijks bestuur van het Algemene NMI Bestuur, in overleg met de verantwoordelijke algemeen superintendent en met de goedkeuring van de Raad van Algemeen Superintendenten, aan het Algemene NMI Bestuur worden voorgelegd om bij meerderheid van stemmen er één te kiezen. Vanuit de genomineerden vanuit de Internationale RCL zal er één worden gekozen door een meerderheid van stemmen van de Algemene Raad (332.3-332.6)

335. Taken van de Algemene Raad. De Algemene Raad zal dienen als het bestuur van "The Church of the Nazarene,

ALGEMEEN BESTUUR 145

Inc.", en zal het hoogste gezag hebben ten aanzien van niet-kerkelijk beleid en -plannen. De Algemene Raad verwacht van alle nationale, regionale, districts- en plaatselijke raden dat zij de missie van de Kerk van de Nazarener vervullen, welke is het propageren van christelijke heiligheid in de Wesleyaanse traditie door Christusgelijkvormige discipelen te maken onder de volkeren, en de voortgang van de wereldwijde kerk in elk land en/of regio faciliteren. De Algemene Raad zal de financiële en materiële zaken bevorderen van alle commissies van "The Church of the Nazarene, Inc.", onderworpen aan de eventuele instructies van de Algemene Vergadering. Zij zal de plannen en activiteiten van de diverse afdelingen zodanig coördineren, met elkaar in verband brengen en op elkaar afstemmen dat er eenheid in het beleid zal zijn door en in alle activiteiten van "The Church of the Nazarene, Inc.". Zij zal de bevoegdheid hebben opdracht te geven voor de controle van de rekeningen van al haar afdelingen en alle eenheden die juridisch gerelateerd zijn aan "The Church of the Nazarene, Inc." en zal leiding geven aan de zakelijke en bestuurlijke aangelegenheden van "The Church of the Nazarene, Inc.", en haar afdelingen en alle eenheden die juridisch gerelateerd zijn aan "The Church of the Nazarene, Inc.". Deze afdelingen en eenheden zullen de adviezen en aanbevelingen van de Algemene Raad in ernstige overweging nemen.

335.1. De Algemene Raad zal de bevoegdheid hebben om te kopen, te bezitten, te beheren, met hypotheek te belasten, te verkopen, over te dragen en te schenken, of op andere wijze zowel zakelijk als persoonlijk eigendom te verkrijgen, te bezwaren, en van de hand te doen, namelijk eigendom, dat verkocht, gelegateerd, vermaakt, geschonken of op andere wijze met legale doelstelling aan het beheer van "The Church of the Nazarene, Inc." overgedragen is, en dit beheer uit te voeren; en om geld al dan niet op borg te lenen voor het uitvoeren van de wettige doeleinden van "The Church of the Nazarene, Inc."

335.2. De Algemene Raad zal een vacature in de Raad van Algemeen Superintendenten vervullen volgens artikel 316 en 305.2.

335.3. De Algemene Raad zal voorafgaande aan of onmiddellijk volgende op de laatste verdaging van de Algemene Vergadering bijeenkomen en zichzelf organiseren door functionarissen en commissies te kiezen, en leden van de commissies zoals vereist door haar statuten en reglementen, om te dienen voor de periode van 4 jaar en totdat hun opvolgers gekozen en in functie gesteld zijn. De algemeen superintendenten zullen de bijeenkomsten van de Algemene Raad voorzitten.

335.4. Bijeenkomsten. De Algemene Raad zal minstens driemaal tussen Algemene Vergaderingen in bijeenkomen, op een tijdstip dat en een plaats die bepaald wordt door de reglementen van de genoemde raad, of op een tijdstip, datum en plaats die unaniem aangenomen zijn tijdens een reguliere of bijzondere bijeenkomst, om zo goed mogelijk de belangen van de Algemene Raad en haar commissies te dienen.

335.5. Speciale bijeenkomsten van de Algemene Raad kunnen door de Raad van Algemeen Superintendenten, de voorzitter of de secretaris bijeengeroepen worden.

335.6. Wereldevangelisatiefonds. Elke plaatselijke Kerk van de Nazarener maakt deel uit van de wereldwijde inspanning om "Christusgelijkvormige discipelen onder de volken te maken." Het Wereldevangelisatiefonds zal door de denominatie gebruikt worden ter ondersteuning, handhaving en stimulering van algemene zendings- en zendingsgerelateerde activiteiten.

De jaarlijkse begroting voor de algemene kerk zal worden gebaseerd op voorziene bijdragen, met input van de afdelingen en bureaus van de algemene kerk en de financiële verslaggeving van de algemeen penningmeester. Van tijd tot tijd zal de Algemene Raad het bedrag bepalen dat elke afdeling en elk fonds ontvangt van het Wereldevangelisatiefonds. Wanneer overeenstemming is bereikt over deze verdeling, zal die ter overweging aan de Raad van Algemeen Superintendenten voorgelegd worden, die suggesties of wijzigingen kan voorstellen, voordat ze definitief door de Algemene Raad wordt aangenomen.

335.7. Zodra het totale bedrag van het Wereldevangelisatiefonds voor het komende fiscale jaar is vastgesteld door de Algemene Raad, zijn de Algemene Raad en de Raad van Algemeen Superintendenten gemachtigd het Wereldevangelisatiefonds te verdelen over de diverse districten op basis van rechtvaardigheid, zowel tegenover het district als de betreffende algemene belangen. (130, 317.10)

335.8. De Algemene Raad is gemachtigd om een budget dat door een afdeling of fonds aangevraagd is te verhogen of te verminderen. Financiële kwesties die door de Algemene Vergadering aangenomen zijn, zullen verwezen worden naar de Algemene Raad, die gemachtigd zal zijn om de jaarlijkse toewijzing aan een instituut of afdeling van de kerk aan te passen aan de bestaande economische situatie, in overeenstemming met de totale financiële situatie van de algemene Kerk.

335.9. De Algemene Raad dient goedkeuring te verlenen aan de toewijzing van het Wereldevangelisatiefonds aan het Nazarener Theologisch Seminarie (USA) en het Nazarener Bijbelcollege (USA), zoals het haar goed acht in lijn met de beschikbaarheid van fondsen.

335.10. De Algemene Raad zal jaarlijks in de periode tussen de Algemene Vergaderingen de salarissen en de daaraan verbonden vergoedingen van de algemeen superintendenten bezien en zo nodig aanpassen.

335.11. Rapporten. De Algemene Raad zal op haar reguliere bijeenkomst een gedetailleerd rapport ontvangen van de

ALGEMEEN BESTUUR

activiteiten van de afdelingen in het afgelopen jaar, inclusief een financieel rapport. Elke afdeling zal eveneens een begroting met daarin de gewenste uitgaven voor het komende jaar voorleggen.

335.12. De algemeen penningmeester zal jaarlijks aan de Algemene Raad een gedetailleerd rapport voorleggen van de ontvangsten en uitgaven van alle fondsen die hem gedurende het afgelopen jaar zijn toevertrouwd, inclusief beleggingsfondsen en investeringen, samen met een gedetailleerd verslag van de gewenste uitgaven voor het komende jaar van de fondsen buiten de budgetten van de afdelingen van de Church of the Nazarene, Inc. De algemeen penningmeester zal verantwoording schuldig zijn aan de Algemene Raad voor een getrouwe uitvoering van zijn officiële taken. (330.5)

335.13. De Algemene Raad zal voorafgaande aan of onmiddellijk volgende op de laatste verdaging van de Algemene Vergadering bijeenkomen en zal een algemeen secretaris en een algemeen penningmeester kiezen, zoals bepaald in de Reglementen van de Algemene Raad, die hun functie zullen vervullen tot aan de laatste verdaging van de eerstvolgende Algemene Vergadering en totdat hun opvolgers gekozen en in functie gesteld zijn.

335.14. De leden van Algemene Raad die de Amerikaanse regio's vertegenwoordigen zullen een Raad Pensioenen en Uitkeringen USA kiezen, bestaande uit één lid als vertegenwoordiger van elke Amerikaanse regio, en één algemeen lid. Voordrachten zullen worden voorgelegd door de Raad van Algemeen Superintendenten zoals geregeld in het Reglement van de Raad Pensioenen en Uitkeringen USA. (337)

335.15. De Algemene Raad zal na elke Algemene Vergadering een Raad van het Nazarene Publishing House kiezen, die zal dienen tot aan de laatste verdaging van de eerstvolgende Algemene Vergadering en totdat hun opvolgers gekozen en in functie gesteld zijn.

335.16. Een agendapunt van de Algemene Raad dat alleen een specifieke regio/land betreft zal na goedkeuring van het dagelijks bestuur van de Algemene Raad en de Raad van Algemeen Superintendenten worden verwezen naar een vergadering van de leden van de Algemene Raad uit die regio/land.

335.17. De Algemene Raad zal elke commissie of comité, goedgekeurd door de Algemene Vergadering of de Algemene Raad, verbinden aan één of meerdere afdelingen, of aan de raad als geheel, en haar werk, verantwoordelijkheid en budget toewijzen.

335.18. Afdelingsdirecteuren. De Algemene Raad zal afdelingsdirecteuren van de "The Church of the Nazarene, Inc." kiezen conform de procedures zoals vermeld in het huishoudelijke reglement van de Algemene Raad, en het Beleidshandboek van de Algemene Raad, die hun functie zullen vervullen tot aan de laatste verdaging van de eerstvolgende Algemene Vergadering en tot dat hun opvolgers gekozen en in functie gesteld zijn, tenzij ze uit hun functie ontheven worden. (317.5)

335.19. Afdelingsdirecteuren zullen **conform de volgende procedures worden voorgedragen:** Als er een zittende directeur is, kan de nominatiecommissie aanbeveling doen tot een ja/nee stemming, of meerdere kandidaten nomineren. Het zoeken naar capabele kandidaten voor deze functies zal worden verzorgd door een selectiecommissie zoals bepaald in de Reglementen van de Algemene Raad. Deze commissie zal twee of meer namen voorleggen aan de nominatiecommissie, samen met ondersteunende argumenten voor hun aanbeveling.

De nominatiecommissie, die wordt gevormd door de 6 algemeen superintendenten en de personeelscommissie van elke afzonderlijk commissie, zal één of twee namen voorleggen aan de Algemene Raad om conform de Reglementen van de Algemene Raad gekozen te worden.

335.20. Salarissen uitvoerend personeel. De Algemene Raad zal een beoordelings- en beloningssysteem opzetten en bijhouden dat tevens de directeuren van de afdelingen en diensten insluit, en dat voor een beloningsstructuur zorgt die beide niveaus van verantwoordelijkheid en verdienste onderkent. De Algemene Raad zal jaarlijks de salarissen bezien en goedkeuren van de afdelingsdirecteuren en andere functionarissen, gekozen en gemachtigd door de Algemene Raad.

335.21. De Algemene Raad zal in de periode tussen de zittingen van de Algemene Vergadering en/of de Algemene Raad in, op voordracht zoals bepaald in de Reglementen van de Algemene Raad en artikel 317.4, elke vacature vervullen die zich voor kan doen in één van de functies zoals genoemd in artikelen 335.13 en 335.18 en elke andere uitvoerende functie die door de Algemene Vergadering, de Algemene Raad of de door hun gekozen afdelingen gecreëerd is.

336. De pensionering van alle leidinggevende functionarissen en elke andere directeur zoals genoemd in artikelen 335.13 en 335.18, en elk ander hoofd van een dienst die bij de "The Church of the Nazarene, Inc." in dienst is, zal ingaan met de bijeenkomst van de Algemene Raad die volgt op hun zeventigste verjaardag. Daar waar zich vacatures voordoen, zullen die vervuld worden in overeenstemming met de procedures van het *Handboek*.

M. Pensioenregelingen

337. Er zal een pensioenraad zijn, of een soortgelijk gezaghebbend lichaam, met een fiduciaire verantwoordelijkheid voor elke aan de kerk verbonden pensioenvoorziening. Een pensioenvoorziening kan op het niveau van een organisatie, district, meerdere districten, nationaal, regionaal of multiregionaal getroffen worden, zoals dat nodig mocht blijken te zijn. (335.14)

337.1. De Algemene Raad zal richtlijnen vaststellen en onderhouden die relevant zijn voor pensioenvoorzieningen over de gehele wereld. De Algemene Raad staat voor geen enkel pensioenprogramma garant ten aan zien van verliezen of waardevermindering. De Algemene Raad staat niet garant voor de betaling van het geld dat aan enig persoon door een pensioenvoorziening verschuldigd kan zijn of worden, en zal niet aansprakelijk zijn in het geval dat een voorziening onvoldoende basis heeft. (32.5)

337.2. Alle pensioenvoorzieningen moeten jaarlijks een verslag voorleggen aan de Algemene Raad via de afdeling Internationale Pensioenen en Uitkeringen, in de vorm en in het formaat zoals voorgeschreven. (32.5)

N. Dochtersmaatschappijen van "The Church of the Nazarene, Inc."

338. Dochtermaatschappijen van "The Church of the Nazarene, Inc." zullen worden georganiseerd en bestuurd overeenkomstig de volgende principes.
a) "Sole Member"
   i) De "Sole Member" van alle dochtermaatschappijen die rechtspersoonlijkheid hebben in de USA moet "The Church of the Nazarene, Inc." zijn.
b) Lidmaatschap Raad van Bestuur
   i) Samenstelling: Elke organisatie zal het geschikte aantal bestuursleden bepalen overeenkomstig haar behoeften en doel. De minimale vereisten zijn:
      (1) Eén lid van de Raad van Algemeen Superintendenten zal ex-officio lid zijn.
      (2) Eén leidinggevende van de denominatie, aangesteld door de Raad van Algemeen Superintendenten, zal lid zijn.
   ii) Alle bestuursleden moeten worden voorgedragen door de Raad van Algemeen Superintendenten in overleg met de andere bestuursleden van de organisatie.
   iii) Alle bestuursleden moeten worden gekozen door de Raad van Algemeen Superintendenten, handelend namens de "Sole Member". Ze zullen hun functie bekleden tot hun opvolgers gekozen en in functie gesteld zijn.
   iv) Ontslag: Een of meer bestuursleden kunnen op elk moment met of zonder reden worden ontslagen door een besluit van de Raad van Algemeen Superintendenten, handelend namens de "Sole Member" op een bijeenkomst die speciaal daartoe is bijeengeroepen.

c) Leidinggevenden. Het aantal en de titels van de leidinggevenden zullen door elke eenheid worden bepaald in hun reglement.
d) Bijeenkomsten van de maatschappij:
  i) Bijeenkomsten van de "Sole Member" zullen plaatsvinden op een datum en plaats die van tijd tot tijd wordt bepaald door de "Sole Member"("The Church of the Nazarene, Inc.")
  ii) Bijeenkomsten van de bestuursleden zullen plaatsvinden volgens de besluiten van de maatschappij.
e) Directeuren van de maatschappij zullen worden gekozen en ontslagen in overeenstemming met het reglement van de maatschappij.
f) Fiscale jaar. Alle dochtermaatschappijen zullen een fiscaal jaar kiezen dat identiek is aan dat van "The Church of the Nazarene, Inc.".
g) Ontbinding. Na ontbinding van de maatschappij zullen alle baten toevallen aan de "Sole Member".
h) Statuten en reglement:
  i) Dochtermaatschappijen kunnen worden opgericht door een tweederde meerderheid van stemmen van de Algemene Raad van de "Sole Member".De statuten en een reglement zijn onderworpen aan de goedkeuring van de Algemene Raad van de "Sole Member".
  ii) Amendementen zullen worden voorgesteld door een tweederde meerderheid van stemmen van de Raad van Bestuur van de maatschappij en zijn onderworpen aan de goedkeuring van de Algemene Raad van de "Sole Member".

O. De Raad van "Nazarene Publishing House"

339. De missie van het "Nazarene Publishing House"is het publiceren en produceren, verkopen, in eigendom nemen, in licenties uitgeven en beheren van materiaal ten bate van de Kerk van de Nazarener en andere christelijke markten in overeenstemming met de missie van de Kerk. Om de mediakanalen en middelen die de Kerk van de Nazarener en haar afdelingen gebruiken te beschermen, vertrouwt de Kerk van de Nazarener die voorname verantwoordelijkheid toe aan het "Nazarene Publishing House".

P. De Algemene Commissie Christelijke Actie

340. Direct volgende op de Algemene Vergadering, zal de Raad van Algemeen Superintendenten een secretaris en 3 leden van de Algemene Commissie Christelijke Actie benoemen. Eén van hen zal de algemeen secretaris zijn, die verslag zal doen van het werk van de commissie aan de Algemene Raad.

ALGEMEEN BESTUUR

De **taken van de Algemene Commissie Christelijke Actie** zijn:

340.1. Het voorzien in en het ontwikkelen van opbouwende informatie over zulke zaken als alcohol, tabak, narcotica, gokken en andere hedendaagse morele en sociale kwesties, in overeenstemming met de leer van de kerk, en het verspreiden van deze informatie via de communicatiemiddelen van het kerkgenootschap.

340.2. Het beklemtonen van de heiligheid van het huwelijk en het christelijk gezin, en het wijzen op de problemen en het kwaad van scheidingen. De commissie dient speciale aandacht te geven aan de Bijbelse gedachte van het huwelijk als een levenslang verbond, dat enkel door de dood verbroken mag worden.

340.3. Het aanmoedigen van onze mensen om leiding te geven aan organisaties die werken aan maatschappelijke en sociale gerechtigheid.

340.4. Het alert maken van onze mensen betreffende het onderhouden van de zondagsheiliging, eedgebonden geheime genootschappen, vermaak dat de christelijke ethiek ondermijnt en wereldgelijkvormigheid op andere terreinen. (29.1)

340.5. Het assisteren en aanmoedigen van een district bij het opstarten van een Commissie Christelijke Actie, en het zorgen dat elk district voldoende informatiemateriaal heeft betreffende hedendaagse morele problemen om te verspreiden onder elke plaatselijk kerk.

340.6. Het volgen van morele kwesties van nationaal en internationaal belang, en het ter overweging verstrekken van de Schriftuurlijke zienswijze.

Q. De Commissie voor de Behartiging van de Belangen van de door God Geroepen Evangelist

341. De Commissie voor de Behartiging van de Belangen van de door God Geroepen Evangelist zal bestaan uit een coördinator evangelisatieacties, die ex-officio voorzitter van de commissie zal zijn, plus 4 ervaren evangelisten en een predikant. De directeur USA/Canada Zending/Evangelisatie, in overleg met de coördinator evangelisatieacties, zal een lijst met genomineerden voorleggen aan de Raad van Algemeen Superintendenten ter goedkeuring en benoeming. De commissie of een door haar aangewezen persoon zal persoonlijk aangestelde evangelisten interviewen die door hun districten zijn aanbevolen voor de status van "ervaren evangelist". Ze zal eveneens de situatie van de rondreizende evangelisten in de Kerk van de Nazarener beoordelen en aanbevelingen aan de betreffende commissie van de Algemene Raad doen ten aanzien van zowel evangelisatieacties als evangelisten. Vacatures zullen worden vervuld via benoeming door de Raad van Algemeen Superintendenten vanuit aanbevelingen door de directeur van het kantoor USA/Canada, in overleg met de coördinator evangelisatieacties. (317.7, 510.3)

R. De Internationale Curriculum Adviescommissisie

342. Volgend op de Algemene Vergadering, zal de directeur van "Global Clergy Development", in overleg met de regionale opleidingscoördinatoren, een lijst met genomineerden voorleggen om te dienen in de Internationale Curriculum Adviescommissie (ICOSAC). Genomineerden kunnen vertegenwoordigers van predikanten, bestuurders, onderwijskundigen en leken zijn. De samenstelling van de ICOSAC dient een goede weerspiegeling van de wereldwijde kerk te zijn. De Raad van Algemeen Superintendenten zal de Internationale Curriculum Adviescommissie benoemen om te dienen voor een periode van vier jaar.

De Internationale Curriculum Adviescommissie zal niet minder dan eens in de twee jaar bijeenkomen op een locatie die bepaald wordt door de directeur van "Global Clergy Development". (529.1-529.2, 529.5)

S. De Algemene Nazarener Jeugd Internationaal

343. Het Nazarener jeugdwerk zal op wereldniveau worden georganiseerd onder toezicht van de NJI, volgens het Handvest van de NJI en onder het gezag van de algemeen superintendent verantwoordelijk voor de NJI en de Algemene Raad. De Algemene NJI zal bestaan uit de leden, plaatselijke groepen en districtsorganisaties van de NJI over de hele wereld. De Algemene NJI zal functioneren conform het NJI Handvest en het Algemene NJI Jeugdwerkplan, goedgekeurd door de Algemene Vergadering.

343.1. Er zal een wereldwijde vierjaarlijkse NJI conventie worden gehouden, die bijeen zal komen op een tijdstip zoals bepaald door de Raad van Algemeen Superintendenten, in overleg met de Algemene NJI-Raad. De vierjaarlijkse conventie zal bestaan uit afgevaardigden zoals bepaald door het Algemene NJI Jeugdwerkplan (810).

343.2. De conventie zal een voorzitter voor de Algemene NJI-Raad kiezen. De vice-voorzitter van de Algemene NJI-Raad zal worden gekozen door de Algemene NJI-Raad tijdens haar allereerste vergadering gedurende of volgend op de Algemene Vergadering. De voorzitter en vice-voorzitter zullen ex-officio leden van de Algemene NJI-Raad zijn en dienen zonder salaris.

343.3. De Algemene NJI-Raad zal bestaan uit de voorzitter, de vicevoorzitter en vertegenwoordigers van elke regio zoals bepaald door het Algemene NJI Jeugdwerkplan. De directeur van de NJI zal een ex-officio lid van de Raad zijn. De Raad zal verantwoording verschuldigd zijn aan de Algemene Raad via de Global Missions Committee, en aan de algemeen

ALGEMEEN BESTUUR

superintendent, verantwoordelijk voor de NJI, en zal zichzelf organiseren volgens het NJI Handvest en het Algemene NJI Jeugdwerkplan. De leden van de Algemene NJI-Raad zullen in functie zijn tot aan de laatste verdaging van de eerstvolgende Algemene Vergadering, en tot hun opvolgers zijn gekozen en geïnstalleerd. (810)

343.4. De Algemene NJI zal in de Algemene Raad van de Kerk van de Nazarener vertegenwoordigd worden door Algemene NJI voorzitter, gekozen door de Algemene Vergadering vanuit de voordracht, opgesteld door de Algemene NJI-Raad. (332.4, 333.3)

343.5. De Algemene NJI zal in de Algemene Vergadering worden vertegenwoordigd door de Algemene NJI voorzitter aan het einde van zijn termijn (301).

T. Het Algemene Bestuur van de Algemene Nazarene Missions International

344. Het Algemene Bestuur van de Algemene NMI zal bestaan uit de algemene voorzitter, de algemene directeur, en het aantal leden dat voorgeschreven wordt door de Statuten van de Algemene NMI en in overeenstemming daarmee gekozen is.

344.1. Het Algemene Bestuur is onderworpen aan de NMI Statuten. Het Algemene Bestuur zal rapporteren aan de Global Missions Committee van de Algemene Raad zijn. (811)

344.2. Nominatie en verkiezing van de Algemene NMI directeur. Het dagelijks bestuur van de algemene NMI en de verantwoordelijke algemeen superintendent zullen de nominatiecommissie vormen die potentiële kandidaten zal identificeren voor de functie van algemene NMI directeur. Maximaal twee namen van potentiële kandidaten zullen worden voorgelegd aan de Commissie Wereldzending van de Algemene Raad.

De Commissie Wereldzending van de Algemene Raad zal samen met de verantwoordelijke algemeen superintendent de voorgedragen namen beoordelen en maximaal twee namen voorleggen aan de Raad van Algemeen Superintendenten.

De Raad van Algemeen Superintendenten zullen per stembiljet een algemeen NMI directeur kiezen vanuit de namen die aan haar zijn voorgedragen door de Commissie Wereldzending van de Algemene Raad.

De algemene NMI directeur zal ex-officio lid zijn van het Algemene NMI Bestuur en lid van de staf van Wereldzending.

344.3. De Algemene NMI zal in de Algemene Raad vertegenwoordigd worden door één lid, gekozen door de Algemene Vergadering vanuit een nominatie die opgesteld is door het Algemene Bestuur van de Algemene NMI. (332.5, 333.4)

344.4. Er zal een vierjaarlijkse conventie gehouden worden onder leiding van het Algemene Bestuur van de Algemene NMI, direct voorafgaande aan de reguliere bijeenkomst van de

Algemene Vergadering. De conventie zal het Algemene Bestuur van de NMI kiezen, in overeenstemming met de statuten. De conventie zal een algemene voorzitter kiezen, die ex-officio lid zal zijn van het Algemene Bestuur van de NMI. (811)

U. Nationale raden

345. Op aanbeveling van de Raad van Algemeen Superintendenten kan een Nationale Raad ingesteld worden, indien zo'n raad nodig is om te helpen met het faciliteren van de missie en strategie van de kerk in dat land. Een Nationale Raad zal de bevoegdheden hebben die haar door de regioleider en de fase 3 Districtsadviesra(a)d(en) van dat land (als die er zijn) gegeven worden, om in overleg met de verantwoordelijke algemeen superintendent(en) in die regio, en de districten van dat land, namens de kerk te handelen ter vervulling van de regionale strategie. De Raad kan, indien de regioleider dat in overleg met de verantwoordelijke algemeen superintendent voor die regio nodig acht, erkend worden als de wettelijke autoriteit van de Kerk van de Nazarener in dat land. Indien niet langer nodig geacht voor de vervulling van de missie of voor wettelijke vertegenwoordiging, kan een Nationale Raad worden ontbonden door de Raad van Algemeen Superintendenten.

Het lidmaatschap en de structuur van elke Nationale Raad zal worden bepaald door de Raad van Algemeen Superintendenten.

Een kopie van de akte van oprichting of verkrijging van rechtspersoonlijkheid zal onmiddellijk naar de algemeen secretaris gezonden worden. Deze akte zal up to date worden gehouden door elke aanpassing naar de algemeen secretaris op te sturen. Besluiten van de Nationale Raad inzake het faciliteren van missie en strategie van de kerk zullen in overleg met de regioleider worden genomen. De notulen van de jaarlijkse en speciale bijeenkomsten van de Nationale Raad zullen worden bezien door de Regionale Adviesraad, voordat ze aan de algemeen secretaris voorgelegd worden om door de Algemene Raad gelezen en zo nodig becommentarieerd te worden. (32.5)

V. De regio

346. Oorsprong en doel. In het groeiproces van de wereldwijde kerk heeft zich een samenkomen van verschillende georganiseerde districten tot georganiseerde eenheden ontwikkeld, die bekend staan als regio's. Een cluster van districten die onder het algemene bestuur van de Kerk van de Nazarener vallen en een besef van herkenning qua gebied en cultuur hebben, kan tot een bestuurlijke regio worden gevormd bij besluit van de Algemene Raad en goedkeuring van de Raad van Algemeen Superintendenten.

346.1. Regionaal beleid. In overeenstemming met de niet-symmetrische benadering van organiseren, kan de Raad

ALGEMEEN BESTUUR

van Algemeen Superintendenten, in overleg met de Regionale Adviesraad, bestuurlijke regio's vormgeven overeenkomstig specifieke noden, potentiële problemen, bestaande situaties en de diverse culturele en opleidingsachtergronden in bepaalde geografische gebieden van de wereld. In zulke situaties zal de Raad van Algemeen Superintendenten een kader vaststellen dat onze wezenlijke vaste waarden omvat zoals de geloofsartikelen, trouw aan onze heiligingsleer en levensstijl en ondersteuning van ons uitgebreide zendingswerk.

346.2. Taken. De belangrijkste taken van de regio's zijn:
1. Het uitvoeren van de missie van de Kerk van de Nazarener door de pioniersgebieden, districten en instellingen;
2. Het ontwikkelen van regionaal bewustzijn, gemeenschap en strategieën om de Grote Opdracht te vervullen, en districts- en instellingsafgevaardigden periodiek samen te brengen voor planning, gebed en inspiratie;
3. Het voordragen aan de Algemene Vergadering en aan de Algemene Conventies van personen, die gekozen kunnen worden in de Algemene Raad;
4. Het stichten en onderhouden van scholen en opleidingen of andere instituten, in harmonie met de bepalingen van het *Handboek*;
5. Gerechtigd te worden om kandidaat zendelingen vanuit de regio te rekruteren en ondervragen overeenkomstig het beleid (346.3);
6. Het plannen van bijeenkomsten van de Regionale Adviesraad en conferenties voor de regio;
7. Het faciliteren van Nationale Raden zoals omschreven in artikelen 345 en 346.3.

346.3. De Regionale Adviesraad (RAC). Een regio kan een Regionale Adviesraad hebben verantwoordelijkheden zullen zijn de regioleider te helpen in strategische ontwikkeling voor de regio, het bezien en aanbevelen van goed- dan wel afkeuring van alle notulen van Nationale Raden voordat die worden doorgestuurd naar het kantoor van de algemeen secretaris, het rekruteren en interviewen van kandidaatzendelingen voor aanbeveling aan de Algemene Raad voor een wereldwijde aanstelling en het ontvangen van verslagen van de regioleider, veldstrategie coördinatoren en coördinatoren van bedieningen.

Lidmaatschap van de RAC zal flexibel zijn, om de RAC samen te stellen naar gelang de behoeften, ontwikkeling en vereisten van de individuele regio's. De regioleider zal het aantal leden van de RAC ter goedkeuring aanbevelen aan de directeur Wereldzending en de verantwoordelijke algemeen superintendent. De verantwoordelijke algemeen superintendent voor de regio, de directeur Wereldzending en de regioleider zullen ex-officio lid zijn. De regioleider zal dienen als voorzitter. Personeel dat verantwoording aflegt aan Wereldzending kan niet verkiesbaar zijn in de RAC zijn, maar kan wel dienen als adviseur. De leden van de RAC zullen worden gekozen door de regionale kiesvergadering (caucus) op de Algemene Vergadering. De RAC zal zelf vacatures tussen de Algemene Vergaderingen in vervullen.

De regioleider kan zo nodig, in overleg met de RAC, een regionale conferentie of een gebiedsgebonden evangelisatieconferentie bijeenroepen. (32.5)

346.4. De regioleider. Een regio kan een regioleider hebben, gekozen door de Raad van Algemeen Superintendenten in overleg met de directeur van Wereldzending, en goedgekeurd door de Algemene Raad, om in lijn met het beleid en de gebruiken van de Kerk van de Nazarener leiding te geven aan de districten, kerken en instellingen van genoemde regio ter vervulling van de missie, strategieën en programma's van de kerk.

Voorafgaande aan de herverkiezing van een regioleider zal er een beoordelingsgesprek worden gehouden door de directeur Wereldzending en de verantwoordelijke algemeen superintendent. Een positieve uitslag hiervan zal worden gezien als een onderbouwing van de aanbeveling voor herverkiezing.

Elke regioleider is bestuurlijk verantwoording verschuldigd aan Wereldzending en de Algemene Raad, en in zaken die onder de verantwoording van een algemeen superintendent vallen, aan de Raad van Algemeen Superintendenten.

346.5. De Veld Strategie Coördinator. Wanneer dat nodig wordt geacht, kan de regioleider de regio onderverdelen in velden en aan de directeur Wereldzending de benoeming van veld strategie coördinatoren aanbevelen, conform het *Wereldzendingsbeleid en- Procedure* Handboek. De veld strategie coördinator is verantwoording verschuldigd aan de regioleider.

346.6. Regionale Curriculum Adviescommissie. De Regionale Curriculum Adviescommissie (RCOSAC) zal bestaan uit de regionale onderwijs coördinator, die de ex-officio voorzitter van de commissie kan zijn, plus afgevaardigden die in overleg met de regioleider gekozen worden. De leden van de RCOSAC dienen alle partijen uit de regio die belang hebben bij kerkelijke opleidingen te vertegenwoordigen, zoals predikanten, bestuurders, onderwijskundigen en leken.

346.7. De **taken van de Regionale Curriculum Adviescommissie (RCOSAC).** De voornaamste taken van de RCOSAC zijn:

1. Het ontwikkelen van het regionale *"Sourcebook on Ordination"* waarin de minimale onderwijskundige vereisten voor ordinatie in hun regio in de Kerk van de Nazarener worden beschreven. Het regionale *"Sourcebook on Ordination"* moet de minimale normen bevatten die in het *Handboek* zijn beschreven en verder uitgewerkt zijn in het *"International Sourcebook on Developmental Standards for Ordination"*;

ALGEMEEN BESTUUR

2. Het ontwikkelen van een systeem waarmee de kerkelijke opleidingen in de regio geijkt kunnen worden aan de minimum vereisten van de regionale COSAC en de ICOSAC;
3. Het samenwerken met de regionale onderwijsinstellingen om deze normen te interpreteren;
4. Het beoordelen van de voorgelegde curriculums ten aanzien van hun voldoen aan de eisen van het *"Regional Sourcebook"* en het *"International Sourcebook"*;
5. Het met goedkeuring doorsturen van regionale kerkelijke opleidingsprogramma's aan de ICOSAC voor aanvaarding en goedkeuring.

DEEL V
HOGER ONDERWIJS

KERK EN COLLEGE/UNIVERSITEIT

HET INTERNATIONAAL NAZARENER ONDERWIJS CONSORTIUM

INTERNATIONALE ONDERWIJSRAAD

HOGER ONDERWIJS

I. KERK EN COLLEGE/ UNIVERSITEIT

400. Vanaf haar begin heeft de Kerk van de Nazarener zich ingezet voor hoger onderwijs. De kerk voorziet het opleidingsinstituut van studenten, campusleiders, en financiële en geestelijke ondersteuning. Het opleidingsinstituut onderwijst de jongeren van de kerk en vele volwassenen van de kerk, leidt hen op de weg naar geestelijke volwassenheid, verrijkt de kerk, en zendt bedachtzame en liefhebbende dienaren van Christus de wereld in. Het kerkelijke opleidingsinstituut is, hoewel geen plaatselijke gemeente, toch een integraal deel van de kerk; het is een uitdrukkingsvorm van de kerk.

De Kerk van de Nazarener gelooft in de waarde en de waardigheid van het menselijk leven en de noodzaak te zorgen voor een omgeving waarin mensen geestelijk, verstandelijk en fysiek verlost en verrijkt kunnen worden, "geheiligd, nuttig voor de Meester en voor elk goed werk gereed" (2 Timotheüs 2:21). De voornaamste taak en de traditionele uitdrukkingsvormen van de activiteiten van de plaatselijke kerk - evangelisatie, godsdienstonderwijs, werken van barmhartigheid en erediensten - geven een voorbeeld van de liefde van de kerk voor God en haar zorg voor mensen.

Op plaatselijk niveau verdiept het christelijk onderwijs van jeugd en volwassenen in de verschillende stadia van de menselijke ontwikkeling de effectiviteit van het evangelie. Gemeenten kunnen binnen hun doelstellingen en functioneren rechtspersonen oprichten en educatieve programma's voor dagonderwijs opzetten op een of alle niveaus van crèche tot middelbare school. Op het niveau van de algemene kerk zal de historisch gegroeide praktijk van het voorzien in instellingen voor hoger onderwijs of voor voorbereiding op een geestelijk ambt gehandhaafd blijven. Waar er ook zulke instellingen zullen functioneren, zullen zij dat doen binnen het filosofische en theologische kader van de Kerk van de Nazarener, zoals vastgesteld door de Algemene Vergadering en weergegeven in het *Handboek*.

400.1. Onderwijsdoelstelling. Onderwijs in de Kerk van de Nazarener, geworteld in de Bijbelse en theologische binding aan de Wesleyaanse- en Heiligingsbewegingen en verantwoording verschuldigd aan de geformuleerde missie van de denominatie, heeft als doel zij die daarnaar verlangen te leiden in het accepteren, in het opvoeden in en in het uitdragen in dienstbetoon aan de kerk en de wereld, van consequente en samenhangende christelijke zienswijzen op het sociale en individuele leven. Bovendien zullen deze instellingen voor hoger onderwijs er naar streven om te voorzien in een leerplan, een kwaliteit van onderwijs en een blijk van wetenschappelijk prestaties die

ALGEMEEN BESTUUR

de afgestudeerden voldoende voorbereiden op een effectief functioneren in de roepingen en beroepen die zij kunnen kiezen.

400.2. Er is een besluit van de Algemene Vergadering nodig, op voordracht van de Internationale Onderwijsraad, om een instituut op te richten dat opleidt voor een bepaalde graad.

Toestemming voor de ontwikkeling of verandering van status van bestaande instellingen kan gegeven worden door de Algemene Raad, op voordracht van de Internationale Onderwijsraad.

Geen enkele kerk of groep van kerken, of personen die een plaatselijke kerk of groep van kerken vertegenwoordigen, mogen een school boven middelbaar niveau of voor voorbereiding op een geestelijk ambt namens de kerk oprichten of ondersteunen, behalve op aanbeveling van de Internationale Onderwijsraad.

II. HET INTERNATIONAAL NAZARENER ONDERWIJS CONSORTIUM

401. Er zal een Internationaal Nazarener Onderwijs Consortium zijn, bestaande uit de voorzitter, het hoofd, de rector of directeur (of zijn vertegenwoordiger) van elke instelling van de Internationale Onderwijsraad van de Kerk van de Nazarener, de regionale coördinatoren voor theologisch onderwijs, de commissaris voor onderwijs, de directeur Wereldzending, en de verantwoordelijke algemeen superintendent voor de Internationale Onderwijsraad.

III. DE INTERNATIONALE ONDERWIJSRAAD

402. De Internationale Onderwijsraad zal fungeren als de belangenbehartiger van de algemene kerk voor de onderwijsinstellingen van de Kerk van de Nazarener.

Deze raad zal bestaan uit 13 leden: 8 leden gekozen door de Algemene Raad, plus de volgende ex-officio leden: de twee onderwijsafgevaardigden van de Algemene Raad, de directeur Wereldzending, de directeur van Global Clergy Development en de Commissaris voor Onderwijs. Een nominatiecommissie bestaande uit de Commissaris voor Onderwijs, de directeur Wereldzending, twee onderwijsafgevaardigden van de Algemene Raad en de algemeen superintendenten die verantwoordelijk zijn voor de Internationale Onderwijsraad en de Afdeling Wereldzending/Evangelisatie zullen 8 personen voordragen, die zijn goedgekeurd door de Raad van Algemeen Superintendenten voor verkiezing door de Algemene Raad.

In een streven zich te verzekeren van een vertegenwoordiging uit de hele kerkelijke breedte, zal de nominatiecommissie als volgt namen voorleggen: 1 regionale coördinator; 3 leken; twee geordineerde geestelijken in functie uit wereldzendingsregio's waaruit geen regionale onderwijscoördinator is genomineerd; twee algemene leden. Geen wereldzendingsregio zal meer dan één gekozen lid in de Internationale Onderwijsraad hebben totdat elke regio vertegenwoordigd is.

In het hele nominatie- en verkiezingsproces zal aandacht gegeven worden aan de verkiezing van mensen met een eigen cultuur overstijgend perspectief en/of ervaring als docent.

De **taken van de Internationale Onderwijsraad** zijn:

402.1. Ervoor te zorgen dat de instellingen vallen onder het wettelijk beheer van hun respectievelijke bestuurslichamen, wier statuten en reglementen in overeenstemming zijn met hun respectievelijke akten van oprichting of verkrijging van rechtspersoonlijkheid en die in harmonie zijn met de richtlijnen zoals die in het *Handboek van de Kerk van de Nazarener* zijn vastgelegd.

402.2. Ervoor te zorgen dat de leden van de bestuurlijke lichamen van Nazarener instellingen goed bekend staande leden van de Kerk van de Nazarener zijn. Zij moeten volledig instemmen met de geloofsartikelen, inclusief de leer van de volkomen heiligmaking en de gebruiken van de Kerk van de Nazarener zoals die staan vermeld in het *Handboek* van de kerk. Voor zover mogelijk zullen de leden van raden van bestuur voor hoger onderwijs bestaan uit een gelijk aantal geestelijken en leken.

402.3. Het ontvangen van gelden die bijeen gebracht worden voor onderwijskundige doeleinden door middel van giften, legaten en schenkingen, en het jaarlijks verdelen van deze gelden over alle onderwijsinstellingen in overeenstemming met het beleid dat door de Algemene Raad aangenomen is. Instellingen zullen geen regelmatige ondersteuning blijven ontvangen tenzij hun onderwijsnormen, organisatiestructuur en financiële verslagen in het bezit zijn van de Internationale Onderwijsraad.

402.4. Het ontvangen en op de juiste wijze behandelen van een jaarlijks verslag van de onderwijscommissaris, waarin de volgende informatie van alle instellingen op kandidaats en doctoraal niveau verkort weergegeven wordt: (1) een statistisch jaarverslag, (2) een jaarlijks accountantsrapport, en (3) de jaarlijkse begroting.

402.5. Het doen van aanbevelingen aan en het voorzien van steun en voorspraak bij de Raad van Algemeen Superintendenten en de Algemene Raad, hoewel haar rol ten opzichte van die instellingen een adviserende is.

402.6. De kerk te dienen in alle aangelegenheden betreffende Nazarener onderwijsinstellingen, teneinde de banden tussen de instellingen en de totale kerk te versterken.

ALGEMEEN BESTUUR

402.7. Haar besluiten en aanbevelingen ter ratificatie voor te leggen aan de betreffende commissie van de Algemene Raad.

403. Alle statuten en reglementen van instellingen dienen een artikel te bevatten omtrent ontbinding en het ter hand stellen van de baten, waarin vermeld staat dat de Kerk van de Nazarener deze baten zal ontvangen om te gebruiken voor onderwijskundige diensten voor de kerk.

DEEL VI
CHRISTELIJKE BEDIENINGEN

ROEPING EN KWALIFICATIES VAN DE GEESTELIJKE

VORMEN VAN BEDIENINGEN

OPLEIDING VOOR GEESTELIJKEN

I. ROEPING EN KWALIFICATIES VAN DE GEESTELIJKE

500. De Kerk van de Nazarener erkent dat alle gelovigen geroepen zijn om alle mensen te dienen.

Wij bevestigen eveneens dat Christus sommige mannen en vrouwen roept tot een specifieke en publieke bediening, zoals Hij zijn 12 apostelen koos en ordineerde. Als de kerk, verlicht door de Heilige Geest, een goddelijke roeping ontdekt, ondersteunt en helpt de kerk een individu op zijn weg naar een levenslange bediening.

501. Theologie van vrouwen in de bediening. De Kerk van de Nazarener ondersteunt het recht van vrouwen om hun door God gegeven geestelijke gaven te gebruiken binnen de kerk en bevestigt het historische recht van vrouwen om gekozen en aangesteld te worden als leiders binnen de Kerk van de Nazarener, inbegrepen de ambten van oudste en diaken.

Het doel van Christus' verlossende werk is het bevrijden van Gods schepping van de vloek van de zondeval. Zij die "in Christus" zijn, zijn een nieuwe schepping (2 Corinthiërs 5:17). In deze verlossende gemeenschap wordt geen mens inferieur geacht op basis van sociale status, ras of geslacht (Galaten 3:26-28).

We erkennen de paradox die wordt geschapen door Paulus' instructies aan Timotheüs (1 Timotheüs 2:11-12) en aan de kerk in Corinthe (1 Corinthiërs 14:33-34), maar we geloven dat het interpreteren van deze teksten als beperking van de rol van vrouwen in de bediening ernstige conflicten oproept met specifieke Bijbelteksten die vrouwelijke deelname in leidinggevende rollen aanbeveelt (Joël 2:28-29; Handelingen 2:17-18; 21:8-9; Romeinen 16:1, 3, 7; Filippenzen 4:2-3), en de geest en praktijk van de Wesleyaanse heiligingstraditie schendt. Bovendien, het is onverenigbaar met het karakter van God zoals dat door de Bijbel heen wordt getoond, en speciaal zoals geopenbaard in de persoon van Jezus Christus.

502. Theologie van ordinatie. Hoewel we de Bijbelse leer van het priesterschap en de bediening van alle gelovigen ondersteunen, is het zo dat ordinatie het Bijbelse principe weerspiegelt dat God bepaalde mannen en vrouwen roept en gaven geeft voor dienend leiderschap in de kerk. Ordinatie is de bekrachtigende en gezag gevende handeling van de Kerk waarmee Gods roeping tot rentmeesters en verkondigers van het evangelie en de Kerk van Jezus Christus wordt erkend. Daardoor is ordinatie een getuigenis naar de Kerk als geheel en naar de wereld dat deze kandidaat getuigt van een voorbeeldig heilig leven, gaven en genade bezit voor de openbare bediening, en een dorst heeft naar kennis, speciaal van het Woord van God, en het vermogen heeft de gezonde leer te communiceren.

(Handelingen 13:1-3; 20:28; Romeinen 1:1-2; 1 Timotheüs 4:11-16; 5:22; 2 Timotheüs 1:6-7)

502.1. De Kerk van de Nazarener is in grote mate afhankelijk van de geestelijke kwalificaties, het karakter en de levensstijl van haar geestelijken. (538.17)

502.2. De dienaar van het evangelie in de Kerk van de Nazarener moet weten dat hij vrede met God heeft door onze Heer Jezus Christus, en dat hij volkomen geheiligd is door de doop of vervulling met de Heilige Geest. Hij moet een diepe liefde hebben voor ongelovigen, beseffend dat zij verloren gaan, en dat hij is geroepen om verlossing te verkondigen.

502.3. De geestelijke moet een voorbeeld voor de kerk zijn: punctueel, discreet, ijverig, oprecht, strevend naar reinheid, begrip, geduld, vriendelijkheid, liefde en waarheid door Gods kracht. (2 Corinthiërs 6:6-7).

502.4. De geestelijke moet eveneens een diep bewustzijn hebben van de noodzaak voor gelovigen om zich te richten op het volkomene en de christelijke genade in het dagelijks leven te ontwikkelen, dat hun "liefde blijft groeien door inzicht en fijnzinnigheid" (Filippenzen 1:9). Iemand die een bediening in de Kerk van de Nazarener nastreeft moet een sterk besef hebben van zowel verlossing als christelijke ethiek.

502.5. De geestelijke dient gelegenheden te benutten om toekomstige geestelijken te begeleiden en de roeping tot de bediening te koesteren.

502.6. De geestelijke moet gaven en genade hebben voor deze bediening. Hij zal een dorst hebben naar kennis, speciaal van het Woord van God; hij moet een helder oordeel hebben, een goed verstand, en duidelijke inzichten inzake de verlossing zoals geopenbaard in de Schriften. Heiligen zullen worden gesticht en zondaren bekeerd door zijn bediening. En verder moet de dienstknecht van het evangelie in de Kerk van de Nazarener een voorbeeld zijn in gebed.

II. VORMEN VAN BEDIENINGEN

A. De bediening van leken

503. Alle christenen dienen zichzelf te beschouwen als dienaren van Christus en dienen te zoeken naar Gods wil betreffende bij hen passende vormen van dienstverlening. (500)

503.1. De Kerk van de Nazarener erkent de bediening van leken. Ze erkent ook dat leken de kerk op diverse manieren kunnen dienen (Efeziërs 4:11-12). De kerk erkent de volgende vormen van bediening waarin de DistrictsVergadering een leek kan plaatsen: predikant, evangelist, zendeling, onderwijzer, bestuurder, instellingspredikant en speciale dienst. Een lekentraining is normaliter vereist of zeer gewenst om deze functies te kunnen vervullen (605.3)

503.2. De lekenprediker. Elk lid van de Kerk van de Nazarener dat zich geroepen voelt om te dienen als gemeentestichter, tentmaker/predikant, onderwijzer, lekenevangelist, lekenzangevangelist, promotor van rentmeesterschap, assistent van de kerkelijke staf, en/of een andere specifieke bediening namens de kerk, maar die op dit moment geen specifieke roeping ervaart om een geordineerde dienaar te worden, kan een cursus volgen die leidt tot het certificaat van lekenprediker.

503.3. De kerkenraad zal, op aanbeveling van de predikant, allereerst de lekenprediker beoordelen en goedkeuren voor wat betreft zijn persoonlijke ervaring van verlossing, effectieve betrokkenheid in het kerkelijk werk en kennis daarvan.

503.4. De plaatselijke kerkenraad kan elke lekenprediker een certificaat overhandigen dat getekend is door de predikant en de secretaris van de kerkenraad.

503.5. Het certificaat van de lekenprediker kan elk jaar vernieuwd worden door de kerkenraad, op aanbeveling van de predikant, mits de lekenprediker minimaal twee onderwerpen van de kerkelijke studie voor lekenbedieningen heeft voltooid, zoals beschreven in de "Continuing Lay Training". De lekenprediker zal jaarlijks aan de kerkenraad verslag uitbrengen.

503.6. Aan een lekenprediker die namens het district dient als gemeentestichter, hulppredikant, tentmaker/predikant, en/of een andere specifieke bediening, kan, nadat het vereiste deel van de studie is afgerond, door de DistrictsAdviesRaad een certificaat van lekenprediker worden verstrekt, getekend door de districtssuperintendent en de secretaris van de DistrictsAdviesRaad. Het certificaat van lekenprediker kan jaarlijks door de DistrictsAdviesRaad vernieuwd worden, op aanbeveling van de districtssuperintendent.

503.7. De lekenprediker die buiten de plaatselijke kerk waar hij lid is dient, is onderworpen aan de benoeming en het toezicht van de districtssuperintendent en de DistrictsAdviesRaad, en zal jaarlijks aan hen verslag uitbrengen. Als de districtsbenoeming afloopt, zal het vernieuwen en verslag uitbrengen weer plaatsvinden in de plaatselijke kerk waar de lekenprediker lid is.

503.8. Na voltooiing van een goedgekeurde opleiding voor een lekenbediening, zal de lekenprediker verder gaan in het specifieke studieonderdeel dat overeenkomt met de door hem gekozen bediening via het bureau "Continuing Lay Training".

503.9. Het is een lekenprediker niet toegestaan de sacramenten van doop en avondmaal te bedienen, of huwelijken in te zegenen.

CHRISTELIJKE BEDIENINGEN

B. Bedieningen van geestelijken

504. De Kerk van de Nazarener erkent slechts één orde van predikende geestelijken, die van de oudsten. Ze erkent ook dat een lid van de geestelijkheid de kerk in diverse hoedanigheden kan dienen (Efeziërs 4:11-12). De kerk erkent de volgende functiecategorieën waarin een DistrictsVergadering een oudste, diaken of, als de omstandigheden dat rechtvaardigen, een districtskandidaat voor ordinatie, kan plaatsen: predikant, evangelist, zendeling, leraar, bestuurder, instellingspredikant en speciale dienst. Een opleiding tot predikant en ordinatie zijn doorgaans vereist, of zijn zeer wenselijk om deze functies te vervullen als "in functie benoemde geestelijke". Het "Sourcebook on Ordination" zal richtlijnen verschaffen voor elke functiecategorie die de districtsraden zal helpen de kwalificaties te herkennen die noodzakelijk zijn om de benoeming tot "geestelijke in functie" te overwegen. Alleen geestelijken in functie zullen stemgerechtigde leden van de DistrictsVergadering zijn.

504.1. Al degenen die in een bepaalde functie zijn benoemd zullen jaarlijks een rapport voorleggen aan de DistrictsVergadering die hen benoemd heeft.

504.2. Al degenen die in een bepaalde functie zijn benoemd mogen jaarlijks een certificaat voor hun functiecategorie aanvragen bij en ontvangen van de DistrictsVergadering die hen benoemd heeft, getekend door de districtssuperintendent en de districtssecretaris.

504.3. Al degenen die in een bepaalde functiecategorie zijn benoemd mogen, zodra ze door bevoegde medici arbeidsongeschikt verklaard zijn, geregistreerd worden als "in functie arbeidsongeschikt geraakt".

III. INVULLINGEN VAN EEN BEDIENING

505. De diverse invullingen van een bediening zijn als volgt:

506. Bestuurder. De bestuurder is een oudste of diaken, door de Algemene Vergadering gekozen als een algemene functionaris; of een lid van de geestelijkheid gekozen of in dienst genomen om de algemene kerk te dienen. Een bestuurder kan ook een oudste zijn die door de DistrictsVergadering is gekozen als districtssuperintendent; of een lid van de geestelijkheid, gekozen of in dienst is genomen met als zijn voornaamste taak het district te dienen. Zo iemand is een geestelijke in functie.

507. Instellingspredikant. Een instellingspredikant is een geordineerde geestelijke die zich van Godswege geroepen weet tot een specifieke bediening als predikant in het leger, een instelling of een bedrijf. Alle geestelijken die als zodanig willen dienen moeten goedgekeurd zijn door hun districtssuperintendent. Een geordineerde geestelijke die als instellingpredikant dient als zijn primaire functie zal een in functie benoemde predikant zijn, en jaarlijks verslag doen aan de DistrictsVergadering en gepaste aandacht geven aan de adviezen en raadgevingen van de districtssuperintendent en de DistrictsAdviesRaad. De instellingspredikant kan gastleden in de Kerk van de Nazarener ontvangen in overleg met een officieel georganiseerde Kerk van de Nazarener, de sacramenten bedienen in lijn met het *Handboek*, pastorale zorg verlenen, de treurenden troosten, vermanen en bemoedigen en met alle middelen streven naar de bekering van zondaren, de heiliging van gelovigen en de opbouw van Gods volk in het allerheiligst geloof. (519, 538.9, 538.13)

508. Diakones. Een vrouw die lid is van de Kerk van de Nazarener en gelooft dat zij van Godswege is geleid in het dienen van zieken en behoeftigen, het troosten van de treurenden en het doen van ander werk van christelijke barmhartigheid, en wier leven getuigt van bekwaamheid, genade en bruikbaarheid, en die in de jaren voorafgaande aan 1985 de bevoegdheid van diacones heeft gekregen of als zodanig is gewijd, zal deze status behouden. De vrouwen echter die geroepen zijn tot een actieve en in functie benoemde bediening maar niet tot prediking zullen voldoen aan de vereisten voor ordinatie in de orde van diaken. Vrouwen die bewijs van ordinatie verlangen voor bedieningen van barmhartigheid kunnen werken aan de vereisten voor een erkende lekenbediening (113.9, 503.2-503.9)

509. Docent. De docent is een oudste, diaken of districtskandidaat voor ordinatie die een betrekking heeft bij de bestuurlijke staf of de faculteit van één van de onderwijsinstellingen van de Kerk van de Nazarener. Het district zal dit docentschap erkennen als een vorm van bediening.

510. Evangelist. De oudste of districtskandidaat voor ordinatie die een evangelist is, is iemand die zichzelf wijdt aan het reizen en de verkondiging van het evangelie, en die door de kerk gemachtigd is evangelisatiecampagnes te promoten en het evangelie van Jezus Christus over het hele land te verspreiden. De Kerk van de Nazarener erkent drie niveaus in de rondreizende bediening waarin een DistrictsVergadering een geestelijke kan plaatsen: geregistreerde evangelist, aangestelde evangelist en ervaren evangelist. Een evangelist die zich buiten zijn kerk geeft aan evangelisatie als zijn voornaamste taak, en die niet bij de kerk of één van haar afdelingen of instellingen te boek staat als gepensioneerd, is geestelijke in functie.

510.1. Een geregistreerde evangelist is een oudste, of een districtskandidaat voor ordinatie, die aangegeven heeft dat hij van plan is zich aan evangelisatie te wijden als zijn voornaamste bediening. Een dergelijke registratie geldt voor één jaar.

CHRISTELIJKE BEDIENINGEN 171

Vernieuwing door volgende DistrictsVergaderingen zal plaatsvinden op basis van zowel de kwaliteit als de kwantiteit van het werk in het jaar voorafgaande aan de vergadering.

510.2. Een aangestelde evangelist is een oudste die minstens twee volledige jaren aan alle vereisten voor een geregistreerde evangelist heeft voldaan. De aanstelling geldt voor één jaar en kan door volgende DistrictsVergaderingen worden vernieuwd zolang de betreffende persoon blijft voldoen aan de vereisten.

510.3. Een ervaren evangelist is een oudste die gedurende vier volledige en opeenvolgende jaren, direct voorafgaande aan de aanvraag voor de status "ervaren evangelist", voldaan heeft aan alle vereisten voor een aangestelde evangelist en is aanbevolen door de DistrictsRaad Geestelijke Stand of de DistrictsRaad Bedieningen en goedgekeurd door de Commissie ter Behartiging van de Belangen van de door God Geroepen Evangelist en de Raad van Algemeen Superintendenten. Deze status zal voortduren tot de tijd dat de evangelist niet langer aan de vereisten voor een aangestelde evangelist voldoet, of dat hij de gepensioneerde status heeft verkregen. (231.2, 536)

510.4. Er zal regelmatig een (zelf)beoordelingsgesprek worden gehouden, vergelijkbaar met de evaluatie van de relatie gemeente/predikant, tussen de evangelist en districtssuperintendent, minimaal elke 4 jaar na de verkiezing tot de status "ervaren evangelist". Deze bijeenkomst zal in overleg met de evangelist worden gepland. Na het gesprek zal een verslag met de resultaten worden opgestuurd naar de Commissie ter behartiging van de belangen van de door God geroepen evangelist ter beoordeling van kwalificaties die nodig zijn voor een voortgezette goedkeuring. (211.21)

510.5. Een oudste of een districtskandidaat voor ordinatie die een relatie als gepensioneerde met de kerk of één van haar afdelingen heeft, en die een taak als predikant wenst te vervullen middels opwekkingsdiensten of evangelisatiebijeenkomsten, kan een certificaat voor "evangelisatiewerk voor gepensioneerden" verkrijgen. Dit certificaat geldt voor één jaar, na besluit van de DistrictsVergadering op aanbeveling van de districtssuperintendent, en kan vernieuwd worden door volgende DistrictsVergaderingen op basis van daadwerkelijk werk in evangelisatie in het jaar voorafgaande aan de vergadering.

510.6. Een oudste of districtskandidaat voor ordinatie die in de tijd tussen de DistrictsVergaderingen in zich wil geven aan evangelisatiewerk, kan worden erkend door het bureau "Global Clergy Development", op aanbeveling van de districtssuperintendent. Over de registratie of aanstelling zal worden gestemd door de DistrictsVergadering, op aanbeveling van de districtssuperintendent.

CHRISTELIJKE BEDIENINGEN

510.7. Richtlijnen en procedures voor het ontvangen van het certificaat voor evangelist staan beschreven in het *"Sourcebook on Ordination"*.

511. Geestelijke in het christelijk onderwijs. Een lid van de geestelijkheid die als predikant onderdeel is van een programma voor christelijk onderwijs van een plaatselijke kerk kan in functie zijn als predikant in het christelijk onderwijs.

511.1. Degene die in de jaren voorafgaande aan 1985 een bevoegdheid als predikant in het christelijk onderwijs heeft gekregen, zal als zodanig erkend blijven. Diegenen die willen beginnen aan de opleiding die leidt tot de functie van predikant in het christelijk onderwijs, zullen voor deze bediening moeten voldoen aan de vereisten voor ordinatie voor de orde van diakenen.

512. Geestelijke in de muziek. Een lid van de Kerk van de Nazarener die zich geroepen voelt tot een bediening in de muziek, kan door de DistrictsVergadering worden aangesteld als geestelijke in de muziek voor een periode van een jaar, mits deze persoon

1. is aanbevolen voor dit werk door de kerkenraad van de plaatselijke kerk waar hij lid is;
2. blijk heeft gegeven van genade, gaven en bruikbaarheid;
3. minstens een jaar ervaring heeft in een muzikale bediening;
4. niet minder dan een jaar lang zangles heeft gevolgd bij een gediplomeerde leraar en hij een goedgekeurde studie of een daaraan gelijkwaardig alternatief, voorgeschreven voor mensen met een muzikale bediening, volgt of deze heeft voltooid;
5. regelmatig functioneert als geestelijke in de muziek;
6. zorgvuldig is onderzocht, onder de leiding van de DistrictsVergadering van het district binnen de grenzen waarvan hij zijn kerkelijk lidmaatschap heeft, betreffende zijn geestelijke, intellectuele en algehele geschiktheid voor dit soort werk. (205.10)

512.1. Alleen diegenen voor wie deze bediening hun voornaamste aanstelling en roeping is, en die over een bewijs van lidmaatschap van de geestelijkheid beschikken, zullen worden beschouwd als geestelijken in functie.

513. Zendeling. De zendeling is een lid van de geestelijkheid of een leek die dient onder het gezag van Wereldzending. Een zendeling die is aangesteld en beschikt over een bewijs van lidmaatschap van de geestelijkheid zal worden beschouwd als geestelijke in functie.

514. Predikant. Een predikant is een geordineerde oudste of districtskandidaat voor ordinatie (oudste traject) die, geroepen door God en zijn mensen, toezicht houdt over een plaatselijke

CHRISTELIJKE BEDIENINGEN

kerk. Een predikant van een plaatselijke kerk is een geestelijke in functie. (115, 213, 533.4)

515. De **kerntaken van een predikant** zijn:

515.1. Bidden.

515.2. Het prediken van het Woord.

515.3. Het toerusten van de heiligen voor het werk in de bediening

515.4. Het bedienen van de sacramenten van het Heilige Avondmaal en de doop. Het Heilig Avondmaal dient minstens eenmaal per kwartaal te worden gevierd. Predikanten worden aangemoedigd dit sacrament waarbij de genade tot ons komt vaker te vieren dan eens per kwartaal. Een districtskandidaat voor ordinatie die nog niet volledig voldoet aan de eisen van artikel 532.7 zal zorgdragen voor de bediening van het sacrament door een geordineerde geestelijke. Het is een plaatselijke kandidaat voor ordinatie niet toegestaan de sacramenten van doop en avondmaal te bedienen. Aandacht dient geschonken te worden aan de viering van het Heilig Avondmaal met degenen die aan huis gebonden zijn, onder leiding van de predikant. (531.7, 700)

515.5. Het zorgen voor de mensen door middel van pastorale bezoeken, vooral voor de zieken en behoeftigen.

515.6. Het troosten van hen die treuren.

515.7. Het terechtwijzen, berispen en bemoedigen, met alle lankmoedigheid en zorgvuldige onderwijzing.

515.8. Het streven naar de bekering van zondaren, de volkomen heiligmaking van de bekeerden, en het opbouwen van Gods mensen in heiligheid. (19)

515.9. Het voldoende zorg geven aan zaken die met het inzegenen van huwelijken te maken hebben. Predikanten moeten de heiligheid van het christelijk huwelijk overdragen door zorgvuldige aandacht voor hun eigen huwelijk, door allerlei vormen van communicatie, door anderen te dienen, door voorhuwelijkse gesprekken en een plechtige huwelijksinzegening. (538.19)

515.10. Het koesteren van de roeping die mensen voelen tot een christelijke bediening en het begeleiden van deze geroepenen, hen leidend in een passende voorbereiding op hun bediening.

515.11. Het vervullen van de verwachtingen van God en de kerk middels een levenslang studieprogramma. (538.18)

515.12. Het koesteren van zijn eigen roeping gedurende de jaren in de bediening, het onderhouden van een leven van persoonlijke devotie die zijn eigen ziel verrijkt, en, indien getrouwd, het bewaken van de integriteit en vitaliteit van zijn huwelijksrelatie.

516. De **bestuurlijke taken van de predikant** zijn:

516.1. Het ontvangen van mensen als lid van de plaatselijke kerk overeenkomstig artikelen 107 en 107.1.

516.2. Het zorgen voor alle afdelingen van de plaatselijke kerk.

516.3. Het benoemen van leiders van de zondagsschool, Bijbelstudies en kringen in overeenstemming met artikel 145.8.

516.4. Het eenmaal per jaar aan de gemeente voorlezen van zowel de Constitutie van de Kerk van de Nazarener als het Convenant van Christelijk Gedrag zoals opgenomen in artikelen 1-21 en 28-33, of het laten drukken en jaarlijks onder de leden van de kerk laten verspreiden van dit gedeelte van het *Handboek*.

516.5. Het toezicht houden op het verzamelen van al het statistische materiaal van alle afdelingen van de plaatselijke kerk, en het meteen verstrekken van al deze gegevens aan de DistrictsVergadering via de districtssecretaris. (114)

516.6. Het leiding geven aan de evangelisatie-, onderwijs-, aanbiddings- en uitbreidingsprogramma's van de plaatselijke kerk, in overeenstemming met de doelen en programma's van het district en de algemene kerk.

516.7. Het voorleggen van een verslag aan de jaarvergadering van de kerk, daarin begrepen een verslag over de stand van zaken in de kerk en haar afdelingen, en het aangeven van gebieden waar toekomstige behoeften liggen, ter bestudering en/of uitvoering.

516.8. Het benoemen van een onderzoekscommissie van 3 mensen in het geval dat er een beschuldiging tegen een kerklid is ingediend. (605)

516.9. Ervoor te zorgen dat alle bedragen die via de plaatselijke zendingsvereniging bijeen zijn gebracht voor het Wereldevangelisatiefonds meteen worden overgemaakt aan de algemene penningmeester; en dat alle districtsbijdragen meteen worden overgemaakt aan de districtspenningmeester. (136.2)

516.10. Het voordragen aan de kerkenraad van betaalde werknemers van de plaatselijke kerk, en het toezicht houden op hen. (159.1-159.3)

516.11. Het samen met de secretaris van de kerk ondertekenen van alle eigendoms-, hypotheek- en aflossingsakten, contracten en andere juridische documenten voor zover niet op andere wijze is geregeld in het *Handboek*. (102.3, 103-104.3)

516.12. Het in kennis stellen van de predikant van de dichtstbijzijnde kerk als een lid of een vriend van een plaatselijke kerk of een van haar afdelingen verhuist naar een andere plaats binnen hetzelfde district waardoor de kerkgang naar de oude gemeente niet praktisch meer is, door het verstrekken van het adres van dit lid of deze vriend.

516.13. Het samen met de kerkenraad treffen van maatregelen om de bijdragen voor de diverse doelen van het kerkgenootschap zoals die aan de plaatselijke kerk zijn toegewezen, bijeen te brengen, inclusief het Wereldevangelisatiesfounds,

CHRISTELIJKE BEDIENINGEN

districtsbudgetten, en de diverse budgetten die vastgesteld zijn door nationale of regionale raden. (32.2, 130, 153)

516.14. De predikant kan, wanneer hij daartoe door een lid wordt verzocht, een overschrijving van het kerkelijk lidmaatschap, een certificaat van aanbeveling of een uitschrijving verstrekken. (111-111.1, 112.2, 815-818)

516.15. De predikant zal ex-officio voorzitter zijn van de plaatselijke kerk, voorzitter van de kerkenraad, en lid van alle gekozen en vaste raden en commissies van de kerk die hij dient. De predikant zal toegang hebben tot de complete administratie van de plaatselijke kerk. (127, 145, 150, 151, 152.1)

517. De predikant zal het recht hebben zijn stem uit te brengen inzake de voordracht van alle hoofden van de afdelingen van de plaatselijke kerk, en elke Nazarener organisatie voor dagonderwijs.

518. De predikant en zijn directe familie mogen geen financiële verplichtingen aangaan, betalingen doen, geld tellen of onbeperkte toegang hebben tot de rekeningen van de kerk. De kerkenraad of ledenvergadering kan met een meerderheid van stemmen een uitzondering verzoeken bij de DistrictsAdviesRaad en de districtssuperintendent. Als de districtssuperintendent en een meerderheid van de DistrictsAdviesRaad deze uitzondering goedkeuren, zal de districtssuperintendent schriftelijk deze goedkeuring communiceren met de secretaris van de kerkenraad, die deze goedkeuring zal opnemen in de notulen. Onder directe familie wordt verstaan: de echtgeno(o)t(e), kinderen, broers en zussen of ouders. (129.1, 129.21-129.22)

519. De predikant zal het gezamenlijke advies van de districtssuperintendent en de DistrictsAdviesRaad altijd zeer serieus nemen. (225.2, 538.2)

520. In het geval dat een districtsbevoegde of een geordineerde predikant met bewijs van ordinatie van een andere denominatie in de tijd tussen de zittingen van de DistrictsVergadering lid wil worden van een plaatselijke kerk, mag een predikant zo iemand niet als lid welkom heten zonder eerst de aanbeveling van de DistrictsAdviesRaad te hebben verkregen. (107, 228)

521. Voor het uitoefenen van dit ambt zal de predikant verantwoording verschuldigd zijn aan de DistrictsVergadering, waaraan hij jaarlijks verslag zal uitbrengen en een kort getuigenis zal geven inzake zijn persoonlijke christelijke ervaring. (205.3, 532.8, 538.9)

522. De predikant zal automatisch lid worden van de kerk waarvan hij de predikant is; of, in het geval dat hij zorg draagt voor meer dan één kerk, van de kerk van zijn keuze. (538.8)

523. Pastorale Dienst omvat de bediening van een predikant of een assistent predikant, die werkzaam kan zijn in een speciale bediening, die wordt erkend en goedgekeurd door de toepasselijke besturende, bevoegdheid verlenende en ondersteunende instanties. Een lid van de geestelijkheid die tot een van deze vormen van pastorale dienst is geroepen in relatie met een kerk mag beschouwd worden als een in functie zijnde predikant.

524. Hulppredikant. Een districtssuperintendent zal de bevoegdheid hebben om een hulppredikant aan te stellen, die zal dienen onder de volgende regels:
1. Een hulppredikant kan een Nazarener lid van de geestelijkheid zijn die in een bepaalde functie dient, een plaatselijke kandidaat voor ordinatie of een lekenprediker van de Kerk van de Nazarener, een predikant die aangevraagd heeft lid te worden van de Kerk van de Nazarener of een predikant die lid is van een andere denominatie.
2. Een hulppredikant zal tijdelijk aangesteld worden om het Woord te verkondigen en te voorzien in een geestelijke bediening, maar zal niet het recht hebben de sacramenten te bedienen of huwelijken in te zegenen, tenzij dat recht hem toekomt op een andere basis, en hij zal niet de bestuurstaak van de predikant uitvoeren, behalve bij het opstellen van verslagen, tenzij hij daartoe gemachtigd is door de districtssuperintendent.
3. Het kerkelijk lidmaatschap van een hulppredikant zal niet automatisch overgaan naar de kerk die hij dient.
4. Een hulppredikant zal een niet-stemgerechtigd lid van de DistrictsVergadering zijn, tenzij hij stemrecht heeft op een andere basis.
5. Een hulppredikant kan op elk moment door de districtssuperintendent verplaatst of vervangen worden.

525. Predikant van een dochtergemeente. Een oudste of districtsbevoegde geestelijke die een dochtergemeente[1] leidt, zal een geestelijke in functie zijn en kan door het district worden aangemerkt als "PAC" predikant. (PAC= Parent-Affiliated Congregation)

526. Interim predikant. Een oudste kan worden goedgekeurd door de DistrictsVergadering voor de functie District Aangestelde Interim op aanbeveling van de districtssuperintendent en de DistrictsAdviesRaad, en kan als zodanig dienen wanneer de districtssuperintendent en een plaatselijke kerkenraad daarom vragen (212.1).

527. Zangevangelist. Een zangevangelist is een lid van de Kerk van de Nazarener wiens bedoeling het is het grootste deel van zijn tijd te besteden aan evangelisatie via muziek. Een zangevangelist die beschikt over een bewijs van ordinatie als predikant en die actief betrokken is in deze bediening als zijn voornaamste aanstelling, die niet een relatie als gepensioneerde

---

[1] Een dochtergemeente is een gemeente die valt onder de verantwoordelijkheid (bestuurlijk en/of financieel) van een moedergemeente (vertaler).

CHRISTELIJKE BEDIENINGEN 177

met de kerk of één van haar afdelingen of instellingen heeft, zal worden beschouwd als een in predikant in functie.

527.1. Richtlijnen en procedures voor het erkennen van zangevangelisten staan vermeld in het *"Sourcebook on Ordination"*.

528. Speciale Dienst. Een lid van de geestelijkheid in een actieve dienst, voor zover niet op andere wijze is geregeld, zal benoemd worden in speciale dienst, indien deze rol wordt goedgekeurd door de DistrictsVergadering, en zal worden vermeld door het district als geestelijke in functie. Van personen in speciale dienst wordt vereist dat zij de relatie met de Kerk van de Nazarener onderhouden en jaarlijks schriftelijk verslag doen aan de DistrictsAdviesRaad en de DistrictsRaad Geestelijke Stand of de DistrictsRaad Bedieningen over de aard van hun voortgaande relatie met de Kerk van de Nazarener.

528.1. Een lid van de geestelijkheid die werkzaam is als predikant binnen een aan de kerk gerelateerde organisatie die de kerk dient, of die na zorgvuldige evaluatie door zijn DistrictsAdviesRaad en DistrictsVergadering goedkeuring heeft gekregen om een onderwijsinstelling, een evangelische organisatie of zendingsgenootschap te dienen die niet direct aan de kerk gerelateerd is, mag in speciale dienst benoemd worden, onderworpen aan 538.13.

528.2. Een lid van de geestelijkheid die zich voor korte tijd tussen aanstellingen bevindt of verlof heeft, kan benoemd worden in Speciale Dienst door de DistrictsAdviesRaad, op voordracht van de districtssuperintendent.

IV. OPLEIDING VOOR GEESTELIJKEN

A. Onderwijskundige grondslagen voor een geordineerde bediening

529. De kerkelijke opleiding is ontwikkeld om te helpen in de training van door God geroepen dienaren wier dienst essentieel is voor de ontplooiing en uitbreiding van de heiligingsboodschap naar nieuwe gebieden met mogelijkheden voor evangelisatie. Wij erkennen het belang van een duidelijk begrip van onze taak, gebaseerd op de opdracht van Christus aan Zijn kerk in Mattheüs 28:19-20, om "op weg te gaan en alle volken tot Zijn leerlingen te maken". Veel training is voornamelijk theologisch en bijbels van aard, en leidt tot ordinatie in de geestelijke stand van de Kerk van de Nazarener. De DistrictsRaad Kerkelijke Opleidingen zal de plaatsing bepalen in en de vooruitgang van elke student evalueren binnen de goedgekeurde studie.

529.1. Door de Kerk van de Nazarener wordt voorzien in een variëteit aan onderwijsinstituten en programma's over de gehele wereld. De mogelijkheden in sommige gebieden bieden ruimte aan de ontwikkeling van meer dan een programma of studierichting voor de bediening. Van elke student wordt verwacht dat hij gebruik zal maken van de meest passende goedgekeurde weg naar de bediening die de kerk in zijn deel van de wereld aanbiedt. Als dat niet mogelijk is, zal de kerk proberen zo flexibel mogelijk in het voorbereiden van elke persoon die door God geroepen is tot geestelijk werk in de kerk. Studenten mogen een goedgekeurde opleiding, geleid door de DistrictsRaad Kerkelijke Opleidingen gebruiken, of één ontwikkeld en uitgevoerd door een instituut voor Nazarener hoger onderwijs. Elke vorm van een goedgekeurde opleiding dient dezelfde algemene normen zoals beschreven in het *"International Sourcebook on Developmental Standards for Ordination"* en het regionale *"Sourcebook on Ordination"* te omvatten.

529.2. Als een districtskandidaat voor ordinatie een erkende opleiding voltooid heeft, zal de onderwijsinstelling een diploma overhandigen aan de districtskandidaat voor ordinatie. Die zal het diploma laten zien aan de DistrictsRaad Kerkelijke Opleidingen die verantwoordelijk is voor het aan de DistrictsVergadering aanbevelen dat genoemde kandidaat de vereiste opleiding voltooid heeft.

529.3. Algemene aandachtspunten bij de studie voor geestelijke. Hoewel het studieprogramma vaak gezien wordt als enkel academisch en studiegericht, is het principe veel breder. Het karakter van de docent, de relatie tussen studenten en docent, de omgeving en de ervaringen van de student vormen samen met de lesstof het totale studieprogramma. Desondanks zal het studieprogramma voor geestelijke een minimaal aantal cursussen bevatten die de onderwijskundige grondslagen voor geordineerde geestelijken zullen vormen. Culturele verschillen en een verscheidenheid aan mogelijkheden zullen detailverschillen in studieprogramma's vereisen. Alle programma's voor de onderwijskundige grondslagen voor geordineerde geestelijken die goedkeuring van "Global Clergy Development" willen ontvangen, dienen zorgvuldig aandacht te geven aan inhoud, competentie, karakter en context. Het doel van een goedgekeurd studieprogramma is dat het cursussen bevat die alle vier elementen in meer of mindere mate behandelen en dat het geestelijken helpt de zendingsopdracht van de Kerk van de Nazarener te vervullen, zoals de Raad van Algemeen Superintendenten die geformuleerd heeft:

"De missie van de Kerk van de Nazarener is het maken van Christusgelijkvormige discipelen onder de volken."

"De voornaamste doelstelling van de Kerk van de Nazarener is het bevorderen van het Koninkrijk van God door het bewaren en verspreiden van christelijke heiligheid zoals beschreven in de Schriften."

CHRISTELIJKE BEDIENINGEN

"De essentiële doelen van de Kerk van de Nazarener zijn 'een heilige christelijke gemeenschap, de bekering van zondaren, de volkomen heiligmaking van de gelovigen, hun groei in heiliging, en de eenvoud en de geestelijke kracht die in de eerste christelijke kerk aanwezig was, gepaard gaande met de prediking van het evangelie aan de ganse schepping." (*Handboek* art. 19)

Een goedgekeurd studieprogramma wordt beschreven aan de hand van de volgende elementen:

- Inhoud. Kennis van de inhoud van het Oude en Nieuwe Testament, de theologie van het christelijk geloof en de geschiedenis en missie van de kerk zijn essentieel voor een bediening. Kennis over hoe de Schriften geïnterpreteerd moeten worden, heiligingsleer en onze Wesleyaanse kenmerken, en de geschiedenis en de bestuursvorm van de Kerk van de Nazarener moet onderdeel uitmaken van deze cursussen.
- Competentie. Vakbekwaamheid in mondelinge- en schriftelijke communicatie, management en leiderschap, financiën en analytisch denken zijn evenzo essentieel voor de bediening. Aansluitend op algemeen onderwijs op deze terreinen moeten cursussen die vakbekwaamheid in preken, pastorale zorg en counseling, liturgiek, effectieve evangelisatie, christelijk onderwijs en kerkbestuur worden toegevoegd. Diplomering vereist de samenwerking tussen de onderwijsinstelling en een plaatselijke kerk om de studenten praktijkervaring op te laten doen en op die manier bekwaamheid te ontwikkelen.
- Karakter. Persoonlijke groei in karakter, ethiek, spiritualiteit en persoonlijke en gezinsrelaties is essentieel voor een bediening. Cursussen op het gebied van christelijke ethiek, geestelijke vorming, menselijke ontwikkeling, de persoon van de geestelijke, en huwelijks- en gezinsdynamiek moeten worden toegevoegd.
- Context. De geestelijke moet de historische en huidige context begrijpen en de kijk op de wereld en de sociale omgeving van de cultuur waarin de kerk getuigt interpreteren. Cursussen die de kern van de antropologie en de sociologie, communicatie over culturele grenzen, zending en sociale studies onderwijzen moeten worden toegevoegd.

529.4. Voorbereiding op een bediening als geordineerde in niet-Nazarener scholen of onder niet-Nazarener begeleiding zal worden beoordeeld door de DistrictsRaad Kerkelijke Opleidingen, conform de studieprogrammavereisten zoals vermeld in het "*Sourcebook on Ordination*", ontwikkeld voor de regio/taalgroep.

529.5. Alle cursussen, academische vereisten en officiële bestuurlijke regelingen zullen worden beschreven in een

"*Sourcebook on Ordination*" dat voor de regio/taalgroep ontwikkeld is in samenwerking met "Global Clergy Development". Dit "*Sourcebook on Ordination*" en de noodzakelijke wijzigingen daarop behoeven de steun van de Internationale Curriculum Adviescommissisie en de goedkeuring van "Global Clergy Development", de Algemene Raad en de Raad van Algemeen Superintendenten. Dit "*Sourcebook on Ordination*" overeenstemmen met het *Handboek* en met het "*International Sourcebook on Developmental Standards for Ordination*", zoals uitgebracht door "Clergy Development" in samenwerking met de Internationale Curriculum Adviescommissisie. De Internationale Curriculum Adviescommissisie zal worden benoemd door de Raad van Algemeen Superintendenten.

529.6. Zodra de geestelijke eenmaal voldaan heeft aan de vereisten van een goedgekeurde opleiding, zal hij voortgaan in een levenslang studieprogramma om de bediening waartoe God hem geroepen heeft op een hoger plan te brengen. Een minimum verwachting is 20 uren jaarlijks of een equivalent daarvan zoals bepaald door de regio/taalgroep en vermeld in het regionale "*Sourcebook on Ordination*". Alle geordineerde geestelijken in functie zullen verslag doen van hun voortgang in het levenslange leerproces als deel van hun verslag aan de DistrictsVergadering. Een bijgewerkt verslag van zijn levenslang studieprogramma zal worden gebruikt bij de bezinning predikant/ kerkenraad en bij het beroepen van een predikant. Het "*Sourcebook on Ordination*" van de regio/taalgroep zal de details bevatten voor de erkenning en het verslagproces.

529.7. Bij het gedurende twee opeenvolgende jaren in gebreke blijven ten aanzien van deze vereisten voor levenslang leren zal de betreffende geestelijke een ontmoeting met de DistrictsRaad Kerkelijke Opleidingen moeten hebben tijdens hun reguliere bijeenkomst. De DistrictsRaad Kerkelijke Opleidingen zal de geestelijke begeleiden bij het voltooien van het vereiste levenslange leren (115, 123, 515.11, 538.18)

B. Culturele aanpassingen voor de onderwijskundige grondslagen voor geordineerde geestelijken

530. Culturele aanpassingen voor de onderwijskundige grondslagen voor geordineerde geestelijken. De variëteit van culturele contexten in de wereld maakt dat één enkel studieprogramma voor alle delen van de wereld onmogelijk is. Elke regio zal een specifiek studieprogramma ontwikkelen om te komen tot een programma dat de onderwijskundige grondslagen voor geordineerde geestelijken op zo'n wijze biedt dat daarin de bronnen en verwachtingen van dit betreffende gebied weerspiegeld worden. Toestemming van de "International Curriculum Adviescommissisie, de Algemene Raad en de Raad van Algemeen Superintendenten is vereist voordat men een regionaal ontwikkeld programma mag aanbieden. Zelfs binnen regio's zijn er verschillen in culturele verwachtingen en mogelijkheden. Dus zullen culturele gevoeligheid en flexibiliteit kenmerkend zijn voor de regionale programma's voor de onderwijskundige grondslagen voor geordineerde geestelijken, die zullen worden geleid door de DistrictsRaad Kerkelijke Opleidingen. Culturele aanpassingen van de regionale programma's voor de onderwijskundige grondslagen voor geordineerde geestelijken zullen worden goedgekeurd door "Global Clergy Development" en de Internationale Curriculum Adviescommissisie, in overleg met de regionale onderwijscoördinator. (527.5)

530.1. De goedgekeurde studieprogramma's, samen met de noodzakelijke procedures betreffende hun afronding voor hen die willen worden geordineerd als oudste of diaken of een certificaat wensen voor bijvoorbeeld zangevangelist of lekenprediker, zijn te vinden in het regionale *"Sourcebook on Ordination"*.

530.2. Alle goedgekeurde studieprogramma's zijn onderworpen aan het regionale *"Sourcebook on Ordination"*. (529.2-529.3, 529.5)

V. BEWIJS VAN ORDINATIE EN REGELINGEN VOOR GEESTELIJKEN

A. De plaatselijke kandidaat voor ordinatie

531. De plaatselijke kandidaat voor ordinatie is een lid van de Kerk van de Nazarener die als leek door de plaatselijke kerkenraad bevoegdheid heeft gekregen voor zijn bediening, onder leiding van de predikant, en als de gelegenheid zich voordoet, om aldus zijn geestelijke gaven en bruikbaarheid te kunnen aantonen, gebruiken en ontwikkelen. Hij is begonnen aan een levenslang proces van leren.

531.1. Ieder lid van de Kerk van de Nazarener die zich door God geroepen voelt om te preken of om een levenslange bediening binnen de kerk te volgen, kan een bevoegdheid voor één jaar ontvangen van de kerkenraad van een plaatselijke gemeente die een geordineerde predikant heeft op aanbeveling van de predikant; of van de kerkenraad van een plaatselijke gemeente die geen geordineerde predikant heeft als het verlenen van de bevoegdheid wordt aanbevolen door de predikant en goedgekeurd door de districtssuperintendent. Allereerst moet de kandidaat worden onderzocht inzake zijn persoonlijke ervaring van verlossing, kennis van de Bijbelse leerstellingen, en de kerkorde. Daarnaast moet hij ook aantonen dat zijn roeping onderbouwd wordt door genade, gaven en bruikbaarheid. Ook de achtergrond van de kandidaat zal door de plaatselijke kerk worden onderzocht. Een plaatselijke kandidaat voor ordinatie zal op de jaarvergaderingen een verslag voorleggen aan de plaatselijke kerk. (113.9, 129.12, 211.12)

531.2. De kerkenraad zal aan elke plaatselijke kandidaat voor ordinatie een schriftelijk bewijs van bevoegdheid geven, getekend door de predikant en de secretaris van de kerkenraad. Als een kerk wordt waargenomen door iemand die geen districtsbevoegdheid heeft, kan diegene van de DistrictsAdviesRaad op aanbeveling van de districtssuperintendent een plaatselijke bevoegdheid krijgen, of kan die bevoegdheid worden vernieuwd. (211.12, 225.13)

531.3. De bevoegdheid van een plaatselijke kandidaat voor ordinatie kan worden vernieuwd door een plaatselijke kerkenraad die een oudste als predikant heeft op aanbeveling van de predikant; of door een plaatselijke kerkenraad die geen oudste als predikant heeft als het vernieuwen van de bevoegdheid wordt aanbevolen door de predikant en goedgekeurd door de districtssuperintendent. (129.12, 211.12)

531.4. Plaatselijke kandidaten voor ordinatie zullen een goedgekeurde opleiding volgen onder de leiding van de DistrictsRaad Kerkelijke Opleidingen. Als de plaatselijke kandidaat voor ordinatie niet minstens twee vakken van de vereiste en goedgekeurde kerkelijke opleiding heeft afgerond, kan zijn plaatselijke bevoegdheid na twee jaar niet meer worden vernieuwd zonder schriftelijke goedkeuring van de districtssuperintendent.

531.5. Een plaatselijke kandidaat voor ordinatie die minstens één jaar als zodanig gediend heeft en de noodzakelijke studie voltooid heeft, kan door de kerkenraad worden aanbevolen aan de DistrictsVergadering voor districtsbevoegdheid; maar, als die niet wordt verleend, blijft zijn eerdere bevoegdheid gehandhaafd. (129.12, 529, 532.1)

531.6. Als een plaatselijke kandidaat voor ordinatie die is aangesteld als waarnemend predikant dat blijft na de DistrictsVergadering volgende op de aanstelling, dient dit goedgekeurd te worden door de DistrictsRaad Geestelijke Stand of de DistrictsRaad Bedieningen. (212, 231.5, 524)

531.7. Een plaatselijke kandidaat voor ordinatie komt niet in aanmerking om de sacramenten van doop en Heilig Avondmaal te bedienen, en zal geen huwelijken inzegenen. (532.7)

B. De districtskandidaat voor ordinatie

532. Een districtskandidaat voor ordinatie is iemand wiens geestelijke roeping en gaven formeel erkend zijn door de DistrictsVergadering middels het verlenen van een bevoegdheid. De districtsbevoegdheid machtigt en benoemt hem tot dienstbaarheid op een groter gebied en tot grotere rechten en verantwoordelijkheden dan welke behoren bij een plaatselijke kandidaat voor ordinatie, normaliter als stap op weg naar ordinatie als oudste of diaken. Dit bewijs van districtsbevoegdheid zal

CHRISTELIJKE BEDIENINGEN

een verklaring bevatten waarin staat of de geestelijke zich voorbereidt op ordinatie als oudste of als diaken (532.7)

532.1. Als leden van de Kerk van de Nazarener zich geroepen voelen tot een levenslange bediening, kunnen ze van de DistrictsVergadering een bevoegdheid krijgen als geestelijken mits zij

1. een volledig jaar plaatselijk kandidaat voor ordinatie zijn geweest en;
2. een vierde deel van een goedgekeurde opleiding hebben voltooid en een waardering, begrip en toepassing van het *Handboek* en de geschiedenis van de Kerk van de Nazarener kunnen aantonen, evenals van de heiligingsleer, door het succesvol afronden van de betreffende delen van het goedgekeurde studieprogramma;
3. zijn aanbevolen voor dit soort werk door de kerkenraad van de plaatselijke kerk waarvan ze lid zijn. Bij deze aanbeveling zal de zorgvuldig ingevulde aanvraag voor districtsbevoegdheid ingesloten zijn;
4. blijk hebben gegeven van genade, gaven en bruikbaarheid;
5. zorgvuldig zijn onderzocht, onder de leiding van de DistrictsVergadering van het district binnen de grenzen waarvan zij hun kerkelijk lidmaatschap hebben, betreffende hun geestelijke, intellectuele en andere geschiktheid voor dit soort werk, inclusief een toepasselijk onderzoek naar iemands achtergrond zoals de DistrictsAdviesRaad dat bepaalt;
6. beloofd hebben onmiddellijk de studie te volgen die voorgeschreven is voor districtskandidaten voor ordinatie;
7. een schriftelijke verklaring kunnen overleggen van de districtssuperintendent en de DistrictsAdviesRaad, indien zij ooit door dat district gediskwalificeerd zijn, die uitlegt dat die diskwalificatie is opgeheven; en mits hun huwelijksrelatie hen niet onverkiesbaar maakt voor een districtsbevoegdheid of ordinatie; en
8. in het geval van een vroegere scheiding en een nieuw huwelijk door de DistrictsRaad Geestelijke Stand of de DistrictsRaad Bedieningen een aanbeveling, vergezeld van ondersteunende documenten, wordt gegeven aan de Raad van Algemeen Superintendenten, die deze barrière voor het nastreven van een bevoegdheid of ordinatie kan opheffen.

De geestelijke moet een vierde deel van het goedgekeurde studieprogramma voor geestelijken in de Kerk van de Nazarener hebben voltooid. De DistrictsRaad Geestelijke Stand of de DistrictsRaad Bedieningen kan uitzonderingen maken op deze eis, mits de kandidaat predikant is van een geïnstitueerde kerk en ingeschreven staat in een goedgekeurde opleiding, en mits hij jaarlijks de minimum hoeveelheid studie afrondt die het *Handboek* voorschrijft voor de vernieuwing van zijn bevoegdheid, en mits de districtssuperintendent deze uitzondering goedkeurt.

In het geval dat een achtergrond check criminele misdragingen aan het licht brengt van voor zijn bekering, dient dit feit niet automatisch te worden geïnterpreteerd door DistrictsRaad Geestelijke Stand of DistrictsRaad Bedieningen als een reden tot uitsluiting van de officiële bediening, tenzij volgens de regeling van artikel 540.9. (129.14, 207.6, 531.5)

532.2. Districtskandidaten voor ordinatie van andere evangelische denominaties die zich wensen te verenigen met de Kerk van de Nazarener, kunnen een districtsbevoegdheid ontvangen van de DistrictsVergadering, mits zij de papieren waaruit hun bevoegdheid in de denominatie waarvan zij tevoren lid waren overleggen en mits zij

1. een vierde deel van een goedgekeurde opleiding hebben voltooid en een waardering, begrip en toepassing van het *Handboek* en de geschiedenis van de Kerk van de Nazarener kunnen aantonen, evenals de heiligingsleer, door het succesvol afronden van de betreffende delen van het goedgekeurde studieprogramma;
2. zijn aanbevolen door de kerkenraad van de plaatselijke Kerk van de Nazarener waarvan zij lid zijn;
3. blijk hebben gegeven van genade, gaven en bruikbaarheid;
4. zorgvuldig zijn onderzocht, onder de leiding van de DistrictsVergadering, betreffende hun geestelijke, intellectuele en andere geschiktheid voor dit soort werk;
5. beloofd hebben onmiddellijk de studie te volgen die voorgeschreven is voor districtskandidaten voor ordinatie;
6. een schriftelijke verklaring kunnen overleggen van de districtssuperintendent en de DistrictsAdviesRaad, indien zij ooit door dat district gediskwalificeerd zijn, die uitlegt dat die diskwalificatie is opgeheven; en mits hun huwelijksrelatie hen niet onverkiesbaar maakt voor een districtsbevoegdheid of ordinatie; en
7. in het geval van een vroegere scheiding en een nieuw huwelijk door de DistrictsRaad Geestelijke Stand of de DistrictsRaad Bedieningen een aanbeveling, vergezeld van ondersteunende documenten, wordt gegeven aan de Raad van Algemeen Superintendenten, die deze barrière voor het nastreven van een bevoegdheid of ordinatie kan opheffen. (532.1)

532.3. Een districtsbevoegdheid eindigt met de afsluiting van de volgende DistrictsVergadering. Ze kan vernieuwd worden door een stemming in de DistrictsVergadering, mits

CHRISTELIJKE BEDIENINGEN

1. de kandidaat die vernieuwing wenst de volledig ingevulde aanvraag voor districtsbevoegdheid zal indienen bij de DistrictsVergadering; en mits
2. de kandidaat minstens twee onderdelen zal hebben voltooid van de voorgeschreven studie, en mits
3. de vernieuwing van de districtsbevoegdheid van de kandidaat is aanbevolen door de kerkenraad van de plaatselijke kerk waarvan hij lid is, op aanbeveling van de predikant.

In het geval echter dat hij niet het vereiste gedeelte van de studie voltooid heeft, kan de districtsbevoegdheid slechts door de DistrictsVergadering vernieuwd worden nadat er een schriftelijke verklaring voor deze tekortkoming is overlegd. Deze verklaring zal de DistrictsRaad Geestelijke Stand of de DistrictsRaad Bedieningen tevreden moeten stellen en moeten worden goedgekeurd door de algemeen superintendent die de vergadering voorzit. De DistrictsVergadering mag echter met reden en naar eigen goeddunken tegen de vernieuwing van een districtsbevoegdheid stemmen.

Districtskandidaten voor ordinatie die de studie hebben afgerond en van de DistrictsVergadering de gepensioneerde status hebben verkregen, zullen met aanbeveling van de DistrictsAdviesRaad hun bevoegdheid kunnen laten verlengen zonder het formulier voor de aanvraag van districtsbevoegdheid in te vullen. (205.4)

532.4. Om in aanmerking te komen voor ordinatie moeten kandidaten hun goedgekeurde studie afgerond hebben binnen 10 jaar na de verlening van de eerste districtsbevoegdheid. Een uitzondering hierop vanwege bijzondere omstandigheden, mag worden verleend door de DistrictsRaad Geestelijke Stand of de DistrictsRaad Bedieningen, onderworpen aan de goedkeuring van de verantwoordelijke algemeen superintendent.

De bevoegdheid van een districtskandidaat voor ordinatie die niet in aanmerking komt voor ordinatie doordat hij zijn goedgekeurde studie niet heeft voltooid binnen de gestelde tijdslimiet kan vernieuwd worden op aanbeveling van de DistrictsAdviesRaad en de Raad Geestelijk Stand of DistrictsRaad Bedieningen. Zo'n aanbeveling zal afhankelijk zijn van het afronden van het goedgekeurde studieprogramma of van het minimaal hebben voltooid van twee vakken van het goedgekeurde studieprogramma gedurende het afgelopen jaar.

532.5. In het geval van districtskandidaten voor ordinatie die dienen als predikant, zal de aanbeveling voor vernieuwing van de bevoegdheid worden gedaan door DistrictsAdviesRaad. In het geval van plaatselijke kandidaten voor ordinatie die dienen als predikant, zal de aanbeveling voor vernieuwing van bevoegdheid worden gedaan door de DistrictsAdviesRaad (225.13)

532.6. De verantwoordelijke algemeen superintendent zal elke districtskandidaat voor ordinatie een bewijs verstrekken dat getekend is door de verantwoordelijke algemeen superintendent, de districtssuperintendent en de districtssecretaris.

532.7. Districtskandidaten voor ordinatie zullen de bevoegdheid krijgen het Woord te verkondigen en/of hun gaven in diverse bedieningen ten bate van het Lichaam van Christus te gebruiken. Daarnaast, mits zij in functie benoemd zijn door het district waar hun lidmaatschap als geestelijke is, zullen districtskandidaten voor ordinatie ook de bevoegdheid krijgen de sacramenten van doop en avondmaal te bedienen in hun eigen gemeenten, en om huwelijken in te zegenen als de wetten van het land dat niet verbieden. (511-512, 515, 515.4, 523, 532.8, 533-533.2, 534-534.2, 700, 701, 705)

532.8. Alle districtskandidaten voor ordinatie zullen als geestelijke lid zijn van de DistrictsVergadering waar hun kerkelijk lidmaatschap thuis hoort en zullen jaarlijks verslag uitbrengen aan die DistrictsVergadering. Verslagen kunnen worden ingediend via het toepasselijke formulier daarvoor of via het formulier voor de aanvraag van de verlenging van de districtsbevoegdheid. (201, 205.3, 521)

532.9. Als een districtskandidaat voor ordinatie zich verenigd heeft met een andere denominatie dan de Kerk van de Nazarener of bij een andere christelijke bediening betrokken is zonder de toestemming van zijn DistrictsAdviesRaad of zonder de schriftelijke goedkeuring van de Raad van Algemeen Superintendenten, zal hij direct geroyeerd worden uit de bediening en het lidmaatschap van de Kerk van de Nazarener. De DistrictsVergadering zal ervoor zorgen dat in haar notulen de volgende verklaring wordt opgenomen: "Geroyeerd van de ledenlijst en uit de bediening van de Kerk van de Nazarener door zich te hebben verenigd met een andere kerk, denominatie of bediening". (107, 112)

C. De diaken

533. Een diaken is een geestelijke wiens roeping van Godswege tot een christelijke bediening, gaven en bruikbaarheid duidelijk geworden en verbreed zijn door een passende training en ervaring, die apart gezet is voor de dienst aan Christus door een besluit van een DistrictsVergadering en door een plechtige ordinatie, en die is gemachtigd om binnen een christelijke bediening bepaalde functies uit te oefenen.

533.1. De diaken getuigt niet van een specifieke roeping tot prediking. De kerk erkent, op basis van de Schrift en de ervaring, dat God individuen roept tot een levenslange bediening die niet getuigen van zo'n specifieke roeping. Bovendien gelooft zij dat individuen die aldus geroepen zijn tot een bediening dienen te worden erkend en bevestigd door de kerk, en zij dienen te beantwoorden aan de vereisten die door de kerk zijn

CHRISTELIJKE BEDIENINGEN

vastgesteld, en dat aan hen verantwoordelijkheid gegeven dient te worden. Dit is een permanente geestelijke orde.

533.2. De diaken moet beantwoorden aan de vereisten voor de orde betreffende opleiding, de passende gaven en genade vertonen, en worden erkend en bevestigd door de kerk. De diaken zal bekleed worden met het gezag om de sacramenten van doop en avondmaal te bedienen, en om huwelijken in te zegenen als de wetten van het land dat niet verbieden, en bij gelegenheid de eredienst te leiden en te preken. Het is duidelijk dat de Heer en de kerk de gaven en genade van deze persoon in diverse ondersteunende bedieningen kunnen gebruiken. Als symbool van de dienende functie van het lichaam van Christus, mag de diaken zijn gaven ook gebruiken in taken buiten de institutionele kerk. (515.4, 515.9)

533.3. Een kandidaat diaken getuigt van een roeping van God voor deze bediening. De kandidaat heeft momenteel een bevoegdheid als districtskandidaat voor ordinatie en heeft op enig moment die bevoegdheid voor minstens 3 jaar achtereen gehad. Daarnaast is de kandidaat aanbevolen voor vernieuwing van zijn districtsbevoegdheid door de kerkenraad van de plaatselijke kerk waarvan hij lid is of door de DistrictsAdviesRaad. En verder

1. heeft de kandidaat aan alle vereisten voldaan die de kerk hiervoor stelt;
2. heeft de kandidaat de volledige voorgeschreven studie voor districtsbevoegdheid en voor ordinatie als diaken succesvol afgerond;
3. is de kandidaat zorgvuldig onderzocht door de Raad Geestelijke Stand en is hij aanbevolen aan de DistrictsVergadering.

De kandidaat kan met een tweederde meerderheid van stemmen in de DistrictsVergadering gekozen worden tot de orde van diakenen, mits hij sinds niet minder dan 3 aaneengesloten jaren een in functie benoemde geestelijke is (geweest) en mits de kandidaat op dit moment in functie is benoemd. In het geval van parttime assistenten of parttime predikanten, dient duidelijk te zijn dat een uitbreiding van het aantal jaren nodig is, afhankelijk van hun betrokkenheid in de bediening van de plaatselijke kerk, en dat hun getuigenis en bediening aantonen dat hun roeping tot een bediening boven elk ander streven uit gaat. Verder moet een eventuele diskwalificatie die door een DistrictsVergadering kan zijn opgelegd zijn opgeheven door een schriftelijke verklaring van de districtssuperintendent en de DistrictsAdviesRaad van genoemd district; en mag zijn huwelijksrelatie hem niet onverkiesbaar maken voor ordinatie. (205.6, 320, 529)

533.4. Als tijdens het uitoefenen van zijn bediening de geordineerde diaken zich geroepen voelt tot prediking, kan hij geordineerd worden tot oudste als aan de vereisten voor die orde is voldaan en het bewijs van ordinatie als diaken is teruggezonden.

D. De oudste

534. Een oudste is een geestelijke wiens roeping van Godswege tot prediking, gaven en bruikbaarheid duidelijk geworden en verbreed zijn door een passende training en ervaring, en die apart gezet is voor de dienst aan Christus door een besluit van een DistrictsVergadering en door een plechtige ordinatie, en die aldus volledig gemachtigd is om alle functies van een christelijke bediening uit te oefenen.

534.1. Wij erkennen slechts één orde van predikende geestelijken – die van oudsten. Dit is een permanente orde in de kerk. De oudste dient de kerk op goede wijze te besturen, het Woord prediken, de sacramenten van doop en avondmaal bedienen, huwelijken inzegenen, en dat alles in de naam van en onderworpen aan Jezus Christus, het Hoofd van de Kerk. (31, 514-515.3, 515.4, 515.9, 538.15)

534.2. De kerk verwacht dat degene die geroepen is tot deze officiële bediening een rentmeester van het Woord zal zijn en zijn leven lang al zijn energie geeft aan de verkondiging ervan.

534.3. Een kandidaat oudste getuigt van een roeping van God voor deze bediening. De kandidaat heeft momenteel een bevoegdheid als districtskandidaat voor ordinatie en heeft op enig moment die bevoegdheid voor minstens 3 jaar achtereen gehad. Daarnaast is de kandidaat aanbevolen voor vernieuwing van zijn districtsbevoegdheid door de kerkenraad van de plaatselijke kerk waarvan hij lid is of door de DistrictsAdviesRaad. En verder

1. heeft de kandidaat aan alle vereisten voldaan die de kerk hiervoor stelt;
2. heeft de kandidaat de volledige voorgeschreven studie voor districtsbevoegdheid en voor ordinatie als oudste succesvol afgerond;
3. is de kandidaat zorgvuldig onderzocht door de DistrictsRaad Geestelijke Stand of de DistrictsRaad Bedieningen en is hij aanbevolen aan de DistrictsVergadering.

De kandidaat kan met een tweederde meerderheid van stemmen in de DistrictsVergadering gekozen worden tot de orde van oudsten, mits hij sinds niet minder dan 3 aaneengesloten jaren een in functie benoemde geestelijke is (geweest) en mits de kandidaat op dit moment in functie is benoemd. In het geval van parttime assistenten of parttime predikanten, moet duidelijk zijn dat een uitbreiding van het aantal jaren nodig is, afhankelijk van hun betrokkenheid in de bediening van de plaatselijke kerk, en dat hun getuigenis en bediening aantonen dat hun roeping tot een bediening boven elk ander streven uit gaat. Verder

CHRISTELIJKE BEDIENINGEN

moet een eventuele diskwalificatie die door een DistrictsVergadering kan zijn opgelegd zijn opgeheven door een schriftelijke verklaring van de districtssuperintendent en de DistrictsAdviesRaad van genoemd district; en mag zijn huwelijksrelatie hem niet onverkiesbaar maken voor ordinatie. (205.6, 320, 529)

E. Erkenning van bewijs van ordinatie

535. Geordineerde geestelijken van andere denominaties die zich willen verenigen met de Kerk van de Nazarener en hun bewijs van ordinatie overleggen, kunnen erkenning van hun ordinatie krijgen door de DistrictsVergadering, na een positief resultaat van een onderzoek door de DistrictsRaad Geestelijke Stand of de DistrictsRaad Bedieningen betreffende hun persoonlijke ervaring en overtuiging, mits zij:
1. tonen waardering en begrip te hebben voor het *Handboek* en de geschiedenis van de Kerk van de Nazarener en de heiligingsleer middels een succesvol afronden van de betreffende onderdelen van de goedgekeurde studie en blijk geven die toe te kunnen passen;
2. de DistrictsVergadering de zorgvuldig ingevulde "Vragenlijst Ordinatie/ Erkenning" overleggen, en
3. voldoen aan alle vereisten voor ordinatie zoals beschreven in artikelen 533-533.3 of 534-534.3;
4. de kandidaat momenteel actief is in een bediening. (205.7, 228, 529, 532.2)

535.1. De verantwoordelijke algemeen superintendent zal de geordineerde geestelijke een bewijs van erkenning van ordinatie verstrekken, getekend door hemzelf, de districtssuperintendent en de districtssecretaris. (538.6)

535.2. Zodra het bewijs van ordinatie van een geestelijke van een andere denominatie aldus formeel erkend is, zal het bewijs van ordinatie dat door genoemde denominatie verstrekt is aan hem teruggezonden worden, met de volgende tekst daar bovenop geschreven of gestempeld:

Erkend door de .... DistrictsVergadering van de Kerk van de Nazarener d.d. ...., als basis voor een nieuw bewijs van ordinatie.

............, algemeen superintendent

............, districtssuperintendent

............, districtssecretaris

F. De emeritus geestelijke

536. Een emeritus geestelijke is iemand die van de DistrictsVergadering, waar hij als geestelijke lid van is, de emeritus status heeft gekregen, na aanbeveling van de DistrictsRaad Geestelijke Stand of de DistrictsRaad Bedieningen. Elke verandering van status moet worden goedgekeurd door de DistrictsVergadering, na aanbeveling van de DistrictsRaad Geestelijke Stand of de DistrictsRaad Bedieningen.

536.1. Emeritaat op zich betekent niet de verplichting tot stoppen met het werk als geestelijke of het einde van het lidmaatschap van de DistrictsVergadering. Een geestelijke die in functie was ten tijde van de aanvraag voor emeritaat of wanneer hij de pensioengerechtigde leeftijd heeft bereikt, kan de status van "emeritus in functie" krijgen. Een "emeritus in functie" is een lid van de DistrictsVergadering. Een geestelijke die echter niet in functie was op het moment van emeritaat, zal de status van "emeritus zonder functie" krijgen. Een "emeritus zonder functie" is geen lid van de DistrictsVergadering. (201, 538.9)

536.2. Emeriti, in functie of niet, blijven verplicht om jaarlijks verslag te doen aan de DistrictsVergadering. In het geval van emeriti die niet in staat zijn om verslag te doen vanwege omstandigheden waar ze niets aan kunnen doen, kan de DistrictsVergadering, op voordracht van de DistrictsRaad Geestelijke Stand of de DistrictsRaad Bedieningen, hen definitief ontslaan van de verplichting jaarlijks verslag te doen.

G. De overschrijving van geestelijken

537. Als een lid van de geestelijkheid overgeschreven wil worden naar een ander district, kan de overschrijving van zijn lidmaatschap als geestelijke worden verleend door een besluit van de DistrictsVergadering, of door de DistrictsAdviesRaad in de tijd tussen de vergaderingen, waar hij zijn lidmaatschap als geestelijke heeft. Zo'n overschrijving kan ontvangen worden door de DistrictsAdviesRaad voordat de DistrictsVergadering bijeenkomt, om daarmee genoemde geestelijke de volledige rechten en privileges van het district waarin hij wordt ontvangen te verlenen, onderworpen aan de uiteindelijke goedkeuring van de DistrictsRaad Geestelijke Stand of de DistrictsRaad Bedieningen en de DistrictsVergadering. (205.8-205.9, 226, 231.9-231.10)

537.1. De overschrijving van een districtskandidaat voor ordinatie is alleen dan geldig als een gedetailleerd overzicht van diens resultaten in de goedgekeurde studie voor districtsbevoegden, correct gewaarmerkt door de secretaris van de DistrictsRaad Kerkelijke Opleidingen van de overschrijvende DistrictsVergadering, is gezonden naar de secretaris van de DistrictsRaad Kerkelijke Opleidingen van het ontvangende district. De secretaris van de DistrictsRaad Kerkelijke Opleidingen van het ontvangende district zal aan zijn districtssecretaris doorgeven dat een overzicht van de studieresultaten van de geestelijke is ontvangen. De geestelijke die wordt overgeschreven zal ervoor zorgen dat zijn resultaten in de studie bekend worden bij het ontvangende district. (233.1-233.2)

CHRISTELIJKE BEDIENINGEN

537.2. De DistrictsVergadering die een overschrijving ontvangt zal de overschrijvende DistrictsVergadering op de hoogte brengen van het ontvangen lidmaatschap van de overgeschrevene. Totdat de overschrijving is ontvangen door een besluit van de DistrictsVergadering waaraan de overschrijving is geadresseerd, zal degene die aldus wordt overgeschreven lid zijn van de overschrijvende DistrictsVergadering. Een dergelijke overschrijving is slechts geldig tot de afsluiting van de eerstvolgende zitting, die volgt op de datum van afgifte, van de DistrictsVergadering aan wie de overschrijving is geadresseerd (205.8, 226, 231.10)

H. Algemene regels

538. De volgende **definities** zijn termen die verband houden met de algemene regels voor leden van de geestelijkheid van de Kerk van de Nazarener:

Leden van de geestelijkheid (clergy) - Oudsten, diakenen en districtskandidaten voor ordinatie. (530, 531, 532)

Leken (laity) - Leden van de Kerk van de Nazarener die geen leden van de geestelijkheid zijn.

Actief (active) – Een lid van de geestelijkheid die in functie benoemd is.

In functie (assigned) - de status van een lid van de geestelijkheid die actief is in een van de functies zoals genoemd in artikelen 505-528.

Niet in functie (unassigned) - De status van een lid van de geestelijkheid van goede reputatie, maar op dit moment niet actief in een van de functies zoals genoemd in artikelen 505-526.

Emeritus in functie (retired assigned) - De status van een lid van de geestelijkheid die in functie benoemd was ten tijde van de aanvraag van emeritaat.

Emeritus niet in functie (retired unassigned) - De status van een lid van de geestelijkheid die niet in functie benoemd was ten tijde van de aanvraag van emeritaat.

Lijst van geestelijken (roster of ministers) – De lijst van geestelijken van een district, districtsbevoegd en geordineerd, die van goede reputatie zijn als leden van de geestelijkheid en hun bewijs van ordinatie niet in bewaring hebben gegeven.

Goede reputatie (good standing) - De status van een lid van de geestelijkheid die geen onafgewikkelde beschuldigingen tegen zich heeft lopen, momenteel niet onder tucht staat.

Verwijderd (removed) – De actie genomen door een DistrictsVergadering om van de lijst van geestelijken de namen te verwijderen van die leden van de geestelijkheid die hun bewijs van ordinatie in bewaring hebben gegeven, hebben afgestaan of hebben ingeleverd, of van wie hun bewijs van ordinatie is geschorst of ingetrokken.

Onder tucht geplaatst (disciplined) - De status van een lid van de geestelijkheid wiens rechten, privileges en verantwoordelijkheden als lid van de geestelijkheid hem ontnomen zijn door tuchtrechterlijke actie.

Schorsing (suspension) - Een reeks van disciplinaire handelingen, niet omvattende het inleveren van het bewijs van ordinatie, waardoor een lid van de geestelijkheid tijdelijk de rechten, privileges en verantwoordelijkheden van het lid zijn van de geestelijkheid ontnomen worden.

Geroyeerd (expelled) – De status van een lid van de geestelijkheid wiens bewijs van ordinatie is ingetrokken en die is verwijderd als lid van de Kerk van de Nazarener.

In bewaring gegeven bewijs van ordinatie (filed credential) - De status van een bewijs van ordinatie van een lid van de geestelijkheid van goede reputatie die vanwege het feit dat hij niet actief is als geestelijke zijn rechten, privileges en verantwoordelijkheden als lid van de geestelijkheid heeft opgegeven door zijn bewijs van ordinatie in bewaring te gegeven bij de algemeen secretaris. Iemand die zijn bewijs van ordinatie in bewaring geeft, blijft een lid van de geestelijkheid en kan zijn rechten, privileges en verantwoordelijkheden als lid van de geestelijkheid terugontvangen conform artikel 539.10 (539, 539.1)

Ingeleverd bewijs van ordinatie (surrendered credential) - De status van een bewijs van ordinatie van een lid van de geestelijkheid die, vanwege misdragingen, beschuldigingen, bekentenissen, actie van een tuchtraad of vrijwillige actie om welke reden ook, behalve inactiviteit in zijn bediening, zijn rechten, privileges en verantwoordelijkheden als lid van de geestelijkheid ontnomen zijn. Degene wiens bewijs van ordinatie ingeleverd is, is nog steeds een lid van de geestelijkheid onder tucht. De rechten, privileges en verantwoordelijkheden als lid van de geestelijkheid kunnen worden teruggegeven nadat hij weer hersteld is in goede reputatie en zijn bewijs van ordinatie heeft terugontvangen.

Afgestaan bewijs van ordinatie (resigned credential) - De status van een bewijs van ordinatie van een lid van de geestelijkheid die de rechten, privileges en verantwoordelijkheden als lid van de geestelijkheid afstaat om op permanente basis leken lid van de kerk te worden. Een lid van de geestelijkheid die niet van goede reputatie is, kan zijn bewijs van ordinatie enkel afstaan na goedkeuring van de DistrictsAdviesRaad. (539.1, 539.5)

Ingetrokken bewijs van ordinatie (revoked credential) - De status van een bewijs van ordinatie van een lid van de geestelijkheid die geroyeerd is uit de bediening en het lidmaatschap van de Kerk van de Nazarener. De naam van de geestelijke

CHRISTELIJKE BEDIENINGEN

wiens bewijs van ordinatie is ingetrokken, zal worden verwijderd van de lijst van geestelijken.

Teruggave van bewijs van ordinatie (return of credential) – De handeling van het opnieuw verlenen van de rechten, privileges en verantwoordelijkheden van een lid van de geestelijkheid aan een lid van de geestelijkheid wiens bewijs van ordinatie in bewaring is gegeven, geschorst, ingeleverd, afgestaan of ingetrokken.

Persoonlijk herstel (recovery) - Het proces waarin een geestelijke (met zijn echtgenote en gezin) wordt geholpen die vrijwillig of anderszins is ontheven van zijn rechten, privileges en verantwoordelijkheden als lid van de geestelijkheid in het herstel naar gezondheid en heelheid. Inspanningen richting dit herstel moeten los worden gezien van het proces waarin wordt bepaald of het teruggeven van het bewijs van ordinatie van toepassing is en te adviseren.

In positie herstellen (reinstatement) - Het verlenen van de rechten, privileges en verantwoordelijkheden van een lid van de geestelijkheid aan een lid van de geestelijkheid wiens bewijs van ordinatie in bewaring is gegeven, geschorst, ingeleverd, afgestaan of ingetrokken op voorwaarde van het opnieuw van goede reputatie worden en alle andere benodigde goedkeuringen.

Beschuldiging (accusation) - Een geschreven document, ondertekend door minstens twee leden van de Kerk van de Nazarener die een lid van de Kerk van de Nazarener beschuldigen van gedrag dat, indien bewezen, genoemd lid onder tucht zou plaatsen volgens de regels van het *Handboek*.

Kennis (knowledge) - Een bewust zijn van feiten op basis van het gebruiken van iemands eigen zintuigen.

Informatie (information) - Feiten, uit de tweede hand te weten gekomen.

Overtuiging (belief) - Een conclusie, in goed geloof bereikt op basis van kennis en informatie.

Onderzoekscommissie (investigating committee) - Een commissie, benoemd in overeenstemming met het *Handboek*, die informatie moet verzamelen betreffende vermeende of veronderstelde misdragingen.

Aanklacht (charges) - Een geschreven document dat specifiek het gedrag van een lid van de Kerk van de Nazarener beschrijft dat, indien bewezen, genoemd lid onder tucht zou plaatsen volgens de regels van het *Handboek*.

538.1. Een lid van de geestelijkheid zal onder tucht geplaatst worden als hij regelmatig onafhankelijke kerkelijke activiteiten bij een andere religieuze groep leidt zonder de schriftelijke toestemming van de DistrictsAdviesRaad van het district waarin hij zijn lidmaatschap als geestelijke heeft en de schriftelijke toestemming van de Raad van Algemeen Superintendenten. (538.13, 606.1)

538.2. Een lid van de geestelijkheid zal het gezamenlijke advies van de districtssuperintendent en de DistrictsAdviesRaad altijd hoogachten. (519)

538.3. Eventuele aanspraken van een lid van de geestelijkheid en/of van zijn nabestaanden op een pensioen- of arbeidsongeschiktheidsregeling waarover de kerk nu beschikt of in de toekomst zal beschikken, zullen slechts gebaseerd kunnen zijn op de reguliere, actieve dienst van de geestelijke als predikant in functie of evangelist of in een andere erkende functie, goedgekeurd door de DistrictsVergadering. Deze regel sluit allen in parttime of tijdelijke dienst uit van deelname.

538.4. Een districtskandidaat voor ordinatie die actief in functie is als predikant of als assistent-predikant van de Kerk van de Nazarener zal een stemgerechtigd lid van de DistrictsVergadering zijn. (201)

538.5. De kandidaat die gekozen is tot de orde van oudsten of de orde van diakenen zal geordineerd worden door handoplegging door de algemeen superintendent en de geordineerde geestelijken met passende liturgische handelingen, onder leiding van de algemeen superintendent die de vergadering voorzit. (307.4)

538.6. De verantwoordelijke algemeen superintendent zal aan degene die aldus geordineerd is een bewijs van ordinatie verstrekken, getekend door de verantwoordelijke algemeen superintendent, de districtssuperintendent en de districtssecretaris. (535.1)

538.7. In het geval dat het certificaat van ordinatie van een oudste of diaken zoekgeraakt, beschadigd of vernietigd is, kan een duplicaat worden verstrekt op aanbeveling van de DistrictsAdviesRaad. Een dergelijke aanbeveling zal direct aan de verantwoordelijke algemeen superintendent worden gedaan, en zal met zijn goedkeuring worden verstrekt aan de algemeen secretaris. Op de achterzijde van het certificaat dient het originele nummer te worden vermeld, met het woord DUPLICAAT. Als de algemeen superintendent, districtssuperintendent of de districtssecretaris die het originele document getekend hebben niet beschikbaar zijn, zullen de verantwoordelijke algemeen superintendent, de districtssuperintendent en de districtssecretaris van het district dat het duplicaat verzocht heeft het certificaat ondertekenen. Op de achterkant zal de volgende verklaring geschreven of gedrukt worden, of beide, en getekend door de verantwoordelijke algemeen superintendent, de districtssuperintendent en de districtssecretaris.

Dit certificaat is verstrekt in plaats van het originele certificaat van ordinatie dat verstrekt is aan (naam), op (datum), door de (ordinerende organisatie), op welke datum hij werd geordineerd en zijn oorspronkelijke ordinatie certificaat werd

getekend door (algemeen superintendent), (districtssuperintendent) en (districtssecretaris).
Het originele certificaat is (zoekgeraakt, beschadigd, vernietigd.)

................, algemeen superintendent
................, districtssuperintendent
................, districtssecretaris

538.8. Alle oudsten en diakenen (in functie of niet) zullen actief lid zijn van een plaatselijke Kerk van de Nazarener, waarin zij trouw zijn in bezoek, het geven van tienden en het deelnemen aan het werk van die kerk. Uitzonderingen op deze vereisten kunnen alleen worden toegestaan met goedkeuring van de DistrictsAdviesRaad. Elk lid van de geestelijkheid die geen lid is van een plaatselijke Kerk van de Nazarener in het district waartoe hij behoort als geestelijke en die geen uitzondering heeft verkregen wordt daardoor onderworpen aan tucht door de DistrictsAdviesRaad. (522, 538.10)

538.9. Alle oudsten en diakenen zullen als geestelijke lid zijn van de DistrictsVergadering van het district waarin ze hun kerkelijk lidmaatschap hebben, en jaarlijks aan deze vergadering rapporteren. Een oudste of diaken die twee opeenvolgende jaren geen rapport heeft uitgebracht aan de DistrictsVergadering, persoonlijk of schriftelijk, zal, indien de DistrictsVergadering aldus besluit, geen lid daarvan meer zijn. (201, 205.3, 521, 536.1)

538.10. Van elk lid van de geestelijkheid die zich verenigd heeft met een andere denominatie dan de Kerk van de Nazarener, of betrokken is geraakt in een andere christelijke bediening, zal het lidmaatschap van de Kerk van de Nazarener vanwege dat feit beëindigd worden, tenzij hij de goedkeuring van de DistrictsAdviesRaad van het district waarin hij als geestelijke lid is verkregen heeft. De DistrictsVergadering zal ervoor zorgen dat in haar notulen de volgende verklaring wordt opgenomen: "Geroyeerd van de ledenlijst en uit de bediening van de Kerk van de Nazarener door zich te hebben verenigd met een andere kerk, denominatie, of bediening". (107, 112)

538.11. Elk lid van de geestelijkheid die zich terugtrekt of is geroyeerd als lid van de plaatselijke kerk wanneer hij niet van goede reputatie is, kan enkel weer lid worden van de Kerk van de Nazarener met de goedkeuring van de DistrictsAdviesRaad van het district waaruit hij zich heeft teruggetrokken of waarin hij is geroyeerd als lid. De DistrictsAdviesRaad kan toestemming verlenen op voorwaarde dat de voormalige geestelijke voortaan een lekenlid van de kerk blijft, of, met de toestemming van de districtssuperintendent en de verantwoordelijke algemeen superintendent, dat de voormalige geestelijke opnieuw wordt toegelaten tot de geestelijkheid maar onder tucht, nadat hij zijn bereidheid heeft uitgesproken om actief en consequent mee te werken aan een herstelproces. (539.6)

538.12. Een oudste of diaken wiens naam is verwijderd van de lijst van geestelijken van de DistrictsVergadering en die zijn bewijs van ordinatie niet in bewaring heeft gegeven, zal niet worden erkend door een ander district zonder dat hij zorgt voor een schriftelijke toestemming van de DistrictsVergadering van wiens lijst van geestelijken hij was verwijderd, tenzij anders geregeld. De DistrictsAdviesraad kan besluiten op een verzoek van overdracht van verantwoordelijkheid tussen DistrictsVergaderingen in.(538.11)

538.13. Een lid van de geestelijkheid moet de jaarlijkse schriftelijke toestemming van de DistrictsAdviesRaad hebben om het volgende te kunnen doen:
- regelmatig onafhankelijke kerkelijke activiteiten leiden, niet vanuit de Kerk van de Nazarener, of
- onafhankelijk evangelisatiewerk of niet geautoriseerde kerkelijke activiteiten verrichten, of
- verbonden zijn met de staf van een onafhankelijke kerk of andere godsdienstig groep, christelijke bediening of denominatie.

Als een lid van de geestelijkheid zich niet schikt in deze vereisten kan hij op voordracht van een tweederde meerderheid van alle leden van de DistrictsRaad Geestelijke Stand of de DistrictsRaad Bedieningen en middels een besluit van de DistrictsVergadering geroyeerd worden als lid van de kerk en als lid van de geestelijkheid van de Kerk van de Nazarener. De uiteindelijke beoordeling van de vraag of een specifieke activiteit een "onafhankelijk evangelisatiewerk" of een "niet geautoriseerde kerkelijke activiteit" is, ligt bij de Raad van Algemeen Superintendenten. (112-112.1, 532.9)

538.14. Voorafgaande aan het verlenen van toestemming aan een lid van de geestelijkheid om met onafhankelijke kerkelijke activiteiten bezig te zijn moet de DistrictsAdviesRaad om de schriftelijke toestemming van de Raad van Algemeen Superintendenten vragen wanneer deze activiteiten zich over meer dan één district uitstrekken, of in een ander district dan waar de geestelijke als zodanig lid van is. De Raad van Algemeen Superintendenten zal de betreffende DistrictsAdviesRaad informeren dat dit verzoek bij hen voorligt.

538.15. Een in functie benoemde geestelijke kan een plaatselijke kerk starten als hij daartoe gemachtigd is door de districtssuperintendent of de verantwoordelijke algemeen superintendent. Officiële verslagen van instituering dienen door de districtssuperintendent te worden opgezonden naar de algemeen secretaris. (100, 211.1)

538.16. Het lidmaatschap van de DistrictsVergadering is uit hoofde van het predikant van een gemeente zijn of geestelijke

CHRISTELIJKE BEDIENINGEN

in een andere functie benoemd, die actief dient en als voornaamste roeping een aanstelling heeft in een erkende bediening zoals beschreven in artikelen 505-528.

538.17. Informatie die een geestelijke verkrijgt tijdens pastorale gesprekken of advisering zal zo strikt mogelijk vertrouwelijk worden gehouden, en zal niet zonder de bewuste toestemming van de betrokkene openbaar worden gemaakt, tenzij de wet dat vereist.

Indien mogelijk en zo snel als mogelijk, dient een geestelijke de omstandigheden openbaar maken waarin de vertrouwelijkheid verbroken mag worden:
1. Als er een duidelijk aanwezige dreiging van kwaad is ten opzichte van hemzelf of anderen.
2. Als er een vermoeden is van misbruik of veronachtzaming betreffende een minderjarige, gehandicapte, bejaarde, of een ander kwetsbaar persoon zoals de plaatselijke wet dat bepaalt. Het is niet de verantwoordelijkheid van degene die het bericht doorgeeft om de betrouwbaarheid van de informatie te waarborgen of te onderzoeken, maar enkel om het vermoeden te rapporteren aan de betreffende autoriteiten. Een minderjarige wordt gedefinieerd als een persoon jonger dan 18 jaar, tenzij de leeftijd van meerderjarigheid later is bepaald door plaatselijke wetgeving.
3. In geval van een gerechtelijke uitspraak waarin om deze informatie wordt gevraagd. Geestelijken moeten beveiligde beperkte verslagen bewaren van pastorale gesprekken, inclusief een verslaglegging van wat daaruit openbaar gemaakt is en de bewuste toestemming die daarvoor is gegeven.

Kennis die via beroepsmatig contact is verkregen mag worden gebruikt in onderwijs, schriftelijke communicatie, preken of wat dies meer zij, maar alleen als er maatregelen zijn genomen om de vertrouwelijkheid en de identiteit van het betreffende individu absoluut te waarborgen.

Als een geestelijke ontdekt dat er een ernstige bedreiging is voor het welzijn van een minderjarige aan wie hij pastorale zorg verleent n het geval van pastoraat richting een minderjarige, als een geestelijke ontdekt dat er ernstige bedreigingen zijn richting het welzijn van een minderjarige en dat communicatie van vertrouwelijke informatie richting naar een ouder of wettelijke vertegenwoordiger essentieel is voor de gezondheid en het welzijn van het kind, dient de geestelijke de noodzakelijke informatie door te geven voor zover die nodig is om de gezondheid en het welzijn van het kind te beschermen.

538.18. Van alle oudsten en diakenen wordt verwacht dat ze hun leven lang jaarlijks 20 uur studie volgen, onder leiding van de DistrictsRaad Kerkelijke Opleidingen. (529.6)

198 CHRISTELIJKE BEDIENINGEN

538.19. Een geestelijke mag alleen een huwelijk voltrekken van hen die daartoe goed zijn voorbereid door middel van zorgvuldige pastorale zorg en die een bijbelse basis hebben voor het huwelijk.

Een bijbels huwelijk bestaat alleen in een relatie van één man en één vrouw. (31, 515.9)

538.20. Elk district moet een uitgebreid beleid hebben dat is vastgelegd en dat jaarlijks wordt geëvalueerd, waarin wordt aangegeven hoe te zorgen voor een tijdige, barmhartige en actuele benadering van die leden van de geestelijkheid die betrokken zijn in gedrag dat niet past bij een geestelijke, van hun gezinnen en van elke betrokken gemeente. Het districtsbeleid dient in lijn te zijn met de richtlijnen van het *Handboek* en zal beschrijven hoe de feiten en omstandigheden worden vastgelegd betreffende veranderingen in de status van een geestelijke die niet langer de rechten, privileges en verantwoordelijkheden als lid van de geestelijkheid heeft. Dit verslag zal alle correspondentie en officiële handelingen bevatten ten aanzien van het betreffende lid van de geestelijkheid en de namen en data van aanstelling van degenen die gekozen zijn als herstelteam zoals geregeld in artikel 540.1 (225.5)

I. Het in bewaring geven, schorsen, afstaan of intrekken van een bewijs van ordinatie

539. De algemeen secretaris is gemachtigd om het bewijs van ordinatie van een lid van de geestelijkheid van goede reputatie te ontvangen en zorgvuldig te bewaren, die dit in bewaring wil geven vanwege het voor bepaalde tijd stopzetten van zijn activiteiten in de bediening. Wanneer een bewijs van ordinatie in bewaring wordt gegeven, zal de DistrictsAdviesRaad van het district waarvan de geestelijke lid is de algemeen secretaris aantonen dat dit niet bedoeld is om tuchtmaatregelen te ontlopen. Het in bewaring geven van een bewijs van ordinatie voorkomt niet dat een lid van de geestelijkheid in die hoedanigheid onder tucht kan komen te staan. Leden van de geestelijkheid die hun bewijs van ordinatie in bewaring hebben gegeven bij de algemeen secretaris kunnen dit terugkrijgen. (539.2)

539.1. Een lid van de geestelijkheid van goede reputatie die nog niet de emeritus status heeft ontvangen en die gedurende een periode van vier of meer aaneengesloten jaren niet in functie is geweest, wordt niet langer gezien als actief lid van de geestelijkheid en moet zijn bewijs van ordinatie in bewaring geven. De DistrictsRaad Geestelijke Stand of de DistrictsRaad Bedieningen zal als volgt verslag doen aan de DistrictsVergadering: "Het bewijs van ordinatie van (de oudste of diaken in kwestie) is in bewaring gegeven door de DistrictsRaad Geestelijke Stand of de DistrictsRaad Bedieningen." Deze actie dient gezien te worden als neutraal en zegt niets over het karakter

CHRISTELIJKE BEDIENINGEN 199

van betrokkene. Degene die zijn bewijs van ordinatie in bewaring heeft gegeven, kan dat terugkrijgen. (539.10)

539.2. Als een geordineerd lid van de geestelijkheid van goede reputatie zijn werk als geestelijke in functie neerlegt om een roeping buiten de geestelijkheid van de Kerk van de Nazarener te volgen, kan hij afstand doen van de rechten, privileges en plichten van een lid van de geestelijkheid. De DistrictsVergadering waarvan hij lid is zal dit bewijs van ordinatie ontvangen en het overdragen aan de zorg van de algemeen secretaris. Het verslag in de districtsnotulen zal vermelden dat hij was "verwijderd van de lijst van geestelijken, vanwege het zich terugtrekken uit zijn orde". Een lid van de geestelijkheid die aldus afstand doet, kan zijn bewijs van ordinatie terugkrijgen.

539.3. Als een niet-emeritus geordineerde geestelijke zich terugtrekt uit de actieve bediening als lid van de geestelijkheid en een fulltime seculiere betrekking aanvaardt, kan na een periode van twee jaar door de DistrictsRaad Geestelijke Stand of de DistrictsRaad Bedieningen van hem geëist worden afstand te doen van zijn lidmaatschap van de geestelijkheid of het bewijs van ordinatie in bewaring te geven bij de algemeen secretaris. Deze periode van twee jaar begint met de eerstvolgende DistrictsVergadering na het beëindigen van zijn werk als lid van de geestelijkheid. De DistrictsRaad Geestelijke Stand of de DistrictsRaad Bedieningen zal haar besluit rapporteren aan de DistrictsVergadering. Deze actie dient gezien te worden als neutraal en zegt niets over het karakter van betrokkene.

539.4. De rechten, privileges en verantwoordelijkheden van een lid van de geestelijkheid kunnen worden geschorst en zijn naam kan worden verwijderd van de lijst van geestelijken als zijn woonadres anders wordt dat het adres dat bekend is, zonder binnen een jaar een verhuisbericht te sturen naar de DistrictsRaad Geestelijke Stand of de DistrictsRaad Bedieningen, of wanneer hij geen jaarlijks verslag indient conform artikel 532.8 en 538.9. Het besluit om te schorsen is de verantwoordelijkheid van de DistrictsRaad Geestelijke Stand of de DistrictsRaad Bedieningen.

539.5. Een lid van de geestelijkheid die een certificaat van aanbeveling ontvangen heeft van zijn plaatselijke kerk en zich bij de eerstvolgende DistrictsVergadering niet aangesloten heeft bij een andere Kerk van de Nazarener, of die schriftelijk heeft aangegeven dat hij zich teruggetrokken heeft uit de Kerk van de Nazarener, of die lid geworden is van een andere denominatie als leek of als geestelijke, en die zijn bewijs van ordinatie niet heeft afgestaan, kan geroyeerd worden uit de bediening van de Kerk van de Nazarener door een besluit van de DistrictsVergadering op aanbeveling van de DistrictsRaad Geestelijke Stand of de DistrictsRaad Bedieningen, waarna zijn naam wordt verwijderd van de lijst van geestelijken en de ledenlijst van de plaatselijke kerk.

539.6. Een lid van de geestelijkheid die niet van goede reputatie is kan zijn bewijs van ordinatie enkel afstaan op aanbeveling van de DistrictsAdviesRaad. (540)

539.7. Een lid van de geestelijkheid kan geroyeerd worden als geestelijke van de Kerk van de Nazarener zoals beschreven in artikelen 539.5 en 540.10, of door tuchtmaatregelen volgens de artikelen 606-609.

539.8. Als een oudste of diaken geroyeerd is, zal zijn bewijs van ordinatie worden verzonden naar de algemeen secretaris om door hem bewaard te worden, indien aldus besloten door de DistrictsVergadering waarvan de oudste of diaken lid was ten tijde van zijn royering. (326.5)

539.9. Predikanten, plaatselijke kerkenraden en anderen die mensen in de kerk in functie benoemen, zullen een lid van de geestelijkheid die niet van goede reputatie is niet in een geestelijke functie plaatsen of in een positie van vertrouwen of gezag, zoals zangleider, het leiden van een zondagsschoolklas, een Bijbelstudie of kring totdat hij weer hersteld wordt in goede reputatie. Uitzonderingen op dit verbod vereisen de schriftelijke toestemming van zowel de districtssuperintendent van het district waartoe de geestelijke behoorde toen hij ontheven werd van de rechten, privileges en verantwoordelijkheden als lid van de geestelijkheid, en van de algemeen superintendent die verantwoordelijk is voor dat district. (540.4)

539.10. Teruggave van een in bewaring gegeven bewijs van ordinatie. Als een oudste of diaken van goede reputatie zijn bewijs van ordinatie in bewaring heeft gegeven, kan dat bewijs, op enig moment wanneer de oudste of diaken van goede reputatie is, worden teruggegeven na een besluit van de DistrictsVergadering waarbij het in bewaring was gegeven, mits de teruggave zal zijn aanbevolen door de districtssuperintendent en de DistrictsAdviesRaad. Tussen DistrictsVergaderingen door kan een DistrictsAdviesRaad stemmen over het goedkeuren van de teruggave van een bewijs van ordinatie.

539.11. Teruggave van een afgestaan of ingetrokken bewijs van ordinatie. Een oudste of diaken die, terwijl hij een geestelijke van goede reputatie was, zich heeft teruggetrokken uit zijn orde als geestelijke, of wiens bewijs van ordinatie was ingetrokken na het zich verenigen met een andere kerk, denominatie of bediening, kan zijn bewijs van ordinatie terugkrijgen door een besluit van de DistrictsVergadering nadat hij het formulier voor aanvraag/erkenning van ordinatie heeft ingediend, de beloften als geestelijke bevestigd heeft, beoordeeld is en positief is aanbevolen door de DistrictsRaad Geestelijke Stand of de DistrictsRaad Bedieningen, na voorafgaande goedkeuring door de districtssuperintendent en de verantwoordelijke algemeen superintendent. (539.2)

539.12. Het bewijs van ordinatie van een overleden geestelijke, wiens bewijs van ordinatie in bewaring was gegeven en die van goede reputatie was ten tijde van zijn overlijden, kan worden overgedragen aan de familie van de geestelijke middels een schriftelijk verzoek aan de algemeen secretaris en met goedkeuring van de districtssuperintendent van het district waar dit in bewaring was gegeven.

539.13. Scheiding. Een lid van de geestelijkheid zal binnen 48 uur na het verzoek door de geestelijke om ontbinding van het huwelijk bij de rechter of binnen 48 uur na het daadwerkelijk scheiden van tafel en bed van de geestelijke en zijn echtgenote met als doel het afbreken van het daadwerkelijk samenleven,

a) contact opnemen met de districtssuperintendent en hem op de hoogte stellen van de genomen stappen;

b) een afspraak maken met de districtssuperintendent en een lid van de DistrictsAdviesRaad om op een voor een ieder geschikt(e) tijdstip en plaats bijeen te komen, of wanneer die niet gevonden worden, op een tijd en plaats die bepaald is door de districtssuperintendent; en

c) tijdens het gesprek hierboven genoemd onder 2, zal het lid van de geestelijkheid de omstandigheden uitleggen waaronder deze stappen genomen zijn, het huwelijksprobleem uitleggen, en uitleggen wat de Bijbelse rechtvaardiging is waardoor hij toegestaan zou mogen worden te blijven functioneren als lid van de geestelijkheid van goede reputatie.

Als een lid van de geestelijkheid niet voldoet aan bovengenoemde punten, zal dit feit reden zijn voor tucht. Alle geestelijken, actief, inactief, met emeritaat, in functie benoemd of niet, zijn onderworpen aan deze regeling, en moeten passend ontzag tonen voor het gezamenlijk advies van de districtssuperintendent en de DistrictsAdviesRaad. Geen actieve of in functie benoemde geestelijke kan doorgaan in zijn functie als geestelijke zonder een positieve stemming in de DistrictsAdviesRaad hierover.

J. Het in ere herstellen van leden van de geestelijkheid

540. De Kerk van de Nazarener erkent haar verantwoordelijkheid om de hoop en genezing van Gods verlossende en vernieuwende genade ook te doen toekomen aan haar eigen geestelijken die, door het inleveren van hun bewijs van ordinatie, vrijwillig of anderszins, zijn ontheven van de rechten, privileges en verantwoordelijkheden als lid van de geestelijkheid vanwege gedrag dat niet past bij een geestelijke. De kerk erkent ook haar verplichting om de echtgenote en het gezin, de gemeente en de gemeenschap van de geestelijke uit te nodigen

in de omarming van Gods liefdevolle zorg. Daarom dient het proces dat leidt tot het herstellen van de goede reputatie van de geestelijke in twee nadrukkelijk onderscheiden stappen plaatsvinden:
1. Persoonlijk herstel. Zonder rekening te houden met de ernst van de misstappen van de geestelijke, de mogelijkheid van het terugkeren in de bediening, of zijn initiële ontvankelijkheid voor de genade en hulp die werden aangeboden, moet het herstel van het welzijn van de geestelijke (in geestelijk opzicht en anderszins) en dat van zijn echtgenote en gezin ijverig, in gebed en getrouw worden nagestreefd door het district, overeenkomstig artikelen 540.1-540.7. Deze vorm van herstel is het enige doel van deze stap.
2. Herstel van positie. Het herstel van de status van goede reputatie van de geestelijke en de aanbeveling tot teruggave van zijn bewijs van ordinatie moet gezien worden als een proces dat los staat van en volgt op de inspanningen die gericht zijn op het herstel van de gezondheid en het welzijn van de geestelijke en dat van zijn echtgenote en gezin (540.6-540.12)

540.1. Aanstelling van een herstelteam. Wanneer de misstap(pen) van een geestelijke duidelijk worden, is het essentieel tijdig te reageren met een passende en barmhartige interventie omwille van de geestelijke en zijn echtgenote en gezin, de gemeente, en de gemeenschap. Omdat men dergelijke gebeurtenissen zelden aan ziet komen, is het tevoren kiezen en voorbereiden van geschikte mensen, zowel leken als geestelijken, een belangrijk onderdeel van het districtsbeleid in deze. Deze personen moeten worden benoemd door de districtssuperintendent in overleg met de DistrictsAdviesRaad. Wanneer zich dan situaties van misstappen door geestelijken voordoen, moeten deze mensen, handelend als herstelteam, zo snel mogelijk en in overeenstemming met het districtsbeleid ingezet worden door de districtssuperindent. Een aldus ingezet herstelteam dient uit minstens drie personen te bestaan. (211.20, 225.5, 540)

540.2. Taken. Een herstelteam is verantwoordelijk voor het faciliteren van het herstel van de gezondheid en het welzijn van de geestelijke en van zijn echtgenote en gezin. Het team heeft noch het recht, noch het gezag om te bepalen of de rechten, privileges en verantwoordelijkheden als lid van de geestelijkheid dient te worden teruggegeven aan de geestelijke. Voor zover de situatie dat toelaat, zijn de taken van een herstelteam ondermeer:
1. zorg verlenen zowel aan de echtgenote en het gezin van de geestelijke als aan hemzelf;
2. duidelijkheid versschaffen aan de geestelijke en zijn echtgenote over het proces en het doel van herstel;

CHRISTELIJKE BEDIENINGEN

3. het coördineren van de gezamenlijke inspanningen van de geestelijke, het district en de betrokken gemeente(n) in het opzetten van een plan waarin de financiële, huisvestings-, medische, emotionele, geestelijke en andere behoeften worden aangepakt, evenals andere noden die vaak urgent naar voren komen in situaties waarin misstappen aan het licht zijn gekomen;
4. het implementeren van het districtsbeleid, inclusief het regelmatig rapporteren over eigen inspanningen en de status van voortgang van de geestelijke en zijn echtgenote en gezin op weg naar herstel van gezondheid en welzijn;
5. het communiceren met de geestelijke en zijn echtgenote, de districtssuperintendent, en de toepasselijke districtsraad wanneer het van mening is dat het werk bijna voltooid is of het zich zover als verwacht mag worden ontwikkeld heeft;
6. het voorleggen van zijn aanbeveling of het al dan niet overwogen moet worden de geestelijke te herstellen tot de status van goede reputatie aan de DistrictsRaad Geestelijke Stand of de DistrictsRaad Bedieningen of een aangestelde commissie die verantwoordelijk is voor het beoordelen van een eventueel in positie herstellen, nadat de geestelijke een aanvraag heeft gedaan voor het herstellen van de rechten, privileges en verantwoordelijkheden als lid van de geestelijkheid. (540.8)

540.3. In het geval dat de geestelijke die onder tucht staat niet meer reageert op het herstelproces, dient ijverig te worden gepoogd het herstel van de echtgenote en het gezin van de geestelijke te bevorderen, en getracht de geestelijke (opnieuw) in dit herstelproces te betrekken. Na evaluatie van de herstelpogingen en met het oog op het welzijn van de echtgenote en het gezin van de geestelijke, kan de districtssuperintendent de herstelpogingen opschorten, afronden of een nieuwe richting op sturen.

In het geval dat het district geen herstelteam aanstelt of het aangestelde herstelteam geen actie onderneemt binnen 180 dagen na de dag dat de geestelijke onder tucht is gesteld, mag de geestelijke die onder tucht is gesteld de Raad van Algemeen Superintendenten verzoeken aan een ander district de verantwoordelijkheid toe te wijzen voor het herstelproces en het handelen ten aanzien van zijn eventuele aanvraag om hersteld te worden in zijn positie en in de rechten, privileges en verantwoordelijkheden van een lid van de geestelijkheid. Deze optie is ook mogelijk voor de betreffende geestelijke als een district niet reageert op zijn verzoek om hersteld te worden tot de status van goede reputatie. (540-540.2, 540.4-540.12)

540.4. Een lid van de geestelijkheid die niet de status van goede reputatie heeft zal in de kerk of in de eredienst geen positie van vertrouwen of gezag bekleden, zoals preken, het leiden van de dienst, een zondagsschoolklas, een Bijbelstudie of kring. De geestelijke mag alleen in deze functie aan het werk of een andere geestelijke functie krijgen na een positieve aanbeveling van het door het district benoemde herstelteam dat is toegewezen aan de geestelijke en de goedkeuring van de DistrictsAdviesRaad, de DistrictsRaad Geestelijke Stand of de Districtsraad Bedieningen, de districtssuperintendent en de verantwoordelijke algemeen superintendent. Een positieve aanbeveling geeft aan dat de betrokkene en zijn echtgenote en gezin voldoende voortgang hebben gemaakt in het herstelproces om het mogelijk te maken dat hij opnieuw kan dienen in een positie van vertrouwen of gezag. De goedkeuring om in een positie van vertrouwen of gezag te dienen kan met of zonder beperking worden gegeven en kan worden ingetrokken door de districtssuperintendent in overleg met het herstelteam. (606.1-606.2, 606.5, 606.11-606.12)

540.5. Na de aanvraag van een geestelijke die onder tucht staat om hersteld te worden tot de status van goede reputatie, zoals geregeld in artikel 540.6, kan het herstelteam aanbevelen aan de districtssuperintendent en de betreffende districtsraad of benoemde commissie dat de aanvraag wordt overwogen zoals geregeld in artikel 540.8; of, dat de geestelijke voortgaat in het herstelproces voor een aanvullende en concreet bepaalde tijd voordat er een nieuwe aanvraag ingediend kan worden.

In het geval dat het herstelteam zijn inspanningen heeft beëindigd en de geestelijke die onder tucht staat geen aanvraag heeft gedaan voor herstel tot de status van een goede reputatie, zal de geestelijke onder tucht blijven staan, tenzij actie wordt genomen om (1) de geestelijke te royeren als lid van de kerk en de geestelijkheid van de Kerk van de Nazarener; of om (2) toestemming te geven aan de geestelijke om zijn bewijs van ordinatie af te staan en een lekenlid van de kerk te worden. In het geval van het afstaan van het bewijs van ordinatie door een geestelijke die onder tucht staat waarbij er aantoonbaar substantiële en blijvende vooruitgang is geboekt, dient die vooruitgang op passende wijze erkend en gevierd te worden. (539.5, 540.10)

540.6. Aanvraag voor herstel tot de status van goede reputatie. Een geestelijke die ontheven is van de rechten, privileges en verantwoordelijkheden als lid van de geestelijkheid mag een aanvraag indienen om hersteld te worden tot de status van goede reputatie en het terugkrijgen van zijn bewijs van ordinatie, waarbij van toepassing zijn aan de voorwaarden van artikel 540.7. Deze aanvraag moet minimaal zes maanden voor de eerstvolgende bijeenkomst van de DistrictsVergadering worden ingediend bij de districtssuperintendent en moet in lijn zijn

… CHRISTELIJKE BEDIENINGEN

met het betreffende districtsbeleid. De districtssuperintendent zal de ontvangst van de aanvraag binnen 30 dagen bevestigen.

540.7. Een geestelijke kan een aanvraag voor herstel tot de status van goede reputatie en teruggave van zijn bewijs van ordinatie indienen mits het herstelteam dat is toegewezen aan de geestelijke deze aanvraag ondersteunt en kan getuigen van de actieve en constante deelname van de geestelijke aan het herstelproces onder hun leiding gedurende minstens twee jaar. Een geestelijke die volgens zijn inzicht actief en constant heeft deelgenomen aan zo'n herstelproces gedurende minstens vier jaar mag een aanvraag voor herstel tot de status van goede reputatie indienen, met of zonder de positieve aanbeveling voor de aanvraag van het herstelteam.

Als een geestelijke die onder tucht staat vanaf het begin deelname aan het herstel heeft nagestreefd, zal de minimale tijd die vereist is voor een aanvraag voor herstel tot de status van goede reputatie beginnen met de eerste datum waarop de geestelijke een ontmoeting had met het herstelteam, of 60 dagen nadat het herstelteam werd toegewezen aan de geestelijke. In het geval dat een geestelijke zijn deelname aan het herstelproces heeft uitgesteld of onderbroken, zal de districtssuperintendent in overleg met het herstelteam bepalen welke tijd voldoende is voordat de aanvraag voor herstel tot de status van goede reputatie kan worden ingediend.

540.8. Reactie op de aanvraag voor herstel tot de status van goede reputatie. De DistrictsRaad Geestelijke Stand of de DistrictsRaad Bedieningen, of een commissie daar vanuit aangesteld door de districtssuperintendent, zal elke aanvraag voor herstel tot de status van goede reputatie overwegen die door de districtssuperintendent is ontvangen, en

1. nagaan of de aanvraag geldig is, conform alle voorwaarden voor het indienen;
2. de aanbeveling van het herstelteam aanvragen en beoordelen;
3. de geestelijke die herstel tot de status van goede reputatie aanvraagt interviewen, evenals andere mensen, die het team nodig acht;
4. bepalen of het zal aanbevelen om de rechten, privileges en verantwoordelijkheden van het lid zijn van de geestelijkheid te herstellen en zijn bewijs van ordinatie terug te geven.

Als een aanvraag ten minste 180 dagen voor de eerstvolgende DistrictsVergadering is ingediend, zal de beoordeling van de aanvraag en de aanbeveling aan de districtssuperintendent nog vóór die DistrictsVergadering worden gedaan. Een aanbeveling om een geestelijke, wiens bewijs van ordinatie is ingeleverd vanwege misstappen op seksueel gebied, de rechten, privileges en verantwoordelijkheden van een lid van de geestelijkheid terug te geven, zal een tweederde meerderheid van de DistrictsAdviesRaad vereisen. De aanbeveling zal moeten worden voorgelegd aan de Raad van Algemeen Superintendenten, binnen een jaar vanaf de datum van de meeste recente aanvraag van herstel tot de status van goede reputatie van de geestelijke. Uitzonderingen op een tijdbestek beschreven in dit artikel vereisen de schriftelijke goedkeuring van de verantwoordelijke algemeen superintendent. (540.2, 540.3, 540.6, 540.7, 540.12)

540.9. Een persoon die schuldig is aan seksuele misstappen waarbij minderjarigen betrokken zijn, dient niet hersteld te worden tot de status van goede reputatie als lid van de geestelijkheid, of toegestaan worden een bevoegdheid als geestelijke te hebben in een positie of bediening met verantwoordelijkheid voor minderjarigen, of gekozen of aangesteld worden tot wat voor vorm van leiderschap ook in de plaatselijke kerk. Een minderjarige wordt gedefinieerd als een persoon jonger dan 18 jaar, tenzij de leeftijd van meerderjarigheid later is bepaald door plaatselijke wetgeving (129.30, 600, 606.1-606.2, 606.5, 606.11-606.12, 916)

540.10. De DistrictsRaad Geestelijke Stand of de DistrictsRaad Bedieningen of een commissie daarvan kan, na het overwegen van de aanvraag voor herstel tot de status van goede reputatie die binnen het juiste tijdsbestek is ingediend, een van de volgende opties aanbevelen aan de districtssuperintendent en de betreffende districtsraden:

1. dat de geestelijke hersteld wordt tot de status van goede reputatie en zijn bewijs van ordinatie wordt teruggegeven;
2. dat de geestelijke voort gaat in het herstelproces voor een specifieke periode, voordat hij opnieuw een aanvraag voor herstel tot de status van goede reputatie mag indienen;
3. dat de herstelperiode wordt verlengd en het herstelplan wordt herzien (zoals een begeleide stage in de bediening, het aanstellen van een nieuw herstelteam, of persoonlijke, huwelijks- of gezinssituaties aanpakken);
4. dat de geestelijke onder tucht blijft;
5. dat de geestelijke niet hersteld wordt tot de status van goede reputatie, maar blijk van herstel wordt erkend en gevierd, en toestemming wordt gegeven aan de geestelijke om zijn bewijs van ordinatie in te leveren;
6. dat de geestelijke wordt geroyeerd als lid en geestelijke van de Kerk van de Nazarener. (539.5, 540.7, 540.12)

540.11. Als twee aanvragen van een geestelijke onder tucht geplaatst worden afgewezen, kan een verzoek aan de Raad van Algemeen Superintendenten worden gedaan en door hen worden goedgekeurd om de verantwoordelijkheid voor het herstel en het mogelijke herstel tot de status van goede reputatie van de betreffende geestelijke aan een ander district toe te wijzen,

CHRISTELIJKE BEDIENINGEN

waar de aanvraag in overweging kan worden genomen. Als een derde aanvraag voor herstel tot de status van goede reputatie en het teruggeven van de rechten, privileges en verantwoordelijkheden als lid van de geestelijkheid wordt afgewezen, kan de geestelijke een leek worden na goedkeuring van de DistrictsAdviesRaad (538.13, 539.6)

540.12. Herstel van de rechten, privileges en verantwoordelijkheden als lid van de geestelijkheid. Een lid van de geestelijkheid die zijn goede reputatie verloren heeft en wiens aanvraag voor herstel tot de status van goede reputatie heeft geleid tot een aanbeveling tot herstel van de rechten, privileges en verantwoordelijkheden als lid van de geestelijkheid, kan hersteld worden tot de status van goede reputatie en zijn bewijs van ordinatie terugkrijgen via het volgende proces:

1. goedkeuring van de districtssuperintendent;
2. goedkeuring van de DistrictsRaad Geestelijke Stand of de DistrictsRaad Bedieningen;
3. goedkeuring van de DistrictsAdviesRaad met tweederde meerderheid;
4. goedkeuring van de Raad van Algemeen Superintendenten, en
5. goedkeuring van de DistrictsVergadering waar de status van goede reputatie verloren ging. (606.1-606.2, 606.5, 606.11-606.12)

DEEL VII

RECHTSPRAAK

ONDERZOEK NAAR MOGELIJKE MISDRAGINGEN EN KERKELIJKE TUCHT

REACTIE OP MOGELIJKE MISDRAGINGEN

REACTIE OP MISDRAGINGEN DOOR IEMAND IN EEN POSITIE VAN VERTROUWEN OF GEZAG

BETWISTE TUCHT BETREFFENDE EEN LEEK

BETWISTE TUCHT BETREFFENDE EEN LID VAN DE GEESTELIJKHEID

PROCEDUREREGELS

DISTRICT HOF VAN BEROEP

ALGEMEEN HOF VAN BEROEP

REGIONALE HOVEN VAN BEROEP

GEGARANDEERDE RECHTEN

I. ONDERZOEK NAAR MOGELIJKE MISDRAGINGEN EN KERKELIJKE TUCHT

600. De doelen van kerkelijke tucht zijn het bewaren van de integriteit van de kerk, het beschermen van de onschuldigen tegen kwaad, het beschermen van het getuigenis van de kerk, het waarschuwen en corrigeren van de zorgelozen, het tot verlossing brengen van de schuldigen, het rehabiliteren van de schuldigen, het weer tot actieve dienst brengen van de gerehabiliteerden, en het beschermen van de reputatie en bronnen van de kerk. Leden van de kerk die de het Convenant van Christelijk Karakter of het Convenant van Christelijk Gedrag schenden, of die bewust en voortdurend de beloften schenden die zij bij het lid worden gedaan hebben, dienen vriendelijk doch nauwgezet behandeld te worden, overeenkomstig de ernst van hun overtredingen. Aangezien heiligheid van hart en leven de norm van het Nieuwe Testament is, staat de Kerk van de Nazarener op een zuivere bediening en eist van hen die van haar een bewijs van ordinatie ontvangen hebben dat zij als lid van de geestelijkheid orthodox in leer en heilig in leven zijn. Daarom is het doel van de tucht geen straf of vergelding, maar het bereiken van deze doelen. Het bepalen van de status en de voorgezette relatie tot de kerk is ook een functie van het tuchtproces.

II. REACTIE OP MOGELIJKE MISDRAGINGEN

601. Een reactie is passend telkens wanneer iemand met de bevoegdheid om te reageren op de hoogte wordt gebracht van informatie die op een verstandig iemand geloofwaardig overkomt. Daarnaast, een reactie is ook passend als het informatie betreft die een verstandig iemand doet geloven dat waarschijnlijk kwaad aangericht wordt in de kerk, bij potentiële slachtoffers van misdragingen of bij enig ander persoon als gevolg van misdragingen door iemand die een plaats van vertrouwen of gezag inneemt in de kerk.

601.1. Wanneer iemand die niet de bevoegdheid heeft om namens de kerk te reageren op de hoogte wordt gebracht van informatie die op een verstandig iemand geloofwaardig overkomt en die een verstandig iemand doet geloven dat er waarschijnlijk kwaad aangericht wordt in de kerk door iemand die een plaats van vertrouwen of gezag inneemt, dan zal degene die deze informatie heeft de vertegenwoordiger van de kerk die de bevoegdheid heeft om te reageren op de hoogte brengen van deze informatie.

601.2. Wie degene is die de bevoegdheid heeft om te reageren, wordt bepaald door de positie binnen de kerk van degene(n) die zich wellicht misdragen heeft (hebben) en wel als volgt:

Betreffende persoon	Degene met de bevoegdheid om te reageren
Niet-lid	De predikant van de plaatselijke kerk waar de misdraging plaatsvindt.
Leek	De predikant van de kerk waar de leek lid is.
Lid van de geestelijkheid	De districtssuperintendent (samen met de DistrictsAdviesRaad) waar de betreffende persoon lid is of de predikant van de plaatselijke kerk waar de persoon een staffunctie heeft.
Districtssuperintendent	De verantwoordelijke algemeen Superintendent
Regioleider	De verantwoordelijke algemeen Superintendent
Veld strategie coördinator	De verantwoordelijke algemeen superintendent
Overige	De algemeen secretaris

De persoon met de bevoegdheid om te reageren dient ook tijdig de betreffende personen die leiding geven op districts-, veld-, regionaal en/of wereldwijd niveau op de hoogte te brengen van de beschuldigingen. Degene die de bevoegdheid heeft om te reageren kan de hulp van anderen inroepen om feiten boven water te halen of te reageren.

601.3. Als er geen beschuldiging is ingebracht, zal het doel van een onderzoek zijn te bepalen of er al dan niet actie nodig is om kwaad te voorkomen dan wel de invloed te verminderen van het kwaad dat heeft plaatsgevonden. In de situatie dat een verstandig persoon zou geloven dat er geen verdere actie ondernomen hoeft te worden om kwaad te voorkomen dan wel de invloed van kwaad te verminderen, zal het onderzoek niet voortgezet worden tenzij er beschuldigingen zijn ingebracht. Feiten die tijdens een onderzoek naar voren komen kunnen de basis van een beschuldiging vormen.

III. REACTIE OP MISDRAGINGEN DOOR IEMAND IN EEN POSITIE VAN VERTROUWEN OF GEZAG

602. Wanneer iemand die de bevoegdheid heeft om te reageren hoort van feiten die aangeven dat onschuldigen kwaad gedaan is door misdragingen van iemand in een positie van vertrouwen of gezag, zal actie worden ondernomen die resulteert in een passende reactie van de kerk. Een passende reactie zal trachten te voorkomen dat de slachtoffers van misdragingen nog meer kwaad gedaan wordt, tracht te beantwoorden aan de noden van de slachtoffers, de beschuldigden en anderen die lijden als gevolg van de misdragingen. Bijzondere aandacht dient te worden gegeven aan de behoeften van de echtegote en het gezin van de beschuldigde. De reactie zal ook trachten te beantwoorden aan de noden van de plaatselijke kerk, het district en de algemene kerk betreffende P.R., bescherming tegen aansprakelijkheidsstelling en bescherming van de integriteit van de kerk.

Zij die reageren namens de kerk moeten begrijpen dat wat ze doen en zeggen consequenties kan hebben voor de burgerlijke wet. De plicht van de kerk om te reageren is gebaseerd op christelijke zorg. Niemand heeft de bevoegdheid om financiële verantwoordelijkheid voor een plaatselijke kerk op zich te nemen zonder besluit van de kerkenraad, of voor een district zonder besluit van de DistrictsAdviesRaad. Iemand die onzeker is over wat gedaan moet worden, dient advies in te winnen bij een geschikte deskundige.

602.1. In elke plaatselijke kerk is het verstandig voor de kerkenraad om een reactie te geven op een mogelijke crisis. Het kan echter nodig zijn te reageren voordat de raad bijeen kan komen. Daarom is het wijs als elke plaatselijke kerkenraad een noodplan voor reactie heeft klaarliggen.

602.2. In elk district ligt de eerste verantwoordelijkheid om te reageren op een crisis bij de DistrictsAdviesRaad. Het kan echter nodig zijn te reageren voordat de raad bijeen kan komen. Daarom is het wijs als een district een plan aanneemt om te kunnen reageren in noodsituaties. Dat plan kan o.a. omvatten de benoeming door de DistrictsAdviesRaad van een reactieteam, dat bestaat uit mensen met specifieke kwalificaties zoals adviseurs, maatschappelijk werkers, mensen die getraind zijn in communicatie en zij die bekend zijn met de wetgeving op dit punt.

603. Oplossen van conflicten en verzoening in de kerk.
Meningsverschillen zijn een deel van het leven, zelfs in de kerk. Maar als een meningsverschil uitloopt op een conflict dat de gemeente verdeelt of de gemeenschap van de kerk verscheurt,

dient een informeel proces van beoordeling vooraf te gaan aan een formeel proces om tot een oplossing te komen. Formeel of informeel, het doel dient een oplossing en verzoening te zijn.

603.1. Informeel proces. Als er conflicten ontstaan in de kerk, dient er een periode gecreëerd te worden waarin de situatie beoordeeld kan worden en advies kan worden gevraagd vanuit het verlangen om in vrede te leven met alle mensen. Alle betrokken partijen moeten aangemoedigd worden om in gebed de kwestie over te geven aan God, en in feite moet het hele proces in gebed gebracht worden. Individuele personen die in conflict zijn dienen elkaar met nederigheid te benaderen in de hoop op verzoening.

603.2. Formeel proces. Als dit proces mislukt, kunnen de betrokkenen besluiten om een formeel proces tot verzoening op te starten. De kwestie dient dan voor arbitrage aan een representatieve groep van volwassen en onbevooroordeelde personen uit de gemeente te worden voorgelegd. Als fouten worden vastgesteld kan deze groep passende actie aanbevolen zoals beschreven in artikel 604.

604. Het oplossen van tuchtzaken door overeenstemming. Het tuchtrechtelijke proces zoals dat in dit *Handboek* beschreven is, is bedoeld om te voorzien in een passende procesgang om beschuldigingen van vermeende misdragingen af te wikkelen wanneer deze beschuldigingen worden tegengesproken. In vele situaties is het mogelijk tuchtzaken in onderling overleg af te wikkelen. Pogingen om tuchtzaken in onderling overleg af te wikkelen worden aangemoedigd en deze weg dient bewandeld te worden wanneer dat ook maar mogelijk is.

604.1. Elke zaak die onder de verantwoordelijkheid van een Plaatselijke Tuchtraad valt, kan worden afgewikkeld door een schriftelijke overeenstemming tussen de beschuldigde persoon en de predikant, mits goedgekeurd door de kerkenraad en de districtssuperintendent. De voorwaarden van deze overeenkomst zullen hetzelfde effect hebben als een besluit van een Plaatselijke Tuchtraad.

604.2. Elke zaak die onder de verantwoordelijkheid van een Districtstuchtraad valt, kan worden afgewikkeld door een schriftelijke overeenstemming tussen de beschuldigde persoon en de districtssuperintendent, mits goedgekeurd door de DistrictsAdviesRaad en de verantwoordelijke algemeen superintendent. De voorwaarden van deze overeenkomst zullen hetzelfde effect hebben als een besluit van een Districtstuchtraad.

IV. BETWISTE TUCHT BETREFFENDE EEN LEEK

605. Als een leek wordt beschuldigd van onchristelijk gedrag, zal een dergelijke beschuldiging schriftelijk moeten worden ingediend en zijn ondertekend door ten minste twee leden die ten minste de laatste zes maanden trouw de diensten bezocht hebben. De predikant zal een onderzoekscommissie benoemen bestaande uit drie leden van de plaatselijke kerk, onderworpen aan de goedkeuring van de districtssuperintendent. De commissie zal schriftelijk verslag doen van haar bevindingen. Dit verslag dient door een meerderheid te worden ondertekend en bij de kerkenraad te worden ingediend.

Na het onderzoek en overeenkomstig de uitslag, kunnen twee leden van goede reputatie in de lokale kerk een aanklacht indienen tegen de beschuldigde bij de kerkenraad. Daarop zal de kerkenraad, onderworpen aan de goedkeuring van de districtssuperintendent, een Plaatselijke Tuchtraad van 5 leden benoemen, die onbevooroordeeld zijn en in staat zijn om deze zaak op eerlijke en onpartijdige wijze te behandelen. Als het naar de mening van de districtssuperintendent onpraktisch is om 5 leden van de plaatselijke kerk te kiezen vanwege de grootte van de kerk, de aard van de beschuldigingen of de positie of invloed van de beschuldigde, zal de districtssuperintendent, na raadpleging van de predikant, 5 leken van andere kerken in hetzelfde district benoemen als tuchtraad. Deze raad zal zo snel mogelijk een hoorzitting houden en bepalen welke zaken er spelen. Na het horen van de getuigen en het overwegen van de bewijzen, zal de tuchtraad ofwel de beschuldigde vrijspreken ofwel overeenkomstig de feiten tuchtmaatregelen toepassen. De beslissing moet unaniem zijn. Tucht kan plaatsvinden in de vorm van een officiële berisping, schorsing of royering van het lidmaatschap in de plaatselijke kerk. (516.8)

605.1. Een beroep tegen de beslissing van een Plaatselijke Tuchtraad kan binnen 30 dagen worden ingesteld bij het District Hof van Beroep, door ofwel de beschuldigde ofwel de kerkenraad.

605.2. Als een leek geroyeerd is als lid van de plaatselijke kerk door een Plaatselijke Tuchtraad, kan hij alleen weer lid worden van de Kerk van de Nazarener in hetzelfde district met de goedkeuring van de DistrictsAdviesRaad. Als deze goedkeuring wordt verleend, zal hij als lid worden ontvangen in de plaatselijke kerk middels het goedgekeurde formulier voor het ontvangen van leden van de kerk. (21, 28-33, 112.1-112.4, 704)

605.3. Van leken die als leiders fungeren wordt qua ethisch handelen veel verwacht. Als zich misstappen voor doen, heeft dat vaak ernstige gevolgen. Iemand die schuldig is aan seksueel misbruik waarbij een minderjarige betrokken is, dient niet te worden toegestaan om verantwoordelijkheid te dragen voor kinder- of jeugdwerk of werk met minderjarigen, noch om gekozen te worden of aangesteld in een leiderschapsrol binnen de plaatselijke kerk. Een minderjarige wordt gedefinieerd als een persoon jonger dan 18 jaar, tenzij de leeftijd van meerderjarigheid later is bepaald door plaatselijke wetgeving.

V. BETWISTE TUCHT BETREFFENDE EEN LID VAN DE GEESTELIJKHEID

606. De voortgang en effectiviteit van de Kerk van de Nazarener is grotendeels afhankelijk van de geestelijke kwalificaties, het karakter en de levensstijl van haar leden van de geestelijkheid. Leden van de geestelijkheid volgen een hoge roeping en functioneren als gezalfde individuen in wie de kerk haar vertrouwen heeft gesteld. Zij aanvaarden die roeping in de wetenschap dat zij zullen worden gehouden aan hoge persoonlijke normen door hen die zij dienen. Vanwege de hoge verwachtingen ten aanzien van hen zijn de geestelijken en hun bediening buitengewoon kwetsbaar voor beschuldigingen van misdragingen. Het is daarom van groot belang dat de leden de volgende procedures volgen met de Bijbelse wijsheid en volwassenheid die horen bij het volk van God.

606.1. Als een lid van de geestelijkheid beschuldigd wordt van gedrag dat niet bij een geestelijke past, of van het onderwijzen van leerstellingen die niet overeenstemmen met de leerstellige verklaringen van de Kerk van de Nazarener, zullen dergelijke beschuldigingen schriftelijk worden ingediend en worden ondertekend door minimaal twee leden van de Kerk van de Nazarener die op dat moment een status van goede reputatie genieten. Beschuldigingen van seksuele misdragingen kunnen niet worden ondertekend door iemand die ingestemd heeft deel te nemen aan de vermeende misdragingen. De schriftelijke beschuldiging moet worden ingediend bij de districtssuperintendent die haar zal voorleggen aan de DistrictsAdviesRaad van het district waar de beschuldigde zijn lidmaatschap als geestelijke heeft. Deze beschuldiging zal een onderdeel vormen van het dossier in de zaak.

De DistrictsAdviesRaad zal de beschuldigde schriftelijk in kennis stellen van het feit dat beschuldigingen zijn ingediend, zo snel als praktisch op een adequate wijze mogelijk is. Wanneer een persoonlijke kennisgeving niet mogelijk is, kan de kennisgeving plaatsvinden op de wijze die ter plaatse gewoon is voor het doorgeven van officiële aanzeggingen. De beschuldigde en zijn raadsman zullen het recht hebben de beschuldigingen te

RECHTSPRAAK 217

onderzoeken en direct op verzoek een kopie daarvan te ontvangen. (540.4, 540.9, 540.12)

606.2. Iemands handtekening onder een aanklacht tegen een lid van de geestelijkheid is de waarmerking van de ondertekenaar, dat naar zijn beste weten, informatie en overtuiging, gevormd na redelijk onderzoek, de beschuldiging degelijk gefundeerd is op feiten. (540.4, 540.12)

606.3. Als een schriftelijke beschuldiging is ingediend bij de districtssuperintendent en is voorgelegd aan de DistrictsAdviesRaad, zal die raad een commissie van drie of meer in functie benoemde oudsten en niet minder dan twee leken benoemen zoals de raad passend vindt, om de feiten en omstandigheden van de zaak te onderzoeken en schriftelijk verslag te doen van hun bevindingen, ondertekend door een meerderheid van de commissie. Als na het bestuderen van het commissieverslag blijkt dat er waarschijnlijk gronden voor aanklachten zijn, zullen deze aanklachten worden opgesteld en ondertekend door twee geordineerde geestelijken. De DistrictsAdviesRaad zal de beschuldigde zo spoedig mogelijk schriftelijk op adequate wijze in kennis stellen van het feit dat beschuldigingen zijn ingediend. Wanneer een feitelijke kennisgeving niet praktisch is, kan de kennisgeving plaatsvinden op de wijze die ter plaatse gewoon is voor het doorgeven van officiële aanzeggingen. De beschuldigde en zijn raadsman zullen het recht hebben de beschuldigingen te onderzoeken en direct op verzoek een kopie daarvan te ontvangen. Geen enkele beschuldigde zal hoeven antwoorden op aanklachten waarvan hij niet op bovengenoemde wijze op de hoogte is gebracht. (225.3)

606.4. Als na onderzoek blijkt dat een aanklacht tegen een lid van de geestelijkheid geen feitelijke gronden heeft en te kwader trouw is ingediend, kan het indienen van de aanklacht reden zijn voor tuchtmaatregelen tegen degenen die de aanklacht hebben ingediend.

606.5. In het geval dat aanklachten worden ingediend, zal de DistrictsAdviesRaad vijf geordineerde geestelijken in functie en niet minder dan twee leken, zoals de raad goed acht, uit het district benoemen om de zaak te behandelen en de geschillen te bepalen. De vijf aldus benoemde personen zullen een Districtstuchtraad vormen om het verhoor te leiden en de zaak te behandelen overeenkomstig de wetten van de kerk. Geen enkele districtssuperintendent zal dienen als aanklager of assistent van de aanklager in het proces tegen een geordineerde geestelijke of districtskandidaat voor ordinatie. Deze tuchtraad zal gerechtigd zijn om de beschuldigde van blaam te zuiveren en vrij te spreken met betrekking tot genoemde aanklachten of om tucht toe te passen, in overeenstemming met de zwaarte van de overtreding. Zulke tucht kan mede de redding en rehabilitatie van de schuldige als doel hebben. Deze tucht kan omvatten berouw, biecht, herstel, opschorting, aanbeveling het bewijs van ordinatie in te trekken, royeren als geestelijke of als lid van de kerk, of beide, openbare of persoonlijk berisping, of welke andere toepasselijke tuchtmaatregel ook, waaronder tevens het opschorten of uitstellen van tuchtmaatregelen gedurende een proefperiode. (225.4, 540.4-540.12, 606.11-606.12)

606.6. Als de beschuldigde of de DistrictsAdviesRaad dat wenst, zal de tuchtraad een Regionale Tuchtraad zijn. De regionale raad zal in elk geval benoemd worden door de algemeen superintendent die verantwoordelijk is voor het district waarvan de beschuldigde geestelijke lid is.

606.7. Overeengekomen is dat er in geen geval tuchtmaatregelen zullen worden getroffen tegen een zendeling door een fase 1 district als zodanig.

606.8. De beslissing van een tuchtraad zal unaniem zijn, op schrift worden gesteld en ondertekend door alle leden, en zal een "schuldig" of "onschuldig" verklaring bevatten betreffende elke afzonderlijk aanklacht.

606.9. Elke zitting van een tuchtraad waarin hier voorzien wordt, zal altijd plaatsvinden binnen de grenzen van het district waar de aanklacht is ingediend, op een plaats die door de raad die de aanklacht behandelt bepaald wordt.

606.10. Tijdens elke zitting zullen de procedures in lijn zijn met de procedureregels welke hierna beschreven zijn. (225.3-225.4, 532.9, 538.13, 609)

606.11. Wanneer een geestelijke aangeklaagd is betreffende gedrag dat een geestelijke niet betaamt, en schuld bekent, of schuld bekent zonder dat hij aangeklaagd is, kan de DistrictsAdviesRaad een van de vormen van tucht zoals genoemd in artikel 606.5 opleggen. (540.4, 540.12)

606.12. Wanneer een geestelijke beschuldigd is van gedrag dat een geestelijke niet betaamt, en schuld bekent, of schuld bekent voordat hij voor een tuchtraad gebracht is, kan de DistrictsAdviesRaad een van de vormen van tucht zoals genoemd in artikel 606.5 opleggen. (540.4-540.12)

607. Na de uitspraak van een tuchtraad hebben de beschuldigde, de DistrictsAdviesRaad of zij die de aanklacht hebben ingediend het recht om in beroep te gaan tegen de uitspraak bij het Regionale Hof van Beroep. Het beroep zal binnen 30 dagen na de uitspraak ingediend worden, en het hof zal alle gegevens van de zaak en alle stappen die genomen zijn opnieuw beoordelen. Als het hof een substantiële fout ontdekt die nadelig is ten opzichte van iemand, zal het deze fout corrigeren door een nieuwe zitting te verordenen, en wel zodanig dat het onrecht dat de betreffende persoon is aangedaan kan worden hersteld.

608. Als de uitspraak van een tuchtraad ongunstig is voor de beschuldigde geestelijke, en de beslissing mede betreft de opschorting van zijn bediening of het schrappen van het bewijs van ordinatie, zal de geestelijke direct daarop al zijn activiteiten als geestelijke opschorten. Mocht hij dat weigeren, dan is om die reden zijn recht op beroep verspeeld.

608.1. Als de uitspraak van een tuchtraad de opschorting of het schrappen van het bewijs van ordinatie betreft, en de beschuldigde geestelijke in beroep wenst te gaan, zal hij zijn bewijs van ordinatie in bewaring geven bij de secretaris van de raad waarbij het beroep is aangetekend tegelijkertijd met zijn verzoek tot hoger beroep, en zijn recht op beroep zal afhangen van het opvolgen van deze regel. Wanneer genoemd bewijs van ordinatie aldus in bewaring is gegeven, zal het veilig bewaard worden door genoemde secretaris tot aan de afronding van de zaak, waarna het volgens het besluit van de raad doorgestuurd wordt naar de algemeen secretaris of teruggegeven wordt aan de geestelijke.

608.2. Door de beschuldigde, of de tuchtraad, kan beroep worden aangetekend bij het Algemene Hof van Beroep tegen een uitspraak van een Regionaal Hof van Beroep. Een dergelijk beroep is onderworpen aan dezelfde regels en procedures als andere beroepen bij het Algemene Hof van Beroep.

VI. PROCEDURE REGELS

609. Het Algemeen Hof van Beroep zal uniforme procedures opstellen voor alle zaken die aan tuchtraden of raden van beroep worden voorgelegd. Nadat deze procedures zijn aangenomen en gepubliceerd, zullen zij het hoogste gezag zijn in alle rechtszaken. Gedrukte procedureregels zullen worden geleverd door de algemeen secretaris. Wijzigingen of amendementen op deze procedures kunnen te allen tijde worden aangenomen door het Algemene Hof van Beroep, en deze zullen van kracht worden en gezaghebbend zijn in alle zaken zodra ze zijn aangenomen en gepubliceerd. Elke stap die daarna in een zaak genomen wordt, zal deze wijziging of dit amendement volgen. (606.1)

VII. DISTRICT HOF VAN BEROEP

610. Elk georganiseerd district zal een District Hof van Beroep hebben, bestaande uit twee leken en drie geordineerde geestelijken in functie, inclusief de districtssuperintendent, die overeenkomstig artikel 205.22 door de DistrictsVergadering zijn gekozen. Dit hof zal alle beroepen van kerkleden behandelen inzake een handeling van een plaatselijke tuchtraad. Binnen 30 dagen na deze handeling, of nadat de appellant daarvan kennis kreeg, moet schriftelijk bericht worden gegeven van het beroep. Dit bericht zal worden ingediend bij het District Hof van Beroep of een lid daarvan, en een kopie van dit bericht zal worden verstrekt aan de predikant en de secretaris van de kerkenraad van de betreffende kerk. (205.22)

610.1. Het District Hof van Beroep zal gerechtigd zijn alle beroepszaken van leken of kerken tegen de uitspraak van een tuchtraad benoemd om tucht uit te oefenen over een leek te behandelen en daarin uitspraak te doen.

VIII. ALGEMEEN HOF VAN BEROEP

611. De Algemene Vergadering zal vijf geordineerde geestelijken in functie kiezen als leden van het Algemeen Hof van Beroep voor iedere volgende 4 jaar, of totdat hun opvolgers gekozen en in functie gesteld zijn. De jurisdictie van het hof is als volgt:

611.1. Het behandelen van en uitspraak doen inzake alle beroepen tegen een actie of uitspraak van een Districtstuchtraad of Regionaal Hof van Beroep. Als inzake een dergelijk beroep door genoemde raad uitspraak wordt gedaan, zal die uitspraak gezaghebbend en definitief beslissend zijn. (305.7)

612. Vacatures die zich binnen het Algemeen Hof van Beroep voordoen in de periode tussen de zittingen van de Algemene Vergadering in zullen worden vervuld door een benoeming van de Raad van Algemeen Superintendenten. (317.6)

613. Dag- en onkostenvergoedingen voor de leden van het Algemeen Hof van Beroep zullen gelijk zijn aan die van de leden van de Algemene Raad van de kerk, als de leden van het hof bezig zijn met de officiële werkzaamheden van het hof. Betalingen hiervoor zullen worden verricht door de algemeen penningmeester.

614. De algemeen secretaris zal de beheerder zijn van alle permanente verslagen en uitspraken van het Algemeen Hof van Beroep. (326.4)

IX. REGIONALE HOVEN VAN BEROEP

615. Voor elke regio zal er een Regionaal Hof van Beroep zijn. Elk Regionaal Hof van Beroep zal bestaan uit vijf of meer geordineerde geestelijken in functie die volgend op een Algemene Vergadering gekozen worden door de Raad van Algemeen Superintendenten. Vacatures zullen worden vervuld door de Raad van Algemeen Superintendenten. De procedureregels voor de Regionale Hoven van Beroep zullen gelijk zijn aan die van het Algemeen Hof van Beroep, zowel betreffende het kerkelijk *Handboek* als het Juridisch Handboek. Een quorum van vijf is vereist voor beroepen die aan het hof worden voorgelegd.

X. GEGARANDEERDE RECHTEN

616. Het recht op een eerlijke en onpartijdige behandeling van de aanklachten tegen een beschuldigde geestelijke of leek zal niet worden ontzegd of onrechtmatig opgeschort. Schriftelijke aanklachten zullen snel behandeld worden opdat de onschuldige vrijgesproken kan worden en tegen de schuldige tuchtmaatregelen genomen kunnen worden. Elke beschuldigde wordt verondersteld onschuldig te zijn totdat de schuld bewezen is. Betreffende elke aanklacht en specificatie draagt de aanklager de last om schuld te bewijzen tot die een morele zekerheid wordt geacht en boven redelijke twijfel is verheven.

616.1. De kosten van het samenstellen van een dossier in een zaak van een geestelijke, waaronder een woordelijk verslag van alle getuigenverklaringen die tijdens de zaak gegeven worden, bedoeld om in beroep te kunnen gaan bij het Algemeen Hof van Beroep, zullen worden gedragen door het district waar de zaak behandeld werd en tuchtmaatregelen waren genomen. Elke geestelijke die in beroep gaat zal het recht hebben zowel mondeling als schriftelijk zijn beroep te beargumenteren, maar van dit recht kan de beschuldigde schriftelijk afstand doen.

616.2. De kosten van het samenstellen van een dossier in een zaak van een leek, waaronder een woordelijk verslag van alle getuigenverklaringen die tijdens de zaak gegeven worden, bedoeld om in beroep te kunnen gaan bij het DistrictsHof van Beroep, zullen worden gedragen door de plaatselijke gemeente van het district waar de zaak behandeld werd en tuchtmaatregelen waren genomen. Elke leek die in beroep gaat zal het recht hebben zowel mondeling als schriftelijk zijn beroep te beargumenteren, maar van dit recht kan de beschuldigde schriftelijk afstand doen.

616.2. De hoogste beroepsinstantie voor een geestelijke is het Algemeen Hof van Beroep, en de hoogste beroepsinstantie voor een leek is het DistrictsHof van Beroep.

616.3. Een geestelijke of leek die beschuldigd is van misdragingen of van een schending van het kerkelijk *Handboek* en tegen wie aanklachten ingediend zijn zal het recht hebben zijn beschuldigers van aangezicht tot aangezicht te ontmoeten en de getuigen à charge te ondervragen.

616.4. Het getuigenis van een getuige voor een tuchtraad zal niet worden aanvaard of als bewijs overwogen worden tenzij dat getuigenis onder ede of ernstige verklaring is afgelegd.

616.5. Een geestelijke of leek die voor een tuchtraad moet verschijnen om verantwoording af te leggen inzake aanklachten zal altijd het recht hebben vertegenwoordigd te worden door een raadsman naar eigen keuze, mits deze raadsman een lid van goede reputatie van de Kerk van de Nazarener is. Elk volwaardig lid van een normaal georganiseerde kerk tegen wie geen schriftelijke aanklachten zijn ingediend zal beschouwd worden van goede reputatie te zijn.

616.6. Een geestelijke of leek zal zich niet hoeven te verantwoorden inzake aanklachten betreffende iets dat zich meer dan 5 jaar voor het indienen van de aanklacht heeft afgespeeld, en geen enkel bewijs betreffende een zaak die zich meer dan 5 jaar voor het indienen van de aanklacht heeft afgespeeld zal worden overwogen tijdens de behandeling van een zaak. Maar als degene die kwaad aangedaan is onder de 18 was of geestelijk niet in staat was een aanklacht in te dienen, zal deze periode van 5 jaar niet beginnen voordat de getroffen persoon de leeftijd van 18 jaar bereikt heeft of geestelijk in staat is geworden de aanklacht in te dienen. In geval van seksueel misbruik van een minderjarige is geen enkele tijdslimiet van toepassing. Een minderjarige wordt gedefinieerd als een persoon jonger dan 18 jaar, tenzij de leeftijd van meerderjarigheid later is bepaald door plaatselijke wetgeving.

Als een geestelijke veroordeeld wordt wegens een misdaad door een hof dat daartoe bevoegd is, zal hij zijn bewijs van ordinatie afstaan aan de districtssuperintendent. Op verzoek van deze geestelijke, en mits de tuchtraad er niet in betrokken is geweest, zal de DistrictsAdviesRaad de omstandigheden rond de veroordeling onderzoeken en kan zij het bewijs van ordinatie teruggeven als dat verstandig wordt geacht.

616.7. Een geestelijke of leek zal niet tweemaal voor dezelfde overtreding worden berecht. Dit is echter niet van toepassing als het Hof van Beroep ontdekt dat tijdens de oorspronkelijke behandeling van een zaak voor een tuchtraad fouten gemaakt zijn die te corrigeren zijn.

DEEL VIII

SACRAMENTEN EN RITUELEN

HET HEILIG AVONDMAAL

DOOP VAN GELOVIGEN

DOOP VAN BABIES OF JONGE KINDEREN

OPDRAGEN VAN BABIES OF JONGE KINDEREN

ONTVANGST VAN NIEUWE LEDEN

HUWELIJK

BEGRAFENIS

INSTALLATIE VAN AMBTSDRAGERS

INSTITUERING VAN EEN PLAATSELIJKE KERK

INWIJDING VAN EEN KERKGEBOUW

I. SACRAMENTEN

700. Het Heilig Avondmaal

Het bedienen van het Heilig Avondmaal kan vooraf worden gegaan door een passende preek en het lezen van 1 Corinthiërs 11:23-29; Lukas 22:14-20 of een ander geschikt tekstgedeelte. Laat de predikant daarna de volgende uitnodiging doen:

Het Heilig Avondmaal, ingesteld door onze Heer en Verlosser Jezus Christus is een sacrament dat Zijn leven, Zijn lijden, Zijn offerdood en opstanding en de hoop op Zijn wederkomst verkondigt. Het verkondigt de dood van de Heer totdat Hij komt.

De maaltijd is een handeling die Gods genade bemiddelt, waarin Christus aanwezig is door de Geest. Het dient ontvangen te worden met eerbiedige waardering en dankbaarheid voor het werk van Christus.

Allen die werkelijk berouw hebben, hun zonden achter zich willen laten en geloven in Christus voor hun verlossing worden uitgenodigd deel te nemen aan de dood en opstanding van Christus. We komen tot de tafel opdat we mogen worden vernieuwd in leven en verlossing en één mogen worden gemaakt in de Geest.

Samen met de Kerk belijden wij ons geloof: Christus is gestorven, Christus is opgestaan, Christus zal weerkomen. Daarom bidden wij: .

De predikant kan daarop een gebed van schuldbelijdenis en smeking uitspreken, en afsluiten met het volgende gebed van wijding:

Heilige God, wij komen hier samen aan uw tafel in de naam van uw Zoon, Jezus Christus, die door uw Geest was gezalfd om het goede nieuws te brengen aan de armen, vrijheid voor de gevangenen te verkondigen, vrij te maken die onderdrukt zijn. Christus genas de zieken, gaf de hongerigen brood, at met zondaren en sloot het nieuwe

SACRAMENTEN EN RITUELEN

verbond voor de vergeving van zonden. Wij leven in de hoop van Zijn wederkomst.

In de nacht waarin de Heer Jezus werd uitgeleverd nam hij een brood, sprak het dankgebed uit, brak het brood, gaf het aan Zijn discipelen, en zei: "Neem, eet, dit is mijn lichaam dat voor jullie gegeven wordt. Doe dit, telkens opnieuw, om mij te gedenken". Zo nam hij na de maaltijd ook de beker, sprak het dankgebed uit, gaf die aan zijn discipelen en zei: "Drink allen hiervan, dit is mijn bloed, het bloed van het nieuwe verbond, uitgegoten voor jullie en voor velen ter vergeving van zonden. Doe dit om mij te gedenken." Door Jezus Christus onze Heer, Amen.

Zo komen we als Lichaam van Christus bijeen om onszelf aan u over te geven in lofprijs en dank. Stort uw Heilige Geest uit over ons en deze gaven van U. Maak ze door de kracht van uw Geest voor ons tot lichaam en bloed van Christus, opdat wij voor de wereld het Lichaam van Christus mogen zijn, vrijgekocht door Zijn bloed.

Maak ons één in Christus door uw Geest, de een met de ander en één in de bediening van Christus aan de hele wereld, totdat Christus komt in de uiteindelijke overwinning. In de naam van de Vader, Zoon en Heilige Geest, amen.

En nu, laten we bidden zoals Christus, onze Verlosser, ons heeft geleerd: (Hier kan de gemeente het Onze Vader bidden)

Onze Vader die in de hemelen zijt, uw naam worde geheiligd; uw Koninkrijk kome; uw wil geschiede, gelijk in de hemel alzo ook op de aarde. Geef ons heden ons dagelijks brood;

en vergeef ons onze schulden, gelijk ook wij vergeven onze schuldenaren; en leid ons niet in verzoeking, maar verlos ons van de boze. Want van U is het Koninkrijk en de kracht en de heerlijkheid tot in eeuwigheid. Amen.

<small>Voordat het brood wordt gebroken, laat de predikant zeggen:</small>

Het lichaam van onze Heer Jezus Christus, voor u verbroken, moge u onberispelijk bewaren tot in alle eeuwigheid. Eet dit en gedenkt dat Christus voor u is gestorven, en weest dankbaar.

<small>Voordat uit de beker wordt gedronken, laat de predikant zeggen:</small>

Het bloed van onze Heer Jezus Christus, voor u vergoten, moge u onberispelijk bewaren tot in alle eeuwigheid. Drinkt dit en gedenkt dat Christus voor u is gestorven, en weest dankbaar.

<small>Nadat allen hebben deelgenomen, kan de predikant een afsluitend gebed van dank en toewijding uitspreken. (29.5, 515.4, 532.7, 533.2, 534.1)</small>

<small>Let op: alleen ongefermenteerde wijn mag worden gebruikt voor het Avondmaal.</small>

701. De doop van gelovigen

Geliefden: De christelijke doop is een sacrament dat het deelnemen door het geloof aan de dood en opstanding van Christus aanduidt, en het inlijven in Zijn Lichaam, de Kerk. Het is een handeling die Gods genade bemiddelt en geloof in Jezus Christus als Heer en Verlosser verkondigt.

De apostel Paulus zegt dat allen die gedoopt zijn in Christus Jezus, gedoopt zijn in zijn dood. We zijn door de doop met hem begraven zodat, zoals Christus uit de dood is opgewekt, ook wij opgewekt zijn tot een nieuw leven. Als wij delen in zijn dood, zullen wij ook delen in zijn opstanding.

Het christelijk geloof, waarin u nu gedoopt wordt, wordt bevestigd in de Apostolische Geloofsbelijdenis, die wij belijden:

<small>De predikant leidt de gemeente in de bevestiging van de geloofsbelijdenis.</small>

SACRAMENTEN EN RITUELEN

Wij geloven in God de Vader, de Almachtige, Schepper van hemel en aarde.

En in Jezus Christus, zijn eniggeboren Zoon, onze Here,

die ontvangen is van de Heilige Geest, geboren uit de maagd Maria;

die geleden heeft onder Pontius Pilatus, is gekruisigd, gestorven en begraven;

neergedaald in het rijk der doden.

Op de derde dage weer opgestaan uit de doden; opgevaren naar de hemel,

en zittend aan de rechterhand van God, de almachtige Vader;

vanwaar Hij komen zal om te oordelen de levenden en de doden.

Wij geloven in de Heilige Geest, in een heilige algemene christelijke Kerk,

de gemeenschap van de heiligen, vergeving van de zonden,

wederopstanding van het lichaam; en een eeuwig leven. Amen.

Wilt u in dit geloof gedoopt worden?

Antwoord: "Ja".

Erkent u Jezus Christus als uw Heer en Verlosser, en gelooft u dat Hij u nu verlost?

Antwoord: "Ja, dat geloof ik".

Als lid van de kerk van Jezus Christus, wilt u Hem alle dagen van uw leven volgen, en groeien in genade en de liefde voor God en de naaste?

Antwoord: "Ja, met Gods hulp".

<small>De predikant gebruikt de volledige naam van de dopeling en zal met gebruik van de gewenste vorm (besprenkelen, overgieten of onderdompelen) het volgende zeggen:</small>

...................., ik doop je in de naam van de Vader, en van de Zoon, en van de Heilige Geest. Amen.

702. De doop van babies of jonge kinderen.

Wanneer de (doop)ouders met het kind (of de kinderen) naar voren zijn gekomen, zal de predikant het volgende zeggen:

Geliefden: De doop is het teken en zegel van het nieuwe verbond van genade. Hoewel we niet van mening zijn dat de doop zelf de genade van God geeft die ons opnieuw geboren laat worden, geloven we wel dat de christelijke doop betekent dat dit jonge kind door God wordt opgenomen in de christelijke gemeenschap op basis van de voorafgaande genade. Het ziet uit naar zijn/haar persoonlijke belijdenis van geloof in Jezus Christus.

Door dit kind te laten dopen getuigt u van uw eigen christelijk geloof en uw bedoeling hem/haar al vroeg te onderwijzen in de kennis van Christus als Verlosser. Daarom is het uw plicht hem/haar, zodra hij/zij kan leren,

- de aard en het doel van dit heilige sacrament te onderwijzen;
- zorg te dragen voor zijn/haar onderricht zodat hij/zij niet op het verkeerde pad terecht komt;
- hem/haar voor te gaan naar de kerk;
- hem/haar te weerhouden van verkeerde vrienden en gewoonten;
- en voor zo ver dat in uw vermogen is, hem/haar op te voeden in de koesterende en vermanende zorg van God.

Streeft u ernaar dat te doen met de hulp van God? Als dat zo is, antwoord dan met: "Ja".

De predikant kan dan de ouders of verzorgers vragen het kind een naam te geven en zal daarna het kind dopen, zijn/haar volledige naam noemend en zal het volgende zeggen:

.................., ik doop je in de naam van de Vader, en van de Zoon, en van de Heilige Geest. Amen.

Predikant: De doop betekent ook het opnemen van dit kind in de gemeenschap van het christelijk geloof. Daarom vraag ik nu u, als gemeente: belooft u uzelf als Lichaam van Christus toe te wijden aan het ondersteunen en bemoedigen van deze ouders in hun streven hun verantwoordelijkheid tegenover dit kind te vervullen en wilt u hen helpen dit kind op te voeden tot geestelijke volwassenheid?

Antwoord: "Ja".

De predikant kan dan het volgende gebed uitspreken, of een vrij gebed.

Hemelse Vader, wij vragen u nederig om dit kind op te nemen in uw liefdevolle zorg. Vervul hem/haar met uw overvloedige genade, bewaar hem/haar voor de gevaren van de kindertijd, verlos hem/haar van de verleidingen van de tienerjaren, leidt hem/haar tot persoonlijke kennis van Christus als Verlosser, help hem/haar te groeien in wijsheid en gestalte en in de gunst van God en alle mensen, en daarin tot het einde toe te volharden. Draag de ouders met uw liefdevolle zorg, zodat ze met wijs advies en een heilig voorleven uiteindelijk hun verantwoordelijkheden tegenover u en dit kind mogen volbrengen. In de naam van Jezus Christus, onze Heer. Amen.

II. RITUELEN

703. Het opdragen van babies of jonge kinderen

Wanneer de ouders/verzorgers met het kind (of de kinderen) naar voren zijn gekomen, zal de predikant het volgende zeggen:

"Daarop brachten de mensen kinderen bij hem, ze wilden dat hij hun de handen zou opleggen en zou bidden. Toen de leerlingen hen berispten, zei Jezus: 'Laat de kinderen ongemoeid, belet ze niet bij mij te komen, want het koninkrijk van de hemel behoort toe aan wie is zoals zij.'(Mattheüs 19:13-14)

Door dit kind te laten opdragen, getuigt u niet alleen van uw eigen christelijk geloof maar ook van uw verlangen dat hij/zij al vroeg de wil van God mag leren volgen, mag leven en uiteindelijk sterven als christen, en tot de eeuwige vreugde mag ingaan.

Daarom is het uw plicht als ouders/verzorgers
- hem/haar al vroeg te leren de Heer te vrezen,
- zorg te dragen voor zijn/haar onderricht zodat hij/zij niet op het verkeerde pad terecht komt;
- zijn/haar jeugdig verstand te wijzen op de Heilige Schriften,
- hem/haar voor te gaan naar de kerk;
- hem/haar te weerhouden van verkeerde vrienden en gewoonten;
- en voor zo ver dat in uw vermogen is, hem/haar op te voeden in de koesterende en vermanende zorg van God.

Streeft u ernaar dat te doen met de hulp van God? Als dat zo is, antwoord dan met: "Ja".

Predikant: Nu vraag ik u, als gemeente: belooft u uzelf als Lichaam van Christus toe te wijden aan het ondersteunen en bemoedigen van deze ouders in hun streven hun verantwoordelijkheid tegenover dit kind te vervullen en wilt u hen helpen dit kind op te voeden tot geestelijke volwassenheid?

Antwoord: "Ja".

Predikant: Liefdevolle en hemelse Vader, wij dragen .... aan U op in de naam van de Vader, en van de Zoon, en van de Heilige Geest. Amen.

_{De predikant kan dan het volgende gebed uitspreken, of een vrij gebed.}

Hemelse Vader, wij vragen u nederig om dit kind op te nemen in uw liefdevolle zorg. Vervul hem/haar met uw overvloedige genade, bewaar hem/haar voor de gevaren van de kindertijd, verlos hem/haar van de verleidingen van de tienerjaren, leidt hem/haar tot persoonlijke kennis van Christus als Verlosser, help hem/haar te groeien in wijsheid en gestalte en in de gunst van God en alle mensen, en daarin tot het einde toe te volharden. Draag de ouders met uw liefdevolle zorg, zodat ze met wijs advies en een heilig voorleven uiteindelijk hun verantwoordelijkheden tegenover u en dit kind mogen volbrengen. In de naam van Jezus Christus, onze Heer. Amen.

704. De ontvangst van nieuwe leden

Van kandidaatleden wordt verwacht dat ze getuigegnis hebben afgelegd van het Christelijk geloof en zijn onderwezen in de leer en de praktijken van de Kerk van de Nazarener. Ze mogen voor de gemeente komen staan en de predikant zal hen als volgt toespreken:

Geliefden: De voorrechten en zegeningen die we gezamenlijk als leden van de Kerk van Jezus Christus hebben zijn kostbaar. Daarin is ondermeer een heilige gemeenschap, zorg en advies zoals die buiten Gods gezin niet te vinden is.

Daar is ook de zorg van de predikanten met het onderwijs vanuit het Woord en de inspiratie van de gezamenlijke eredienst. En er is de samenwerking in het dienen van God waardoor we samen kunnen bereiken wat anders onmogelijk is.

Vandaag bevestigen we opnieuw de geloofsleer en praktijk van de Kerk van de Nazarener[2].

Wij geloven in één God - Vader, Zoon en Heilige Geest.

Wij geloven dat mensen in zonde worden geboren; dat ze de vergeving door Christus nodig

---

[2] De predikant kan ook kiezen voor de overeengekomen geloofsbelijdenis (*Handboek* art. 20)

hebben en het opnieuw geboren worden door de Heilige Geest; dat er daaropvolgend het diepere werk van het reinigen van het hart ofwel de volkomen heiligmaking is door de vervulling met de Heilige Geest, en dat de Heilige Geest getuigt van elk van deze genadewerken.

Wij geloven dat onze Heer terug zal komen, de doden zullen worden opgewekt en dat allen voor het laatste oordeel zullen komen te staan met zijn beloningen en straf.

Alternatief:

Vandaag bevestigen we opnieuw de overeengekomen geloofsbelijdenis van de Kerk van de Nazarener.

Wij geloven: In één God - de Vader, Zoon en Heilige Geest; dat het Oude en Nieuwe Testament, door volledige inspiratie gegeven, alle noodzakelijke waarheid betreffende het geloof en de christelijke leefwijze bevatten; dat de mens is geboren met een gevallen natuur en daarom voortdurend geneigd is tot alle kwaad; dat zij die volharden in hun onboetvaardigheid hopeloos en voor eeuwig verloren zijn; dat de verzoening door Jezus Christus voor het gehele menselijke geslacht is; en dat een ieder die zich bekeert en gelooft in de Heer Jezus Christus wordt gerechtvaardigd en wedergeboren en bevrijd van de macht van de zonde; dat de gelovigen geheel en al geheiligd moeten worden, volgend op de wedergeboorte, door geloof in de Heer Jezus Christus; dat de Heilige Geest getuigt van de wedergeboorte en ook van de volkomen heiligmaking van de gelovigen; en dat onze Heer zal wederkomen, de doden zullen worden opgewekt en het laatste oordeel zal plaatsvinden.

Gelooft u van harte deze waarheden? Als dat zo is, antwoord met "ja".

Erkent u Jezus Christus als uw Heer en Verlosser, en beseft u dat Hij u nu verlost?

Antwoord: "Ja, dat geloof ik".

In uw verlangen om lid te worden van de Kerk van de Nazarener, belooft u zichzelf toe te wijden aan het liefhebben van de Heer uw God met heel uw hart, ziel, verstand en kracht en uw naaste als uzelf, zoals beschreven in de Convenanten van het Christelijk Karakter en Gedrag? Wilt u zich toewijden aan de missie van God zoals uitgedrukt in de leer, gemeenschap en het werk van de Kerk van de Nazarener? Wilt u het onderwijs van de Kerk van de Nazarener ondersteunen en streeft u ernaar om met Gods hulp te groeien in het verstaan en uitleven van dat onderwijs zodat het getuigenis van de kerk wordt versterkt? Streeft u ernaar in alles God te verheerlijken, door een nederige wandel, godvruchtige communicatie en een heilig dienstbetoon; door toegewijd van uw middelen te geven en door trouw deel te nemen aan de handelingen die Gods genade bemiddelen? Wilt u Jezus Christus volgen, alle dagen van uw leven, u onthouden van alle kwaad en streeft u er oprecht naar uw heiliging van hart en leven te vervolmaken in de vreze des Heren?

Antwoord: "Ja".

<small>De predikant zal dan tot deze persoon of deze personen zeggen:</small>

Ik heet u van harte welkom in de Kerk van de Nazarener en de gemeenschap van deze plaatselijke gemeente met haar voorrechten en verantwoordelijkheden. Moge het grote Hoofd van de Kerk u zegenen en behoeden en u in staat stellen om trouw te zijn in elk goed werk, zodat uw leven en getuigenis vrucht mag dragen in het zorgen voor de armen en verdrukten en door anderen tot Christus te leiden.

705. Huwelijk

Wij erkennen de gevarieerde culturele context in deze wereld ten aanzien van het huwelijk. Daarin stelt de Kerk van de Nazarener de volgende principes voor:

- Gelijkwaardigheid tussen de beide echtgenoten
- Een verbondsrelatie die de verbondsrelatie tussen Christus en zijn kerk weerspiegelt.
- Het gebruik van woorden die passen bij de wettelijke en culturele omgeving. Dit formulier elimineert of vervangt de wettelijke vereisten van een land niet.

Het onderstaande formulier is bedoeld als hulpmiddel.

Op het afgesproken moment voor de bevestiging van het huwelijk zullen de personen die in het huwelijk treden, nadat vastgesteld is dat ze volgens de wet daartoe gerechtigd zijn en na de benodigde voorhuwelijkse gesprekken met de predikant te hebben gehad, daar samen staan, kijkend naar de predikant, en de predikant zal de gemeente als volgt toespreken:

Geliefden: wij zijn hier samengekomen voor Gods aangezicht en in het bijzijn van deze getuigen om het huwelijk te bevestigen van (naam van de bruidegom) en (naam van de bruid). Dit is een eerzame staat, ingesteld door God tijdens de onschuld van de Hof van Eden, symbool van de mystieke eenheid tussen Christus en Zijn Kerk. Deze heilige staat is door Christus verheven en geheiligd met Zijn aanwezigheid en eerste wonder in Kana in Galilea, en de schrijver aan de Hebreeën beveelt het aan als zijnde in ere bij alle mensen. Het is daarom van belang niet onbedachtzaam in het huwelijk te treden, maar met eerbied, voorzichtigheid en in de "vreze Gods".

In deze heilige staat zullen deze mensen die hier aanwezig zijn nu worden verbonden.

De predikant zal het stel als volgt aanspreken:

_____ en _____, de volgende opdracht wordt van jullie gevraagd terwijl jullie hier in Gods aanwezigheid staan: herinner je dat de toewijding aan het huwelijk een blijvende toewijding is. Het is Gods bedoeling dat jullie huwelijk voor het leven is en dat enkel de dood jullie zal scheiden.

Als de beloften die jullie elkaar doen ongeschonden zullen blijven, en jullie altijd Gods wil zullen zoeken en doen, zal jullie leven worden gezegend met Zijn aanwezigheid en zal jullie huis een plaats van Zijn vrede zijn.

<small>Na deze opdracht zal de predikant tot de man zeggen:</small>

_____, aanvaard jij deze vrouw als jouw echtgenote, om mee samen te leven naar Gods geboden in de heilige staat van het huwelijk? Zul je haar liefhebben, troosten, eren en behoeden in ziekte en in gezondheid, en alleen haar trouw zijn, zo lang als jullie beiden zullen leven?

Antwoord: "Ja"

<small>Dan zal de predikant tot de vrouw zeggen:</small>

_____, aanvaard jij deze man als jouw echtgenoot, om mee samen te leven naar Gods geboden in de heilige staat van het huwelijk? Zul je hem liefhebben, troosten, eren en behoeden in ziekte en in gezondheid, en alleen hem trouw zijn, zo lang als jullie beiden zullen leven?

Antwoord: "Ja"

<small>Dan zal de predikant vragen:</small>

Willen jullie als (ouders van de bruid en bruidegom, leden van de families en/of leden van Gods gezin) jullie zegen geven aan deze verbindtenis?

Antwoord: "Ja"

<small>Terwijl ze elkaar aankijken en de rechterhand geven, zal het stel de volgende beloften uitspreken:</small>

<small>De man zal de predikant naspreken:</small>

Ik, _____, aanvaard jou, _____ als mijn wettige echtgenote vanaf deze dag, om voor te zorgen, in goede en kwade tijden, rijkdom of armoede, ziekte of gezondheid, om lief te hebben en te koesteren tot de dood ons scheidt, volgens Gods heilige instelling. Dat beloof ik jou plechtig.

De vrouw zal de predikant naspreken:

Ik, _____, aanvaard jou, _____ als mijn wettige echtgenoot vanaf deze dag, om voor te zorgen, in goede en kwade tijden, rijkdom of armoede, ziekte of gezondheid, om lief te hebben en te koesteren tot de dood ons scheidt, volgens Gods heilige instelling. Dat beloof ik jou plechtig.

Indien gewenst kunnen dan ringen worden uitgewisseld. De predikant ontvangt de ring van de getuige van de bruidegom en geeft die door aan de bruidegom. Terwijl hij die aan de vinger van de bruid schuift, spreekt hij de predikant na:

Deze ring geef ik zou als een teken van mijn liefde en een belofte van mijn blijvende trouw.

Herhaal dit bij een de tweede ring.

Het echtpaar zal dan knielen en de predikant zal het volgende gebed (of een vrij gebed) bidden:

Eeuwige God, Schepper en Onderhouder van alles, Gever van elke geestelijke genade, Bron van het eeuwige leven, stort uw zegen uit over deze twee dienaren van U: (naam van de bruidegom) en (naam van de bruid), die we nu in uw naam zegenen, zodat ze hun trouwbeloften en het verbond dat nu tussen hen is gesloten gestand mogen doen en voor altijd in liefde en vrede verbonden mogen blijven door Jezus Christus onze Heer. Amen.

Dan zal de predikant zeggen:

Aangezien deze man en deze vrouw vrijwillig in het huwelijk zijn getreden; en hier getuigenis van hebben afgelegd voor God en dit gezelschap; en dit hebben bevestigd door elkaar de hand te reiken, verklaar ik dat zij nu samen man en vrouw zijn, in de naam van de Vader en van de Zoon en van de Heilige Geest. Laat niemand scheiden wat God heeft samengevoegd. Amen.

<small>De predikant kan dan afsluiten met een vrij gebed en/of met de zegen. (532.7, 533.2, 534.1, 538.19)</small>

706. Begrafenis

Geliefden: we zijn hier vandaag om de laatste eer te bewijzen aan dat wat sterfelijk was van onze geliefde en vriend. Aan de familieleden die treuren om dit verlies bieden we onze oprechte deelneming aan. Mogen we met u delen in de troost van Gods woord in tijden als deze:

"Wees niet ongerust, maar vertrouw op God en op mij. In het huis van mijn Vader zijn veel kamers; zou ik anders gezegd hebben dat ik een plaats voor jullie gereed zal maken? Wanneer ik een plaats voor jullie gereedgemaakt heb, kom ik terug. Dan zal ik jullie met me meenemen, en dan zullen jullie zijn waar ik ben." (Johannes 14:1-3)

"Ik ben de opstanding en het leven. Wie in mij gelooft zal leven, ook wanneer hij sterft, en ieder die leeft en in mij gelooft zal nooit sterven." (Johannes 11:25-26)

<small>Invocatie (in de eigen woorden van de predikant of als volgt:</small>

Almachtige God, onze Hemelse Vader, wij treden dit verdrietige heiligdom binnen en beseffen onze volkomen afhankelijkheid van U. We weten dat U van ons houdt en zelfs de schaduw van de dood kan omzetten in morgenlicht. Help ons om op U te wachten met eerbiedige en ootmoedige harten. U bent voor ons een veilige schuilplaats, een betrouwbare hulp in de nood. Schenk ons uw overvloedige genade. Mogen zij die vandaag treuren troost en heling vinden in uw genade die ons draagt. Wij bidden dit alles in alle nederigheid en in de naam van onze Heer Jezus Christus. Amen.

Lied

Schriftlezing

"Geprezen zij de God en Vader van onze Heer Jezus Christus: in zijn grote barmhartigheid heeft hij ons opnieuw geboren doen worden door de opstanding van Jezus Christus uit de dood, waardoor wij leven in hoop. Er wacht u, die door Gods kracht wordt beschermd omdat u gelooft, in de hemel een onvergankelijke, ongerepte erfenis die nooit verwelkt. U ziet de redding tegemoet, die aan het einde van de tijd zeker geopenbaard zal worden. Verheug u hierover, ook al moet u nu tot uw verdriet nog een korte tijd allerlei beproevingen verduren. Zo kan de echtheid blijken van uw geloof – zoveel kostbaarder dan vergankelijk goud, dat toch ook in het vuur wordt getoetst – en zo verwerft u lof, eer en roem wanneer Jezus Christus zich zal openbaren. U hebt hem lief zonder hem ooit gezien te hebben; en zonder hem nu te zien gelooft u in hem en ervaart u een onuitsprekelijke, hemelse vreugde, omdat u het einddoel van uw geloof bereikt: uw redding" (1 Petrus 1:3-9).

(Andere Schriftgedeelten die kunnen worden gebruikt zijn: Mattheüs 5:3-4, 6, 8; Psalm 27:3-5, 11, 13-14; 46:1-6, 10-11)

Verkondiging

Lied

Afsluitend gebed

* * *

Bij het graf:

Zodra de mensen aan het graf staan, kan de predikant een of meerdere van de volgende Schriftgedeelten lezen:

Ik weet: mijn redder leeft, en hij zal ten slotte hier op aarde ingrijpen. Hoezeer mijn huid ook is geschonden, toch zal ik in dit lichaam God aanschouwen. Ik zal hem aanschouwen, ik zal hem

SACRAMENTEN EN RITUELEN

met eigen ogen zien, ik, geen ander, heel mijn binnenste smacht van verlangen (Job 19:25-27).

Ik zal u een geheim onthullen: wij zullen niet allemaal eerst sterven – toch zullen wij allemaal veranderd worden, in een ondeelbaar ogenblik, in een oogwenk, wanneer de bazuin het einde inluidt. Wanneer de bazuin weerklinkt, zullen de doden worden opgewekt met een onvergankelijk lichaam en zullen ook wij veranderen [...] dan zal wat geschreven staat in vervulling gaan: 'De dood is opgeslokt en overwonnen. Dood, waar is je overwinning? Dood, waar is je angel?' De angel van de dood is de zonde, en de zonde ontleent haar macht aan de wet. Maar laten we God danken, die ons door Jezus Christus, onze Heer, de overwinning geeft. Kortom, geliefde broeders en zusters, wees standvastig en onwankelbaar en zet u altijd volledig in voor het werk van de Heer, in het besef dat door de Heer uw inspanningen nooit tevergeefs zijn" (1 Corinthiërs 15:51-52, 54-58).

Ik hoorde een stem uit de hemel zeggen: 'Schrijf op: "Gelukkig zijn zij die vanaf nu in verbondenheid met de Heer sterven." En de Geest beaamt: 'Zij mogen uitrusten van hun inspanningen, want hun daden vergezellen hen' (Openbaring 14:13).

De predikant zal vervolgens een van de volgende teksten lezen

Voor een gelovige:

Aangezien de geest van onze geliefde overledene is teruggekeerd naar God die haar gaf, leggen wij daarom zijn/haar lichaam in het graf in het vertrouwen en zekere hoop van de opstanding der doden en het leven van de komende wereld, door onze Heer Jezus Christus, die ons nieuwe lichamen zal geven gelijk aan zijn verheerlijkt lichaam. "Gezegend zijn de doden die in de Heer sterven".

Voor een ongelovige:

We vertrouwen nu het lichaam van onze overleden vriend toe aan de aarde. De geest vertrouwen we toe aan God, want we weten dat de genadige Rechter van heel de aarde het goede zal doen. Laat ons die achterblijven onszelf opnieuw toewijden aan een leven met eerbied en liefde voor God, zodat we ruime toegang zullen krijgen tot het hemelse koninkrijk.

Voor een kind:

Met de zekere hoop van de opstanding door onze Heer Jezus Christus, vertrouwen we nu het lichaam van dit kind toe aan het graf. En zoals Jezus gedurende zijn aardse leven de kinderen in zijn armen nam en ze zegende, moge Hij ook deze dierbare opnemen, want, zoals Hij heeft gezegd, "het koninkrijk van de hemel behoort toe aan wie is zoals zij".

Gebed:

Onze Hemelse Vader, barmhartige God, we zien op naar U in dit moment van verdriet en diepe rouw. Geef troost aan deze geliefden waarvan de harten zwaar bedroefd zijn. Wilt U met hen zijn, hen dragen en leiden in de dagen die komen. Geef, Heer, dat ze u mogen liefhebben en dienen en de volheid van uw beloften in de komende wereld mogen verkrijgen.

"Moge de God van de vrede, die onze Heer Jezus, de machtige herder van de schapen, door het bloed van het eeuwig verbond uit de wereld van de doden heeft weggeleid, u toerusten met al het goede, zodat u zijn wil kunt doen. Moge hij in ons datgene tot stand brengen wat hem welgevallig is, door Jezus Christus, aan wie de eer toekomt, tot in alle eeuwigheid. Amen" (Hebreeën 13:20-21).

SACRAMENTEN EN RITUELEN

707. De inzegening van ambtsdragers

Laat de secretaris na het zingen van een toepasselijk lied de namen en functies van de in te zegenen ambtsdragers voorlezen. Ze kunnen dan naar voren komen en bij het altaar komen staan, met het gezicht naar de predikant. Er zal voor een ieder een verbondskaart zijn. De predikant zal dan als volgt spreken:

Met de erkenninge van de wijze waarop God sommigen apart zet voor een specifieke christelijke bediening zijn we toegekomen aan dit moment van inzegening van deze ambstdragers (en/of onderwijzers) die op de juiste wijze zijn gekozen om het komende jaar in onze kerk te dienen. Laten we daarbij oog houden op Gods instructie vanuit de Heilige Schrift:

"Broeders en zusters, met een beroep op Gods barmhartigheid vraag ik u om uzelf als een levend, heilig en God welgevallig offer in zijn dienst te stellen, want dat is de ware eredienst voor u. U moet uzelf niet aanpassen aan deze wereld, maar veranderen door uw gezindheid te vernieuwen, om zo te ontdekken wat God van u wil en wat goed, volmaakt en hem welgevallig is (Romeinen 12:1-2).

"Span je in om voor God te staan als iemand die betrouwbaar is. Zorg dat je je niet voor je werk hoeft te schamen en verkondig regelrecht de waarheid" (2 Timotheüs 2:15).

"Laat Christus' woorden in al hun rijkdom in u wonen; onderricht en vermaan elkaar in alle wijsheid, zing met heel uw hart psalmen en hymnen voor God en liederen die de Geest u vol genade ingeeft" (Colossenzen 3:16).

"Wie onderwezen wordt, moet al het goede dat hij bezit met zijn leermeester delen" (Galaten 6:6).

We komen nu toe aan dit belangrijke moment wanneer u voor het altaar staat om de taak op u te nemen om te zorgen voor de aangelegenheden van de kerk en de NMI, NJI en RCL. Kijk naar deze taken die u nu op u neemt als bijzondere gelegenheden om de Heer te dienen, en moge u vreugde vinden en geestelijke zegen in het uitvoeren van deze respectievelijke taken.

Deze taken zijn niet licht, want de voortgang van de kerk en de eindbestemming van zielen ligt in jullie handen. Het is uw verantwoordelijkheid om een christelijk karakter te ontwikkelen en mensen tot Christus te brengen is uw hoogste doel. Moge God u wijsheid en kracht geven terwijl u dit werk tot zijn eer uitvoert.

U heef een kaart gekregen waarop de tekst van een verbond is afgedrukt. We zullen dat gezamenlijk hardop lezen en zo ons toewijden.

Verbond van medewerkers

Met het oog op het vertrouwen dat de kerk in mij geplaatst heeft door mij te kiezen voor de functie die ik nu aanvaard, beloof ik:

- een hoge standaard van christelijk leven en voorbeeld te handhaven, in overeenstemming met de idealen en normen van de Kerk van de Nazarener;
- mijn persoonlijk christelijk geloof te voeden door dagelijks tijd opzij te zetten om te bidden en de Bijbel te lezen;
- aanwezig te zijn bij de reguliere zondagsschool, de zondagmorgen- en zondagavond- diensten evenals de doordeweekse gebedsavond van de kerk, tenzij door omstandigheden verhinderd;
- trouw aanwezig te zijn bij alle op juiste wijze bijeengeroepen vergaderingen van de diverse raden of commissies die mij zijn of zullen worden toegewezen;

SACRAMENTEN EN RITUELEN

- mijn leidinggevende op de hoogte te stellen als ik niet tijdig aanwezig kan zijn of mijn taken niet kan vervullen;
- uitgebreid de publicaties van de kerk te lezen, evenals andere boeken en literatuur die mij kunnen helpen bij het vervullen van mijn taken;
- mijzelf en mijn bekwaamheden te trainen door deel te nemen aan cursussen van de Voorgezette Leken Training als die worden aangeboden.
- te proberen mensen tot Christus te leiden door een actieve belangstelling te tonen in het geestelijk welzijn van anderen en door alle evangelisatiebijeenkomsten in de kerk bij te wonen en te ondersteunen.

De predikant zal daarop een toepasselijk gebed uitspreken en er kan een lied van toewijding worden gezongen, waarna de predikant het volgende zal zeggen:

Met dat we met elkaar onze harten en handen hebben toegewijd aan de taak om het werk van deze kerk voort te zetten met uw specifieke bedieningen, installeer ik u hierbij in de respectievelijke posities waarin u bent gekozen of aangesteld. U bent nu een essentieel deel van de organisatie en leiding van deze kerk. Moge u door voorbeeld, mandaat en ijverige dienst effective werkers in de wijngaard van de Heer zijn.

De predikant zal de gemeente vragen op te staan en hen als volgt toespreken:

U hebt de belofte gehoord en het verbond dat uw kerkelijke leiders hebben gesloten voor het komende jaar. Ik vraag daarom u, als gemeente, loyaal te zijn in uw steun voor hen. De last die we op hen hebben gelegd is zwaar en ze zullen uw hulp en gebed nodig hebben. Wees altijd begripvol voor hun problemen en tolerant ten aanzien van hun schijnbare fouten. Moge u met vreugde hulp bieden wanneer u dat gevraagd wordt zodat door onze samenwerking onze kerk een effectief instrument mag zijn om verlorenen tot Christus te brengen.

De predikant kan dan voorgaan in gebed of met de gemeente het Onze Vader bidden.

708. Het institueren van een plaatselijke gemeente

Districtssuperintendent: Geliefden in Christus, we zijn hier bijeengekomen op deze zondag met het specifieke doel om officeel de (naam) Kerk van de Nazarener te institueren. Jullie zijn natuurlijk al een kerk, maar vandaag gaat het leven van deze gemeente een stap verder met het aanvaarden van de rechten, plichten en verantwoordelijkheden van een geïnstitueerde gemeente in overeenstemming met de constitutie en richtlijnen van de Kerk van de Nazarener.

Namens de wereldwijde familie van Nazareners complimenteer ik jullie voor jullie visie, jullie geloof en jullie ijver terwijl jullie hand in hand en van hart tot hart hebben gewerkt om een geloofsgemeenschap te zijn, een authentieke vormgeving van het koninkrijk van God in deze wereld. Met deze officiële handeling geven jullie aan dat jullie samen met de wereldwijde familie van Nazareners willen delen in het vervullen van onze gezamenlijke opdracht om "Christusgelijkvormige discipelen te maken onder de volken".

Drie kernwaarden leiden ons in deze missie:

We zijn christenen. We staan naast christenen waar ook ter wereld in het onderschrijven van de historische Trinitarische geloofsbelijdenissen, en we hebben diepe waardering voor ons specifieke erfgoed in de Wesleyaanse heiligingstraditie. We zien de Bijbel als onze primaire bron van waarheid die Christus aan ons verkondigt, en "alles wat nodig is voor onze verlossing".

We zijn heiligingsmensen. We geloven dat Gods genade niet alleen voorziet in vergeving van zonden, maar ook in de reiniging van ons hart door het geloof. Door deze genadige handeling van de Heilige Geest worden we geheiligd en bekrachtigd om Christusgelijkvormig in deze wereld te leven.

We zijn zendingsmensen. We geloven dat God ons roept om deel te nemen in de koninkrijksmissie van verzoening. We doen dit door het evangelie te verkondigen, door daden van barmhartigheid en gerechtigheid, en door discipelen te maken die op Jezus lijken.

Districtssuperintendent aan de predikant: (naam van de predikant), wilt u nu de namen noemen van degenen die de eerste leden van de (naam) Kerk van de Nazarener zullen zijn?

Predikant: (naam van de districtssuperintendent), het is mij een eer om de eerste leden van deze gemeente aan u voor te stellen. Ik beveel ze u aan als broeders en zusters in Christus die zijn toegewijd aan onze gemeenschappelijke missie als leden van de Kerk van de Nazarener.

De predikant leest de namen voor of stelt elk lid of gezin voor.

Districtssuperintendent: Broeders en zuster, ik vraag u nu uw beloften als leden opnieuw te bevestigen.

Erkent u Jezus Christus als uw Heer en Verlosser en gelooft u dat Hij u nu verlost?

Antwoord: Ja, dat geloof ik.

Onderschrijft u de Overeengekomen Geloofsbelijdenis van de Kerk van de Nazarener?

Antwoord: Ja.

Verbindt u zich om uzelf te geven aan de gemeenschap en het werk van God in de Kerk van de Nazarener zoals beschreven in het Verbond van Christelijk Karakter en het Verbond van Christelijk gedrag? Streeft u ernaar God op alle mogelijke manieren te verheerlijken door een nederige wandel, godvruchtige gesprekken, en een heilig dienstbetoon, door trouw van uw middelen te geven; trouw deel te nemen aan de handelingen waardoor God zijn genade bemiddelt, en, terwijl u van alle kwaad wijkt, vol ontzag voor God uw hele leven te heiligen?

Antwoord: Ja

Districtssuperintendent: Daarom verklaar ik, op basis van het gezag mij toevertrouwd als superintendent van het (naam) District van de Kerk van de Nazarener, dat de (naam) Kerk van de Nazarener officieel geïnstitueerd is. Welkom in de wereldwijde familie van Nazarener gemeenten. Moge de Heer in zijn grote genade jullie toerusten met al het goede dat nodig is om zijn wil te doen. En moge de vrede van Christus met jullie zijn.

709. Het inwijden van een nieuw kerkgebouw

Predikant: Dankzij de voorspoed die de hand van de Heer ons heeft gegeven en in staat gesteld door zijn genade en kracht om dit gebouw te voltooien voor de glorie van Zijn naam, staan we nu in Gods aanwezigheid om het toe te wijden aan de dienst in Zijn koninkrijk.

Tot de glorie van God de Vader, van wie elke goede en volmaakte gave komt, tot eer van Jezus Christus, onze Heer en Verlosser, en tot lof van de Heilige Geest, de Bron van licht, leven en kracht – onze Heiligmaker.

Gemeente: We wijden nu met vreugde en dankbaarheid in nederigheid dit gebouw in.

Predikant: En we herinneren allen die deze kerk hebben gediend en liefgehad, die ons het erfgoed hebben gegeven waarvan we nu mogen genieten, en die nu deel zijn van de triomferende Kerk.

Gemeente: We wijden nu dankbaar dit gebouw (kerkzaal, onderwijsgebouw, gemeenschapsruimte enz) in.

Predikant: Voor gebed en zang, de verkondiging van het Woord, het onderwijs uit de Bijbel en voor de gemeenschap van de gelovigen.

Gemeente: Wijden wij dit huis van God plechtig in.

Predikant: Voor de troost van hen die treuren, voor het versterken van de zwakken, voor hulp aan hen die aangevochten worden, en voor hoop en moed voor allen die binnen deze muren komen.

Gemeente: Wij wijden dit huis van gemeenschap en gebed in.

Predikant: Voor het delen van het goede nieuwe van verlossing van zonde, voor het verspreiden van schriftuurlijke heiliging, voor het geven van advies in gerechtigheid en voor de dienst aan onze medemens.

Gemeente: Wij wijden dit gebouw vol ontzag in.

Gezamenlijk: Wij als medewerkers van God, brengen handen en harten samen en wijden ons opnieuw toe aan de hoge en heilige doelen waarvoor dit gebouw apart is gezet. We beloven onze loyale toewijding, trouw rentmeesterschap en ijverig dienstbetooen opdat op deze plaats de Heer zal worden verheerlijkt en zijn koninkrijk voortgang zal vinden, door Jezus Christus onze Heer. Amen.

DEEL IX

STATUTEN VAN HULPORGANISATIES

HANDVEST NAZARENER JEUGD INTERNATIONAAL

CONSTITUTIE NAZARENER MISSIONS INTERNATIONAL

REGLEMENT CHRISTELIJK LEVEN EN ZONDAGSSCHOOL

(Dit gedeelte is momenteel nog niet beschikbaar in het Nederlands. U kunt de Engelse versie vinden op www.nazarene.org)

DEEL X

FORMULIEREN

(Dit gedeelte is momenteel nog niet beschikbaar in het Nederlands. U kunt de Engelse versie vinden op www.nazarene.org)

DEEL XI

APPENDIX

ALGEMENE FUNCTIONARISSEN

BESTUURLIJKE RADEN EN ONDERWIJSINSTELLINGEN

BESTUURSBELEID

HEDENDAAGSE MORELE EN SOCIALE KWESTIES

I. ALGEMENE FUNCTIONARISSEN

900.1. Algemeen superintendenten

Eugénio R. Duarte
David W. Graves
David A. Busic

Gustavo A. Crocker
Filimão M. Chambo
Carla D. Sunberg

900.1 Algemeen superintendenten, emeriti en gepensioneerd

Eugene L. Stowe, emeritus
Jerald D. Johnson, emeritus
Donald D. Owens, emeritus
Jim L. Bond, emeritus
W. Talmadge Johnson, emeritus
James H. Diehl, emeritus
Paul G. Cunningham, emeritus
Nina G. Gunter, emerita
Jesse C. Middendorf, emeritus
Stan A. Toler, emeritus
Jerry D. Porter, emeritus
J.K. Warrick, emeritus

900.2. Algemeen secretaris

David P. Wilson

900.3. Algemene Penningmeester

Keith B. Cox

Kerk van de Nazarener
Internationaal hoofdkwartier
17001 Prairie Star Parkway
Lenexa, KS 66220, USA

II. BESTUURLIJKE RADEN EN ONDERWIJSINSTELLINGEN

901. Algemene Raad
Leden per kerk regio

geestelijke	leek
Africa Region	
Arsenio Jeremias Mandlate	Sibongile Gumedza
Solomon Ndlovu	Benjamin Langa
Stanley Ushe	Angela M. Pereira B.D.V. Moreno
Asia-Pacific Region	
Kafoa Muaror	Leonila Domen
Min-Gyoo Shin	Joung Won Lee
Canada Region	
D. Ian Fitzpatrick	David W. Falk
Central U.S.A. Region	
Ron Blake	Judy H. Owens
East Central U.S.A. Region	
D. Geoffrey Kunselman	Carson Castleman
Eastern U.S.A. Region	
Samual Vassal	Larry Bollinger
Eurasia Region	
Sanjay Gawali	David Day
David Montgomery	Vinay Gawali
Mary Schaar	Christoph Nick
Mesoamerica Region	
Elias Betanzos	Carmen L. Checo de Acosta
Walliere Pierre	Abaraham Fernazndez Gamez
Antonie St. Louis	Plinio E. Urizar Garcia Oorizar
North Central U.S.A. Region	
Jim Bond	Larry McIntire
Northwest U.S.A. Region	
Randall J. Craker	Joel K. Pearsall
South America Region	
Adalberto Herrera Cuello	Galdina Arrais
Fernando Oliveira	Jacob Rivera Medina
Amadeu Teixeira	Emerson Natal
South Central U.S.A. Region	
Terry C. Rowland	Cheryl Crouch

Southeast U.S.A Region
Larry D. Dennis
Dwight M. Gunter II
Michael T. Johnson
Dennis Moore

Southwest U.S.A. Region
Ron Benefiel
Education
John Bowling
Daniel Spaite

Bob Brower

Nazarene Missions International
Philip Wheatherill

Nazarene Youth International
Adiel Teixeira

Zondagsschool en Discipelschap Bedieningen Internationaal
Milon Patwary

902. Algemeen Hof van Beroep
Hans-Günther Mohn, voorzitter
Janine Metcalf, secretaris
D.Ian Fitzpatrick
Donna Wilson
Brian Powell

903. Algemene Raad van de Nazarener Jeugd Internationaal
Gary Hartke, Nazarene Youth International Director
Adiel Teixeira, voorzitter van de Raad
Ronald Miller, Africa
Janary Suyat de Godoy, Asia-Pacific
Diego Lopez, Eurasia
Milton Gay, Mesoamerica
Christiano Malta, South America
Justin Pickard, USA/Canada

904. Algemeen Bestuur van de NMI
Lola Brickey, Global Director
Philip Weatherill, President
Dawid De Koker, Africa Region
Pauline Sheppard, Asia-Pacific Region
Penny Ure, Canada Region
Carla Lovett, Central USA Region
Kathy Pelley, East Central USA Region
Sharon Kessler, Eastern USA Region
Cathy Tarrant, Eurasia Region
Blanca Campos, Mesoamerica Region
Rhonda Rhoades, North Central USA Region
Debra Voelker, Northwest USA Region
Antonio Carlos, South America Region

APPENDIX

MaryRunion, South Central USA Region
Teresa Hodge, Southeast USA Region
Martha Lundquist, Southwest USA Region
Verne Ward, Global Mission Director
De verantwoordelijke algemeen superintendent (adviseur)

905. Nazarener Instellingen voor Hoger Onderwijs

Africa Region

Africa Nazarene University - Nairobi, Kenya
Nazarene Bible College of East Africa - Nairobi, Kenya
Nazarene Theological College - Honeydew, South Africa
Nazarene Theological College of Central Africa - Malawi, Central Africa
Nazarene Theological Institute - Florida, South Africa
Seminário Nazareno de Cabo Verde - Santiago, Cape Verde
Seminário Nazareno em Moçambique - Maputo, Mozambique
Southern Africa Nazarene University - Manzini, Swaziland

Asia-Pacific Region

Asia-Pacific Nazarene Theological Seminary - Rizal, Philippines
Indonesia Nazarene Theological College - Yogyakarta, Indonesia
Japan Nazarene Theological Seminary - Tokyo, Japan
Korea Nazarene University - Choong Nam, Korea
Melanesia Nazarene Bible College - Mount Hagen, Papua New Guinea
Melanesia Nazarene Teachers College - Mount Hagen, Papua New Guinea
Nazarene College of Nursing - Mount Hagen, Papua New Guinea
Nazarene Theological College - Thornlands, Queensland, Australia
Philippine Nazarene Bible College - Benguet, Philippines
South Pacific Nazarene Theological College - Suva, Fiji
Southeast Asia Nazarene Bible College - Mae Taeng, Chiang Mai, Thailand
Taiwan Nazarene Theological College - Peitou, Taiwan
Visayan Nazarene Bible College - Cebu City, Philippines

Eurasia Region

Eastern Mediterranean Nazarene Bible College – Karak, Jordan
European Nazarene College
Nazarene Nurses Training College - Washim, Maharashtra, India
Nazarene Theological College - Manchester, England
South Asia Nazarene Bible College, Bangalore, India

Mesoamerica Region

Caribbean Nazarene College - Santa Cruz, Trinidad
Instituto Biblico Nazareno - Coban, Alta Verapaz, Guatemala
Séminaire Théologique Nazaréen d'Haiti - Petion-Ville, Haiti
Seminario Nazareno de las Américas - San José, Costa Rica
Seminario Nazareno Dominicano - Santo Domingo, Dominican Republic
Seminario Nazareno Mexicano - Mexico City D.F., Mexico
Seminario Teológico Nazareno - Guatemala City, Guatemala
Seminario Teológico Nazareno Cubano - Ciudad Habana, Cuba

South America Region

Faculdade Nazarena do Brasil - Sao Paulo, Brazil
Instituto Biblico Nazareno Perú - Bagua Chica, Amazonas, Peru
Seminario Biblico Nazareno Chile - Santiago, Chile
Seminario Nazareno del Área Central - La Paz, Bolivia
Seminario Teológico Nazareno del Cono Sur - Buenos Aires, Argentina
Seminário Teológico Nazareno do Brasil - Sao Paulo, Brazil
Seminario Teológico Nazareno Perú - Chiclayo, Peru
Seminario Teológico Nazareno Sudamericano - Quito, Ecuador

U.S.A./Canada Region

Ambrose University College - Calgary, Alberta, Canada
Eastern Nazarene College - Quincy, Massachusetts, U.S.A.
MidAmerica Nazarene University - Olathe, Kansas, U.S.A.
Mount Vernon Nazarene University - Mount Vernon, Ohio, U.S.A.
Nazarene Bible College - Colorado Springs, Colorado, U.S.A.
Nazarene Theological Seminary - Kansas City, Missouri, U.S.A.
Northwest Nazarene University - Serving the Northwest U.S.A. and online globally
Olivet Nazarene University - Bourbonnais, Illinois, U.S.A.
Point Loma Nazarene University - San Diego, California, U.S.A.
Southern Nazarene University - Bethany, Oklahoma, U.S.A.
Trevecca Nazarene University - Nashville, Tennessee, U.S.A.

III. BESTUURSBELEID

906. Lijfrenten. Het is de Algemene Raad en de instellingen van de kerk verboden gebruik te maken van giften uit lijfrenten tot aan het moment dat ze hun wettelijk eigendom zijn geworden door de dood van de lijfrentetrekker. Zulke giften moeten zorgvuldig belegd worden in fondsen die gewoonlijk geaccepteerd worden als betrouwbare beleggingen door de rechterlijke macht in dat land. (2017)

907. Schuld. Geen enkele instelling mag toezegingen als onderpand voor een schuld beschouwen. (2017)

908. Bijbelgenootschappen.

(1) Erkende bijbelgenootschappen. De Kerk van de Nazarener legt bijzondere nadruk op de bijbel als de geschreven openbaring van God. Wij geloven dat hij het primaire effectieve middel is om nieuwe volgelingen voor Christus te winnen. Aangezien er een stijgende behoefte aan meer exemplaren van de Schrift is, is er besloten:

Ten eerste, dat de Algemene Vergadering haar hartelijke goedkeuring en medeleven betuigt aan het werk van de Verenigde Bijbelgenootschappen over de hele wereld.

Ten tweede, dat wij het in acht nemen van de wereldwijde bijbelzondag ondersteunen, om daarmee op deze dag de aandacht te vestigen op de essentiële plaats die de Schriften dienen in te nemen in het leven van christenen.

(2) Collectes voor de bijbelgenootschappen. Besloten is, dat de Kerk van de Nazarener jaarlijks de tweede zondag van december speciale aandacht besteed aan deze belangrijke zaak en een collecte houdt voor het Bijbelgenootschap in het desbetreffende land. Het betreffende bijbelgenootschap zal (geassocieerd of volledig) lid zijn van de Wereldbond van Bijbelgenootschappen, of bij ontbreken van zo'n genootschap, een ander bijbelgenootschap dat door het district is aangewezen. Eveneens zal nadrukkelijk getracht worden al onze kerken deel te laten nemen aan zo'n collecte. Alle kerken dienen hun districtskantoor te raadplegen over de vraag hoe de bijdrage voor het bijbelgenootschap in hun land overgemaakt moet worden. (2017)

909. Resolutie aangaande het aanpassen van het Handboek. Er is besloten dat de Raad van Algemeen Superintendenten een Commissie Aanpassing *Handboek* zal benoemen en bevoegdheid zal geven om mogelijke tegenstrijdige uitspraken in verband met wijzigingen in het *Handboek* in het verslag van de handelingen van de 29e Algemene Vergadering te harmoniseren; en ook zulke wijzigingen in de tekst van het huidige *Handboek* aan te brengen die de taal corrigeren zonder de betekenis te veranderen; alsook zulke wijzigingen aan te brengen in de tekst van de nieuw aangenomen zaken als dienstbaar is aan een juist taalgebruik, zonder de betekenis te veranderen.

De Commissie Aanpassing Handboek is hierbij eveneens gemachtigd verwarrende woorden of uitdrukkingen te vervangen door ondubbelzinnige woorden of uitdrukkingen, de nummering van de hoofdstukken, paragrafen, secties en andere verdelingen te herzien in overeenstemming met iedere actie, aangenomen door de 29e Algemene Vergadering, en ook om een register te maken in overeenstemming met elk besluit, genomen door de 29e Algemene Vergadering.

Verder is besloten dat het houden van toezicht op alle vertalingen van het *Handboek* tot de taak behoort van de Commissie Aanpassing Handboek. (2017)

910. Herziening Appendix *Handboek*. Elk artikel dat gedurende drie perioden van vierjaar in de secties III en IV van de Appendix (artikelen 906-933) blijft staan zonder opnieuw te zijn overwogen, zal door de Reference Committee naar de juiste commissie van de Algemene Vergadering verwezen worden voor dezelfde behandeling als een resolutie voor de Algemene Vergadering. (2013)

911. Ambtstermijn van Commissies. Besloten is dat iedere speciale commissie, opgericht met een bepaald doel, eindigt te bestaan bij de eerstvolgende Algemene Vergadering, tenzij anders bepaald. (2017)

912. Regelingen rond de Algemene Vergadering. (Vanuit de vergaderregels van de Algemene Vergadering van 2017).

Resoluties en petities.

Regel 14. Indienen van resoluties aan de Algemene Vergadering. DistrictsVergaderingen, een commissie die gemachtigd is door de DistrictsVergadering, Regionale raden, de Algemene Raad of één van haar erkende afdelingen, officiële raden of commissies van de algemene kerk, de Algemene Conventie van de NMI, de Algemene Conventie van de Nazarener Jeugd Internationaal, of 5 of meer leden van de Algemene Vergadering, mogen resoluties en petities aan de Algemene Vergadering ter overweging aanbieden in overeenstemming met de volgende regels:

1. Resoluties en petities moeten in drievoud aangeboden worden en getypt op het officiële formulier dat verstrekt wordt door de algemeen secretaris.
2. Iedere resolutie of petitie die wordt aangeboden zal het onderwerp en de naam van de afgevaardigden of de groep die het voorstel doet bevatten.
3. Alle resoluties die tot een actie oproepen die kosten met zich mee zal brengen, zal een inschatting daarvan toevoegen.
4. Voorstellen voor wijzigingen in het kerkelijk *Handboek* moeten schriftelijk aangeboden worden en moeten exact aangeven welk gedeelte van het *Handboek* het betreft en hoe de tekst zal luiden, mocht de wijziging aangenomen worden.
5. Ze zullen niet later dan op 1 december voorafgaande aan de bijeenkomst van de vergadering worden aangeboden aan de algemeen secretaris om genummerd te worden en te worden doorgezonden naar de Reference Committee ter

verwijzing in overeenstemming met Regel 24 en *Handboek* artikel 305.1.

6. Een resolutie die geen wijziging op een *Handboek* artikel omvat, dient aan te geven wie verantwoordelijk is voor de uitvoering.

Regel 15. Nagekomen resoluties en petities. Resoluties, petities en andere zaken mogen niet later dan 1 juni aan de algemeen secretaris worden aangeboden ter verwijzing naar een wetgevende commissie. Resoluties van de algemene conventies die vlak voor de Algemene Vergadering bijeenkomen, zullen worden geaccepteerd.

Regel 16. Wijzigingen in het *Handboek*. Resoluties, die aangenomen zijn door de Algemene Vergadering, zullen worden voorgelegd aan de Commissie Aanpassing Handboek, om in harmonie met de andere bepalingen van het *Handboek* gebracht te worden.

913. Historische plaatsen en markeringspunten. Districts- en Regionale vergaderingen kunnen binnen hun grenzen plaatsen van historisch belang aanwijzen als "Historische Plaats". Minimaal 50 jaren moeten zijn verstreken nadat een plaats historische betekenis kreeg voordat er erkenning als Historische Plaats kan komen. Zo'n Historische Plaats hoeft niet noodzakelijkerwijs de oorspronkelijke gebouwen te hebben om voor deze aanduiding in aanmerking te komen. De secretaris van de vergadering zal de nieuw aangewezen Historische Plaatsen melden aan de algemeen secretaris, met een verslag van de besluitvorming, informatie over de plaats en het belang ervan.

Districts- en Regionale vergaderingen kunnen de Algemene Vergadering verzoeken om plaatsen die voor het hele kerkgenootschap betekenis hebben als Historische Markeringspunten aan te wijzen. Voordrachten zijn beperkt tot eerder aangewezen Historische Plaatsen. De algemeen superintendenten of een commissie die benoemd is om voordrachten te onderzoeken moet instemmen met een voordracht voordat die aan de Algemene Vergadering kan worden voorgelegd.

De algemeen secretaris zal een register van Historische Plaatsen en Markeringspunten bijhouden en op passende wijze publiceren (327.2) (2009).

IV. HEDENDAAGSE MORELE EN SOCIALE KWESTIES

914. Orgaandonatie. De Kerk van de Nazarener moedigt haar leden die geen persoonlijke bezwaren hebben aan om het doneren van organen te ondersteunen via testamenten en codicillen.

Verder roepen we op tot een moreel en ethisch eerlijke verdeling van organen onder hen die geschikt zijn om die te ontvangen. (2013)

915. Discriminatie. De Kerk van de Nazarener herhaalt haar historisch standpunt van christelijke barmhartigheid voor alle mensen van alle rassen. Wij geloven dat God Schepper van alle mensen is, en dat ze van gelijke bloede zijn.

Wij geloven dat elk individu, ongeacht ras, kleur of geloofsbelijdenis gelijke rechten voor de wet dient te hebben, daarbij ingesloten het recht om te stemmen, gelijke toegang tot onderwijsmogelijkheden, tot alle openbare faciliteiten, en het recht op gelijke mogelijkheden, overeenkomstig iemands vermogens, om zijn brood te verdienen zonder enige discriminatie in zijn werk of in economisch opzicht.

Wij dringen er bij al onze kerken op aan de onderwijsprogramma's voort te zetten en te versterken die het begrip en de harmonie tussen rassen aanmoedigen. Wij zijn ook van mening dat de Bijbelse vermaning van Hebreeën 12:14 leidraad dient te zijn bij het gedrag van onze mensen. Wij dringen er bij elk lid van de Kerk van de Nazarener op aan dat hij zijn persoonlijke houding en gedrag tegenover andere rassen op nederige wijze onderzoekt, als eerste stap naar het bereiken van het christelijke doel van een volledige deelname van allen in het leven van de kerk en de hele gemeenschap.

Wij beklemtonen opnieuw onze overtuiging dat heiligheid van hart en leven de basis is van een juist leven. Wij geloven dat christelijke liefde tussen de rassen zal komen zodra de harten van de mensen veranderd zijn door een volledige onderwerping aan Jezus Christus, en dat de kern van het ware christendom bestaat uit het liefhebben van God met heel ons hart, ziel, verstand en kracht, en de naaste als onszelf.

Daarom verwerpen we elke vorm van onverschilligheid, uitsluiting, onderwerping of verdrukking betreffende ras of etniciteit als een grove zonde tegen God en onze medemens. We betreuren de erfenis van elke vorm van racisme in de wereld, en we strever ernaar die erfenis te confronteren met bekering, verzoening en Bijbelse gerechtigheid. We streven ernaar ons te bekeren van elke vorm van gedrag waarin we openlijk of verborgen medeplichtig zijn geworden aan de zonde van racisme, zowel vroeger als nu, en met schuldbelijdenis en betreuren zoeken we naar vergeving en verzoening.

Verder erkennen we dat er geen verzoening is los van de menselijke worsteling om op te staan tegen en het overwinnen van alle persoonlijke, institutionele en structurele vooroordelen die verantwoordelijk zijn voor vernedering en verdrukking op basis van ras en etniciteit. We roepen overal de Nazareners op om daden en structuren van vooroordelen te verwijderen, ruimte te maken voor gelegenheden om vergeving en verzoening te zoeken en om aktie te ondernemen om degenen die gemarginaliseerd zijn een stem te geven. (2017)

916. Het misbruiken van zwakkeren. De Kerk van de Nazarener verafschuwt het misbruiken van personen van welke leeftijd of sekse ook en roept op tot een grotere algemene bewustwording middels haar publicaties en door te voorzien in passende opvoedkundige informatie.

De Kerk van de Nazarener bevestigt opnieuw haar historische beleid dat het allen die onder de bevoegdheid van de kerk optreden verboden is op seksueel of ander terrein misbruik te maken van zwakkeren. Bij het plaatsen van personen in functies die vertrouwen of gezag hebben, zal de Kerk van de Nazarener er vanuit gaan dat het gedrag in het verleden meestal een betrouwbare indicatie geeft van te verwachten toekomstig gedrag. De Kerk zal mensen uit posities van gezag houden die eerder zo'n positie van vertrouwen of gezag hebben gebruikt voor misdragingen op seksueel terrein of anderszins zwakkeren hebben misbruikt, tenzij passende stappen zijn ondernomen om toekomstige misdragingen te voorkomen. Uitingen van spijt door een schuldig persoon zullen niet voldoende worden geacht om aannemelijk te maken dat toekomstige misdragingen niet meer plaats zullen vinden, tenzij deze spijtbetuigingen gepaard gaan met een aantoonbare gedragsverandering gedurende een voldoende lange periode, aangevende dat herhaling van de misdragingen onwaarschijnlijk geacht mag worden. (2009)

917. Verantwoordelijkheid tegenover de armen. De Kerk van de Nazarener gelooft dat Jezus zijn discipelen opdroeg een speciale relatie aan te gaan met de armen van deze wereld; dat Christus' kerk allereerst zichzelf eenvoudig moet houden en afzijdig van een nadruk op rijkdom en buitensporigheden, en ten tweede zichzelf moet geven in het zorgen voor, voeden en kleden van, en onderdak verschaffen aan de armen. Door heel de Bijbel heen en in Jezus' leven en voorbeeld identificeert God zich met de armen, de verdrukten en diegenen in de maatschappij die niet voor zichzelf kunnen spreken, en helpt hen. Op gelijke wijze zijn wij eveneens geroepen ons met de armen te identificeren en solidair met hen te zijn, en niet simpelweg hulp te bieden vanuit onze comfortabele omstandigheden. Wij zijn van mening dat de barmhartige zorg voor de armen zowel liefdadigheid inhoudt als een strijd om te zorgen voor mogelijkheden, gelijkheid en rechtvaardigheid voor de armen. Wij geloven verder dat de christelijke verantwoordelijkheid tegenover de armen een essentieel onderdeel is van het leven van elke gelovige, die een geloof zoekt dat werkt door liefde.

Als laatste punt zien wij de christelijke heiligheid als daarin onscheidbaar van de zorg voor de armen, dat het de christen voorbij zijn individuele volmaaktheid drijft naar het scheppen van een rechtvaardiger en eerlijker maatschappij en wereld. In plaats van dat het de gelovigen op afstand plaatst van de wanhopige economische behoeften van de volkeren in onze wereld, motiveert heiliging ons onze middelen te gebruiken in de dienst tot leniging van zulke noden en het aanpassen van onze behoeften in overeenstemming met de noden van anderen. (2013)

(Exodus 23:11; Deuteronomium 15:7; Psalm 41:1; 82:3; Spreuken 19:17; 21:13; 22:9, Jeremia 22:16; Mattheüs 19:21; Lucas 12:33; Handelingen 20:35; 2 Corinthiërs 9:6, Galaten 2:10)

918. Inclusief taalgebruik. De Kerk van de Nazarener moedigt het gebruik van inclusief taalgebruik aan wanneer we verwijzen naar personen. Onze publicaties, inclusief het *Handboek*, zouden dit streven, zoals genoemd in art. 501, dienen te weerspiegelen. Dit geldt evenwel niet voor citaten uit de Bijbel of verwijzingen naar God. (2009)

919. De kerk en de menselijke vrijheid. Omdat het onze zorg is dat onze grote christelijke erfenis begrepen en beschermd wordt, herinneren wij onze mensen eraan dat zowel politieke als religieuze vrijheid rust op de Bijbelse kijk op de waardigheid van de mens als Gods schepsel en de onschendbaarheid van zijn individuele geweten. Wij moedigen onze mensen aan om deel te nemen aan toepasselijke activiteiten die deze Bijbelse zienswijze ondersteunen en altijd waakzaam te zijn voor bedreigingen van deze kostbare vrijheid.

Deze vrijheden zijn voortdurend in gevaar, en daarom dringen wij er op aan mensen te kiezen voor openbare ambten op alle overheidsniveaus die in deze principes geloven en enkel verantwoording verschuldigd zijn aan God en de kiezers die hen gekozen hebben voor het werken met hetgeen hen toevertrouwd is. Verder verzetten wij ons tegen een schending van deze principes door religieuze groepen die speciale gunsten zoeken. En we staan solidair met onze broeders en zusters die een dergelijke vrijheid ontnomen is, door politieke of sociale beperkingen.

Wij geloven dat het de rol van de Kerk is om profetisch te zijn en voortdurend de mensen eraan te herinneren dat "gerechtigheid een volk verhoogt" (Spreuken 14:34). (2017)

920. Bevestiging en verklaring van menselijke vrijheid. Wij als Nazareners omarmen de goddelijke oproep tot een leven van heiliging, heelheid en herstel, waarin alles en allen worden verzoend met God. In antwoord daarop brengt de Heilige Geest vrijheid aan de gemarginaliseerden, onderdrukten, gebrokenen en lijdenden, en gerechtigheid om onrecht te herstellen en de zelfgerichte invloed te stoppen die veroorzaakt wordt door de zonde, tot alle dingen worden hersteld in Gods koninkrijk.

In overeenstemming met ons Wesleyaans-heiligings erfgoed en karakter, staan we tegenover de huidige gesel van de moderne slavernij, illegaal of gedwongen werk, en het verhandelen van mensen en lichamen.

APPENDIX

En, in overeenstemming met deze uitspraken,
besluiten wij dat de leden en organisaties van de Internationale Kerk van de Nazarener:

1. Als heiligingsmensen, in ons streven naar gerechtigheid, zullen erkennen dat we geroepen zijn ons te bekeren van onrecht uit het verleden, die aan te passen in het heden en het scheppen van een rechtvaardige toekomst;
2. Hen die anderen onderdrukken ter verantwoording zullen roepen;
3. Zorg zullen dragen voor hen die gevangen zijn in illegaal of gedwongen werk, orgaanroof, of seks slavernij (evenals elke andere vorm van onderdrukking die ons nog niet bekend is);
4. Actief zullen luisteren naar de roep van de onderdrukten en die versterken;
5. Onrecht aan de kaak zullen stellen en nederig zullen werken tegen de oorzaken van onrecht;
6. In solidariteit met onze zuster en broeder zullen handelen tegen wat hen ook bindt, om tot bevrijding te komen; en
7. Met degenen die kwetsbaar zijn zullen optrekken door godvruchtige praktijken die verlossing, herstel, heling en vrijheid brengen (1 Johannes 3:8).

Gebaseerd op ons christelijk Wesleyaans-heiligings ergoed en roep tot een heilig leven, stellen wij het volgende:

1. Wij bevestigen dat het najagen van gerechtigheid, verzoening en vrijheid het hart is van Gods heiligheid zoals die wordt weerspiegeld in mensen. We wijden onszelf en onze kerkelijk mogelijkheden toe aan het afschaffen van alle vormen van slavernij, mensenhandel en onderdrukking, en aan het deelnemen aan doelgerichte netwerken, gesprekken en handelingen die hoopvolle alternatieven bieden.
2. Wij bevestigen dat kerken trouw dienen te beantwoorden aan de impuls van Gods heilige liefde door er aan te werken dat Gods regering steeds meer zichtbaar wordt. We zijn geroepen om trouwe getuigen te zijn in gedachte, woord en daad, van de heilige God die de roep van hen hoort die verdrukt worden, gevangen zijn, verhandeld worden en misbruikt door economische, politieke, zelfzuchtige en kwaadaardige systemen en mensen. God roept ons op om in nederigheid met barmhartigheid en gerechtigheid te reageren.
3. Wij bevestigen dat het rechtvaardig handelen ook barmhartige zorg omvat voor hen in onze directe omgeving en tevens het aan de kaak stellen van onrecht en het verwerpen van de machten die het veroorzaken. Recht doen en genade liefhebben hebben Gods volk vaak in conflict gebracht met de heersende machten en overheden van

hun tijd. Gods gerechtigheid roept ons op tot meer dan gelijkwaardig behandelen, meer dan tolerantie voor elkaars verschillen, of simpelweg het omdraaien van de rollen van verdrukte en verdrukker. Door Jezus' voorbeeld worden we opgeroepen om recht te doen, waarbij we bereid zijn onszelf op te geven omwille van de ander.

4. Wij bevestigen dat christelijke gerechtigheid een diepe toewijding vereist aan zowel persoonlijk als collectief schuld belijden, aan berouw en vergeving, als noodzakelijke stappen.
5. Wij bevestigen dat we moeten pleiten voor rechtvaardige en hoopvolle acties in alle gebieden van het leven. We weerspiegelen de barmhartige hoop van Christus en de liefde voor alle mensen en identificeren ons met de omstandigheden die ontmenselijkende situaties voortbrengen. We zullen spreken voor hen die niet worden gehoord, en gaan naast de kwetsbaren staan door hen hulp te bieden die verlossing, herstel, heling en vrijheid brengt.
6. Wij bevestigen dat we geroepen zijn een volk te worden dat een hoopvol alternatief voor onderdrukking en onrecht belichaamt. We zijn geroepen de heilige God in heilige levens te weerspiegelen, gerechtigheid te brengen bij mensen, in situaties, systemen en naties, in motief en in daad. Hoewel we wellicht geen eind kunnen maken aan alle lijden, zijn we als lichaam van Christus verplicht om de heiligheid van God op helende wijze binnen de verlossende onderneming van het herstel van alle dingen te brengen.
7. We bevestigen dat we als samenwerkend netwerk diep moeten nadenken, holistisch moeten werken en zowel plaatslijk als wereldwijd aan de slag moeten. Achter de slavernij liggen complexe problemen en dus moeten er meerdere oplossingen worden geboden.

Deze zullen voortkomen uit de kern van wie we zijn, een christelijke gemeenschap waarin ons handelen op natuurlijke wijze voortvloeit uit onze identiteit.

Daarom beloven we:
1. Afzonderlijk en gezamenlijk te werken, als individuen en als instellingen, in overeenstemming met onze Wesleyaanse heiligingsidentiteit, om te dienen met barhartigheid en profetisch de onderdrukkende systemen uit te dagen;
2. Effectieve, verstandige en duurzame acties gezamenlijk te ondersteunen, aan te moedigen, te dragen en te plannen;
3. Als God dienende gemeenschap samen te werken, met Christus als centrum, vervuld met de kracht van de Geest, als een beweging van hoop;

APPENDIX

4. Diep door te denken, met verwachting te bidden en met moed te handelen.

Hiertoe leven en werken wij tot Gods regering komt "op aarde zoals in de hemel". (2017)

921. De waarde van kinderen en jeugd. De Bijbel draagt elke christen op "Spreek voor hen die weerloos zijn, bescherm het recht van de vertrapten" (Spreuken 31:8). Het Shema (Deuteronomium 6:4-7; 11:19) spoort ons aan van Gods genade te vertellen aan onze kinderen. Psalm 78:4 zegt: "Wij zullen aan het komend geslacht vertellen van de roemrijke, krachtige daden van de HEER, van de wonderen die hij heeft gedaan". Jezus bevestigt dit in Lucas 18:16: "Laat de kinderen bij me komen, houd ze niet tegen, want het koninkrijk van God behoort toe aan wie is zoals zij."

Als reactie op dit Bijbels perspectief, erkent de Kerk van de Nazarener dat kinderen belangrijk zijn voor God en een prioriteit in zijn koninkrijk. We geloven dat God ons leidt om voor alle kinderen te zorgen: om hen lief te hebben, te verzorgen, te beschermen, hoog te houden, de weg te wijzen en voor hen te pleiten. Het is Gods bedoeling dat we kinderen de weg van de verlossing wijzen en het groeien in genade. Verlossing, heiliging en discipelschap zijn mogelijk en noodzakelijk in het leven van kinderen. We erkennen dat kinderen geen middel tot een doel zijn, maar volwaardige deelgenoten in het Lichaam van Christus. Kinderen zijn discipelen in opleiding, niet in afwachting van discipelschap.

Een holistische en transformerende bediening voor kinderen en de gezinnen waar ze uit voortkomen zal dus een prioriteit zijn in elke plaatselijke kerk, wat zal blijken uit:
1. Het voorzien in effectieve en in staat stellende bedieningen voor het hele kind – fysiek, mentaal, emotioneel, sociaal en geestelijk;
2. Het verwoorden van christelijke standpunten ten aanzien van hedendaagse kwesties op het gebied van sociale gerechtigheid die kinderen raken;
3. Het verbinden van kinderen met het hart van de missie en de bediening van de geloofsgemeenschap;
4. Het onderwijzen van kinderen als discipelen, en hen leren op hen beurt anderen te onderwijzen als discipelen;
5. Het aandragen van materiaal om ouders te leren de geestelijke vorming van hun kinderen te voeden.

Aangezien de kerkelijke opleidingsinstituten (Bijbelscholen, colleges, universiteiten en seminaries) studenten opleiden voor leiderschap, spelen ze een cruciale rol in het uitvoeren van de visie en missie om de waarde van kinderen te communiceren. Zij nemen samen met de plaatselijke kerken en de gezinnen de verantwoordelijkheid op zich om geestelijken en leken voor te bereiden om de volgende generatie van kinderen en jeugd op te voeden in kennis van de bijbel en theologie, en om de bekende en onvoorziene uitdagingen aan te gaan in het evangeliseren, onderwijzen en transformeren van hun leefomgeving.

De Kerk van de Nazarener ziet een geloofsgemeenschap met meerdere generaties voor zich, waar kinderen en jeugd worden gewaardeerd en geliefd, waar voor hen wordt gezorgd en waar ze een integraal deel van het kerkelijk gezin uitmaken middels een grote variëteit aan middelen en methoden, en waar ze de mogelijkheid hebben zelf een bediening te ontwikkelen op een wijze die overeenkomt met hun leeftijd, ontwikkeling, mogelijkheden en geestelijke gaven. (2009)

922. Oorlog en militaire dienst. De Kerk van de Nazarener gelooft dat vrede de ideale situatie in de wereld is en dat het de duidelijke plicht is van de Christelijke Kerk haar invloed aan te wenden om dusdanige middelen te zoeken die de naties in staat zullen stellen in vrede met elkaar te leven en al hun instrumenten te gebruiken voor het verspreiden van de boodschap van vrede. Wij realiseren ons echter dat we leven in een wereld waarin kwade machten en ideologieën in een actieve strijd gewikkeld zijn met deze christelijke idealen en dat er zich dusdanige internationale noodsituaties voor kunnen doen dat ze een land verplichten in oorlog te gaan om haar idealen, haar vrijheid en haar bestaan te verdedigen.

Terwijl we aldus toegewijd zijn aan de zaak van de vrede, erkent de Kerk van de Nazarener dat de christen allereerst toewijding aan God verschuldigd is, en daarom tracht ze niet het geweten van haar leden te binden inzake deelname in militaire dienst in tijden van oorlog, hoewel ze wel gelooft dat de individuele christen als burger zeker zijn eigen land moet dienen op elke wijze die in overeenstemming is met het christelijk geloof en de christelijke levensstijl.

Wij erkennen ook dat als gevolg van het christelijk onderwijs en het christelijk verlangen naar vrede op aarde, er onder onze leden mensen zijn die gewetensbezwaar hebben tegen bepaalde vormen van militaire dienst. Daarom claimt de Kerk van de Nazarener voor gewetensbezwaarden onder haar leden dezelfde uitzonderingen en consideratie aangaande militaire dienst als verleend worden aan erkende pacifistische religieuze organisaties.

De Kerk van de Nazarener zal middels haar algemeen secretaris een register aanleggen waarin diegenen die kunnen bewijzen lid van de Kerk van de Nazarener te zijn hun overtuiging als gewetensbezwaarde kunnen laten vastleggen. (2005)

923. De schepping. De Kerk van de Nazarener gelooft in het Bijbelse verslag van de schepping ("In den beginne schiep God de hemel en de aarde..." Genesis 1:1). We staan open voor wetenschappelijke verklaringen omtrent de aard van de schepping maar zijn tegen een interpretatie van de oorsprong van het heelal en de mensheid die God als schepper verwerpt. (Hebreeën 11:3). (artikelen 1, 5.1, 7.) (2017)

924. Zorg voor de schepping. Met diepe waardering voor Gods schepping geloven wij dat we moeten streven naar het tonen van de rentmeesterschap kwaliteiten die Zijn werk helpen bewaren. We erkennen dat we een rol spelen in het onderhouden van de integriteit van onze omgeving en accepteren de individuele en collectieve verantwoordelijkheid daarvoor. (2009) (Genesis 2:15; Psalm 8:3-9; 19:1-4; 148)

925. Bewijs van de doop met de Heilige Geest. De Kerk van de Nazarener gelooft dat de Heilige Geest getuigt van de wedergeboorte en het daaropvolgende werk van de reiniging van het hart, ofwel de volkomen heiligmaking, door het vervuld worden met de Heilige Geest.

Wij bevestigen dat hèt bewijs van volkomen heiligmaking, ofwel de vervulling met de Heilige Geest, het reinigen van het hart door geloof van de erfzonde is, zoals vermeld in Handelingen 15:8-9: "En God, die de harten kent, heeft getuigd door hen de Heilige Geest te geven, evenals aan ons, zonder onderscheid te maken tussen hen en ons, hun hart door het geloof reinigende". Deze reiniging wordt openbaar door de vrucht van de Geest in een heilig leven. "Maar de vrucht van de Geest is liefde, vreugde, vrede, lankmoedigheid, vriendelijkheid, goedheid, geloof, zachtmoedigheid, matigheid: tegen zulken is er geen wet. En zij die Christus toebehoren hebben het vlees met zijn lusten gekruisigd" (Galaten 5:22-24).

Om te stellen dat zelfs een speciaal of een zogenaamd fysiek bewijs, of 'gebedstaal', bewijs is van de doop met de Geest, gaat in tegen het Bijbelse en het historische standpunt van de kerk. (2009)

926. Pornografie. Pornografie is een kwaad dat de morele waarden van een maatschappij ondermijnt. Gedrukt en visueel materiaal dat de waardigheid van de mensheid omlaag haalt en tegengesteld is aan de Bijbelse overtuiging van de onschendbaarheid van het huwelijk en de gezonde seksualiteit moet worden verafschuwd.

Wij geloven dat wij geschapen zijn naar het beeld van God en dat pornografie mannen, vrouwen en kinderen omlaag haalt, exploiteert en misbruikt. De pornografische industrie wordt gemotiveerd door hebzucht, is de vijand van het gezinsleven, heeft geleid tot geweldsmisdrijven, vergiftigde gedachten, en ontwijdt het lichaam.

Om God te eren als Schepper en Verlosser, dringen wij aan op actieve oppositie tegen pornografie, op elke legitieme wijze, en door bewuste pogingen te doen hen, die in dit kwaad verstrikt zijn, voor Christus te winnen. (2009)

927. Christelijke ingetogenheid in kleding. Wij herkennen de toenemende neiging zich onbetamelijk te kleden op openbare plaatsen, en herinneren daarom onze mensen aan de christelijke gedachte van ingetogenheid als uitdrukking van heiliging, en dringen er op aan dat christelijke ingetogenheid te allen tijde in het openbaar in acht genomen wordt. (2017)

928. Heelheid. De Bijbel roept alle gelovigen op tot balans, gezondheid en heelheid door de transformerende kracht van de Heilige Geest. Gulzigheid is het consumeren ten koste van je lichaam, de gemeenschap en je geestelijk leven. Hoewel zwaarlijvigheid te maken kan hebben met genen, culturele druk, of fysieke beperkingen, is gulzigheid een manier van leven die Gods goede schepping consumeert: voedsel, bronnen en relaties die zowel de persoon als de gemeenschap schade berokkenen. Het christelijk rentmeesterschap roept ons op de gezondheid en fitheid van ons lichaam te onderhouden als de tempel van de Heilige Geest en gematigde levens te leiden met alle bronnen en relaties die God ons geeft. (2009).

(Spreuken 23:19-21; Mattheüs 1:19; 23:25; 1 Corinthiërs 9:27; Galaten 5:23; Filippenzen 3:19; Titus 1:8; 2:12; Hebreeön 12:16, 2 Petrus 1:6)

929. Verslavende middelen. De Kerk van de Nazarener blijft sterk protesteren tegen het gebruik van verslavende middelen als zijnde een sociaal kwaad. Wij moedigen kerkleden aan dat op actieve en duidelijk zichtbare wijze te doen, en deel te nemen aan de voorlichting en rehabilitatie inzake het gebruik van verslavende middelen en de onverenigbaarheid daarvan met de christelijke ervaring en een heilig leven. (2013)

930. Desocialisatie van alcohol. De Kerk van de Nazarener ondersteunt in het openbaar de desocialisatie van de consumptie van alcohol. Wij moedigen alle mogelijke overheids-, werknemers-, zakelijke, beroeps-, sociale, vrijwilligers-, en particuliere organisaties en instellingen aan te helpen bij deze desocialisatie, om daarmee tegenwicht te geven aan de reclamecampagnes die de sociale aanvaardbaarheid van de 'alcoholcultuur' propageren. (2013)

931. Het gebruik van tabak en het adverteren ervoor. De Kerk van de Nazarener dringt er bij haar mensen op aan zich uit te blijven spreken tegen het gebruik van tabak, als zijnde zowel een risico voor de gezondheid als een sociaal kwaad. Ons historisch standpunt is gebaseerd op Gods Woord, waarin we vermaand worden onze lichamen te onderhouden als tempels van de Heilige Geest (1 Corinthiërs 3:16-17; 6:19-20).

Ons standpunt tegen het gebruik van tabak in al haar vormen wordt nadrukkelijk ondersteund door medische bewijzen, gedocumenteerd door talloze sociale, overheids- en gezondheidsinstellingen over de gehele wereld. Zij hebben laten zien dat het een groot risico voor de gezondheid vormt, en hebben onomstotelijk aangetoond dat het gebruik ervan ernstige en blijvende veranderingen in de normale fysiologie van het lichaam teweegbrengt.

Wij zien dat onze jonge mensen sterk beïnvloed worden door de miljoenen die besteed worden aan tabaksreclame en haar tweelingzuster in het kwaad, alcoholische dranken. Wij ondersteunen een verbod op alle reclame voor tabak en alcoholische drank in tijdschriften, op aanplakborden, en op radio, televisie en andere media. (2013)

932. HIV/AIDS. (Human Immunodeficiency Virus/Acquired Immunodeficiency Syndrome). Sinds 1981 wordt onze wereld geconfronteerd met een bijzonder verwoestende ziekte, bekend als HIV/AIDS. Gezien de grote nood onder de lijders aan deze ziekte, vraagt onze christelijke barmhartigheid ons om juiste kennis te vergaren over HIV/AIDS. Christus verlangt van ons om een weg te vinden om Zijn liefde en zorg over te brengen aan deze lijders in welk land van de wereld ook. (2013)

933. Het gebruik van sociale media. Ten eerste, de inhoud van wat wij delen moet respectvol zijn. Net als in alle interpersoonlijke relaties geloven we dat de inhoud van onze communicatie op sociale media een weerspiegeling moet zijn van het geheiligde hart waarnaar wij streven. Geestelijken en leken moeten opmerkzaam zijn hoe hun activiteiten op sociale media het beeld van Christus en Zijn kerk beïnvloeden en een weerslag hebben op haar missie binnen de diverse gemeenschappen. Onze activiteiten dienen leven gevend en bevestigend te zijn en dienen alle mensen te verhogen. (2017)

(Spreuken 15:4, 15:28, 16:24; Prediker 5:2-4; Mattheüs 15:11; Galaten 5:13-15, Efeziërs 4:29; Kolossenzen 4:6; 2 Timotheüs 2:16; Jakobus 3:1-13)

VERTALINGSPRINCIPES

Ter informatie is de volgende lijst met vertalingen en vertaalprincipes toegevoegd:
- Personen worden met kleine letters geschreven.
- Formulieren worden met kleine letters geschreven.
- Raden, de eerste letter van elk woord is een hoofdletter
- Hij/zij, hem/haar, overal wordt de mannelijke vorm gebruikt, in het voorwoord zal worden aangegeven dat waar "hij" staat ook "zij" gelezen moet worden.
- De verbindings-s blijft gebruikt, dus DistrictsAdviesRaad, geen Districtadviesraad.
- Geen hoofdletters in de vette kopjes, behalve het eerste woord, en behalve de kopjes boven de geloofsartikelen.
- De bijvoeglijke naamwoorden bij God en bezittelijke voornaamwoorden van God worden klein geschreven.
- Alle losse cijfers schrijven als cijfers, behalve één en twee.

De namen van niet in ons district gevestigde organisaties en raden worden niet vertaald, behalve de namen van commissies, afdelingen, en algemene versies van bij ons functionerende organisaties, en alom bekende zoals de Algemene Vergadering en de Algemene Raad.

Engelse termen worden niet tussen aanhalingstekens gezet, tenzij dat in de Manual ook al gedaan is.

Standaardvertalingen

accuse	beschuldigen
actual sin	daadwerkelijke zonde
assigned	in functie zijnde
assigned roles of ministry	erkende vormen van bediening
assistant pastor	assistent predikant
associated membership	gastlidmaatschap
associate pastor	assistent predikant
Bible class	bijbelstudiegroep
board	raad
board of discipline	tuchtraad
Caravan	Nazarener padvinderij
charge	aanklagen
church	kerk
Church type mission	kerk in wording
Clergy	geestelijken

APPENDIX

college	opleidingsinstituut
commissioned	aangesteld
composed of	gevormd door
congregation	gemeente
constitution	constitutie
Continuing Lay Training	Lekentraining
council	raad, voor NMI en NJI: bestuur (om verwarring te voorkomen)
courses of study	studieprogramma's
court of appeal	hof van beroep
Cradle Roll Parents.	kraambezoek onkerkelijke ouders
credential	bewijs van ordinatie
deacon	diaken
decision	uitspraak
directed studies	kerkelijke opleidingen
district assembly	DistrictsVergadering
expel	royeren
full membership	volwaardig lidmaatschap
in good standing	van goede reputatie
in jurisdiction	de verantwoordelijke
Journal	acta
lay minister	lekenprediker
lay ministries	leken bedieningen
licensed minister	districtskandidaat voor ordinatie
local minister	plaatselijk kandidaat voor ordinatie
ministers	geestelijken, predikanten
a mission	een evangelisatiepost
ordained minister	geordineerde geestelijke
organised	geïnstitueerd
pastor	predikant
president, chairman	voorzitter

qualified	in functie gesteld
renewal	vernieuwing
soul(s)	mens(en)
should	dient
superintendent	superintendent
supervise	toezicht houden op
supply pastor	hulppredikant

Namen van raden en functionarissen

Districtsadviesorgaan
DistrictsAdviesRaad
Districtscolporteur
Districtsevangelisatieraad of districtsleider evangelisatie
District Hof van Beroep
Districtspenningmeester
DistrictsRaad Christelijk leven en Zondagsschool,
DistrictsRaad Geestelijke Stand
DistrictsRaad Kerkelijke Opleidingen
DistrictsRaad Kerkelijke Goederen
DistrictsRaad NJI
DistrictsRaad NMI
DistrictsRaad Thuiszending
Districtssecretaris
Districtssuperintendent
DistrictsVergaderingscommissie Financiën

www.ingramcontent.com/pod-product-compliance
Lightning Source LLC
Chambersburg PA
CBHW051341040426
42453CB00007B/360